Lindsey Kelk a déjà écrit trois best-sellers : *J'adore New York*, *J'adore Hollywood* et *J'adore Paris*. Quand elle n'écrit pas, ne lit pas, n'écoute pas de musique et ne regarde pas la télévision à outrance, elle adore porter des chaussures, en acheter et critiquer celles des autres. Même si elle est emballée par sa vie new-yorkaise, Lindsey est nostalgique de Londres, des friandises anglaises et des cocktails à base de gin qu'elle buvait avec ses amis. Pas forcément dans cet ordre.

Du même auteur, chez Milady :

Dix bonnes raisons d'être célibataire
J'adore New York

CE LIVRE EST ÉGALEMENT DISPONIBLE
AU FORMAT NUMÉRIQUE

www.milady.fr

Lindsey Kelk

Dix bonnes raisons d'être célibataire

Traduit de l'anglais (Grande-Bretagne) par Cécile Tasson

Milady Romance

Milady est un label des éditions Bragelonne

Initialement publié en langue anglaise
par HarperCollins Publishers Ltd.
sous le titre original de : *The Single Girl's To Do List*

1re édition : janvier 2013
2e édition : janvier 2014

ISBN : 978-2-8112-1154-7

Bragelonne – Milady
60-62, rue d'Hauteville – 75010 Paris

E-mail : info@milady.fr
Site Internet : www.milady.fr

À toutes les célibataires qui ont donné quelques heures de leur vie, leur foie et leur gloss à la recherche de la parfaite liste des dix bonnes raisons d'être célibataire, en particulier Rachael Wright, Sarah Donovan, Sarah Benton, Emma Ingram et Alicia Romano. Votre sacrifice n'aura pas été vain.

Remerciements

Merci de tout cœur à Lynne, Victoria et toute l'équipe de HarperCollins, en particulier Ellie Portch, Kate Fitzpatrick et Sarah McPhee parce qu'elles sont formidables, entre autres choses. Une pensée également pour HarperCollins à l'internationale, HarperCollins Canada : dans mes bras ! Les mots, les chatons et les embrassades alcoolisées ne seront jamais suffisants pour exprimer mon amour pour Rowan Lawton et Juliet Mushens de l'agence *Peters Fraser & Dunlop* qui m'ont aidée à rester saine d'esprit (ou presque) et ont été les meilleurs agents du monde. Merci aussi à tous mes amis qui se sont mobilisés pour m'empêcher de finir ce livre. Je tiens également à remercier l'agence de location Enterprise qui nous a permis à Nana Wright et moi de louer une voiture pendant quatre jours sans réelle expérience (les fous !). Je salue bien bas les douaniers canadiens pour nous avoir laissées passer la frontière alors que nous chantions « You can call me Al » à tue-tête. Je remercie les chutes du Niagara d'être d'une beauté si époustouflante. Un grand merci à l'univers du catch pour exister, tout simplement.

Je tiens par-dessus tout à témoigner ma reconnaissance à mes nouveaux collègues, autrement dit mes nouveaux potes sur Facebook et Twitter. Je ne passais pas autant d'heures à glander avant de vous rencontrer. Je ne vous en aime que davantage.

Quatre semaines plus tôt…

Ça avait été un drôle de dimanche.

Simon, mon petit ami, s'était levé pour aller au foot avant même que j'envisage de m'extirper du lit et de me traîner jusqu'au canapé pour un marathon *Friends* de trois heures. Même si on était fin juillet, le temps était plutôt maussade. Rien ne m'obligeait à me lever à part le chat qui me regardait d'un air désapprobateur derrière la vitre, et une pause-pipi de temps en temps. D'habitude, le dimanche, j'étais super motivée, pourtant. Je faisais rarement des semaines de cinq jours. Alors, c'était souvent le seul moment où je pouvais m'occuper du reste ; mais, ce jour-là, la chose la plus fatigante que j'avais faite, c'était de bombarder mon meilleur ami gay de messages façon Joey, rien que pour lui demander : « Alors, ça roule ? »

OK, ça commençait à dater, mais ça me faisait rire.

Quand Simon rentra à 16 heures, il me trouva avec mon bas de survêt New Look délavé, le tee-shirt Pokémon que je portais à la fac par dérision et les cheveux gras, relevés en un semblant de chignon.

Je roulai sur le dos avec un grognement sexy. Grrr ! Rachel Summers, bombe sexuelle.

Je compris que quelque chose n'allait pas quand, au lieu de m'embrasser sur la joue et de disparaître sous la douche comme d'habitude, Simon s'assit sur le canapé, les coudes sur les genoux, regardant droit devant lui, le souffle court. Au bout de quelques minutes, je mis Monica en sourdine et me redressai.

— Ça va ? demandai-je.

— Ça te dit d'aller au ciné ?

Il avait le regard rivé sur la cheminée. Pas vraiment au foyer, mais juste devant. Comme s'il observait quelque chose que je ne pouvais pas voir.

— Je suis vraiment claquée, en fait.

Oh, ça va ! Je n'étais pas une feignasse non plus : cette semaine-là, j'avais travaillé quartorze heures par jour. Pas de repos pour les braves… ou les maquilleuses.

— On pourrait commander chinois et manger devant un DVD ?

Silence. Je gardai le doigt au-dessus du bouton du son en attendant sa confirmation. Ou au moins qu'il me dise qu'il préférait manger indien.

Au bout d'un moment, il se décida à reprendre la parole.

— Bon. J'ai bien réfléchi. (La chose qui se trouvait devant la cheminée le fascinait toujours autant.) On devrait faire une pause.

— On va en Croatie en septembre, répondis-je d'un air perplexe en étirant mes jambes sur les siennes.

— Ouais, lâcha-t-il en faisant durer la dernière syllabe tout le long d'une publicité *Marks & Spencer*. Non, je voulais dire… faire une pause entre… nous.

OK, là, j'étais tout ouïe.

— On devrait faire une pause ?

Vu l'expression qu'il affichait, son ami imaginaire s'était sûrement mis à danser la gigue. Ça faisait longtemps que je ne l'avais pas vu aussi concentré sur autre chose que sa Xbox.

— Est-ce que tu es en train de me larguer ?

Je retirai les jambes de ses genoux pour me mettre en position semi-fœtale. J'avais une furieuse envie de me brosser les cheveux.

— Non, dit Simon en secouant la tête. C'est pas ça. J'ai simplement besoin d'un *break*.

— Ça ressemble pourtant à une rupture en bonne et due forme.

Je retenais mes larmes de toutes mes forces. Je ne ressemblais déjà pas à grand-chose, alors pleurer n'allait pas arranger mon cas. Parler d'une voix si aiguë et dissonante qu'elle ferait passer un dauphin pour un gros fumeur non plus.

— Où tu veux en venir ?

— Arrête de flipper. J'ai juste besoin de mettre de l'ordre dans mes idées. Je ne suis pas en train de rompre.

— Il y a quelqu'un d'autre, c'est ça ?

Oh, mon Dieu, il y avait quelqu'un d'autre ! Cinq ans, un emprunt immobilier, un crédit commun pour une Renault d'occase merdique, et il voyait quelqu'un d'autre !

— Non ! cria-t-il presque. Bien sûr que non.

D'accord.

— Alors c'est parce que je ne veux pas aller au cinéma ? demandai-je en serrant mes genoux contre moi.

— T'as envie maintenant ?

Je haussai les épaules. Je ne savais pas quoi faire d'autre.

— Peut-être bien.

C'est comme ça qu'on s'était retrouvés devant le dernier *Pirates des Caraïbes*. Mais, pour être franche, j'avais du mal à me concentrer. Si même Johnny Depp n'arrive pas à capter votre attention, qui le peut ? Une fois à la maison, je m'étais fait couler un bain pendant que Simon déménageait ses affaires dans la chambre d'amis.

La nuit suivante, en rentrant du travail, j'avais trouvé un mot sur le lit dans lequel il me disait qu'il avait besoin de temps pour réfléchir et qu'il allait passer quelques jours chez un copain. Et il avait tenu parole. Il était revenu précisément au moment où j'étais en déplacement à Manchester pour une semaine. À mon retour, il était reparti en voyage d'affaires. J'avais ensuite passé quelques jours chez ma mère qui avait besoin d'aide avec sa jambe cassée.

Puis il avait assisté à un enterrement de vie de garçon et, une nuit, il n'était simplement pas rentré.

À part ça, on n'était pas en train de rompre. Ce n'était qu'une pause.

Qui durait presque depuis quatre semaines.

Seulement une pause.

Chapitre premier

Quatre semaines plus tard…

— Il y a dix ans, si quelqu'un t'avait dit que tu ferais ce boulot, tu l'aurais jamais cru, pas vrai ? me demanda Anastasia en réglant la bretelle de son soutien-gorge.

Elle releva ses cheveux blonds colorés avant de les laisser retomber sur ses épaules étroites.

— Je veux dire mannequin ? Moi, je vois mal un conseiller d'orientation me proposer ça.

À genoux dans une position douloureuse, à la limite du ridicule, depuis un quart d'heure, je relevai la tête pour fusiller du regard la blonde qui n'en avait rien à secouer.

— Non, c'est sûr.

Je me dandinai d'une jambe sur l'autre en essayant de faire abstraction de la douleur lancinante dans mes rotules.

— Mais, pour être franche, si quelqu'un m'avait fait m'asseoir avant de m'annoncer que j'allais passer la plus grande partie de ma vie à recouvrir des traces de morsure sur ton cul, je me serais dit que j'avais plus de chances de devenir mannequin.

— Ouais, désolée pour ça.

Pendant qu'elle remettait ses seins en place, je me fis violence pour ne pas écrire le mot « pute » sur ses fesses avec un rouge à lèvres Ruby Woo.

— Mon nouveau mec a des goûts spéciaux. Je crois qu'à partir de maintenant je vais me contenter d'un petit copain à la fois. C'est peut-être chiant à mourir, mais je veux me trouver un type qui ne kiffe pas des trucs aussi bizarres, tu vois ce que je veux dire ? Heureusement qu'on n'a pas eu cette séance photo la semaine dernière ! Tu aurais eu un mal fou à cacher les traces de corde sur mes poignets…

Soupirant, je tentai d'ignorer l'accent américain de la côte Est mélangé à celui de l'Europe de l'Est pour me concentrer sur mon travail. S'il y avait une chose pour laquelle j'étais douée, c'était me concentrer. Rachel « œillères » Summers, maquilleuse extraordinaire, reine de la surdité sélective. C'était un de ces boulots qui avaient l'air super excitants et qui faisaient envie à tout le monde, mais, en réalité, le métier de maquilleuse se résumait à se lever très tôt, à passer des heures debout pour rendre quelqu'un d'autre magnifique, puis à rentrer très tard. Glamour, quoi.

Mais, au moins, le sport était compris dans l'affaire. Ma mallette pesait plus de quinze kilos. La trimballer dans le métro avait plus ou moins remplacé ma séance hebdomadaire de course à pied. Et puis il y avait toujours une chance de rencontrer une star, mais, en règle générale, on se retrouvait surtout à effacer les traces de déviances sexuelles toutes plus sordides les unes que les autres. Après ça, impossible de regarder *Les Feux de l'amour* de la même façon. Je n'avais jamais rencontré un acteur de *soap* qui n'avait pas des fantasmes bizarres. Heureusement, la plupart du temps, j'étais enfermée dans un studio de Parsons Green où je repoudrais quelqu'un des pieds à la tête du matin au soir. Ça ne me donnait pas vraiment envie de rentrer à la maison me mettre des faux cils et me pomponner pour aller faire la fête avec les stars que je côtoyais toute la journée. En réalité, je rentrais chez moi, me faisais couler un bain et m'effondrais toute seule sur le lit pendant que mon petit ami, Simon, regardait la télé.

Je n'aurais jamais pu sortir avec un cuisinier, pensai-je en appliquant une dernière couche de fond de teint avec une éponge. Même le meilleur du monde ne vous attendrait pas avec sept plats à goûter à votre retour. Au mieux, il ferait des tartines avec des sardines en boîte pour deux. Je n'avais même pas ça dans mes placards, me lamentai-je. On était vendredi, ce qui signifiait que le lendemain serait un samedi, le jour où je faisais les courses. Je n'avais pas l'impression d'être en week-end si je n'allais pas faire grimper ma tension chez *Sainsbury*. Malheureusement, ça signifiait que le repas du vendredi soir était composé d'un reste de plat préparé à faible apport calorique rescapé d'un précédent régime ou de pizza. Ce qui expliquait pourquoi j'avais besoin de me mettre à la diète de temps en temps.

— Tu es toujours tellement calme, Raquel, dit Ana d'une voix forte en se cambrant pour observer mon travail. À quoi tu penses ?

— À rien, mentis-je en reculant pour examiner ses fesses devenues parfaitement uniformes.

Plus aucune trace de ses performances sexuelles ; il valait mieux pour une publicité de sous-vêtements bon marché. Je voyais mal ma mère acheter un lot de cinq culottes qui donnait envie à un pseudo-rocker de vous mordre l'arrière-train. Ou peut-être que si : après tout, mon père et elle avaient divorcé vingt ans auparavant. Ça faisait longtemps que personne ne l'avait tripotée. Du moins, je l'espérais. Beurk.

— C'est bon, déclarai-je en la chassant après un dernier coup de poudre bronzante. Tu peux y aller.

Ana tapa dans ses mains avant de se rendre à l'endroit où elle était la plus heureuse : devant l'appareil photo. Derrière celui-ci, Dan, le photographe, l'encourageait et appuyait sur le déclencheur tandis qu'Ana s'ébattait à travers la fausse chambre avec l'enthousiasme qui l'avait sûrement conduite à se faire mordre sur les fesses en premier lieu. C'était plutôt impressionnant. Je ramenai mes longs cheveux blonds derrière mes oreilles en tâchant de ne ressentir aucune jalousie. Ça faisait longtemps que je n'avais pas fait des folies de mon corps.

Je secouai la tête face aux acrobaties dont j'étais témoin. Qu'est-ce que ça voulait dire, « faire une pause », au juste ? La télévision et le cinéma, mes plus fidèles conseillers, avaient tous les deux montré que ce n'était jamais une bonne chose. Simon ne s'intéressait pas aux filles des magazines, promis juré. Tous nos amis enviaient notre relation, parce qu'on était parfaitement rangés. Cinq ans ensemble et on avait déjà un crédit commun, une vraie voiture, des surnoms agaçants qu'on utilisait en public, tout. J'étais persuadée qu'il allait me demander en mariage. J'avais même acheté un ou deux magazines sur le sujet que j'avais cachés dans ma mallette de travail, comme des revues porno pour filles. En plus, on *le* faisait assez souvent, ce qui, d'après ce que j'avais entendu, était un exploit après cinq ans. Bon, bien sûr, ça ne ressemblait pas à un show de Dita von Reese tous les soirs (je vous mets au défi de porter un porte-jarretelles en vous levant à 6 heures pour rendre présentable la coqueluche du moment pour l'émission *Danse avec les stars* après une nuit blanche), mais c'était satisfaisant. Nous étions toujours aussi doués. C'était du moins ce que je pensais jusqu'à présent. Mes attentes avaient peut-être baissé sans que je m'en aperçoive.

— Maquillage ? cria Dan, le photographe, à travers le plateau.

Hochant la tête docilement, je m'exécutai, pinceau à la main, sans prêter attention à ses soupirs et objections affectés. Dan était l'un de mes complices habituels pour le *shooting* de culottes. Je m'étais faite à son caractère « artistique », mais ça ne voulait pas dire qu'il n'était pas casse-pieds. Toutefois, passer six heures ensemble dans le désert à attendre qu'un mannequin pâle vomisse tout ce qu'elle a mangé depuis 1996 pour prendre une seule photo aide vraiment à forger des liens avec ses collègues. Je ne relevai donc pas.

— Prends ton temps, Raquel, dit-il l'appareil photo en main, me jetant le regard le plus noir de son répertoire. C'est pas comme si on avait d'autres choses prévues aujourd'hui !

Je lui répondis avec un sourire des plus courtois tout en lui faisant un énorme doigt d'honneur dans mon esprit. Il savait pertinemment que je détestais qu'Ana m'appelle « Raquel ». Et dire qu'elle se croyait intéressante ! Elle connaissait très bien mon prénom, elle n'avait rien à voir avec les pays de l'Est, elle était originaire de Basildon et son vrai nom était Anne Smith. Je n'avais jamais pris la peine de lui faire remarquer qu'elle était allée à l'école avec ma cousine. Jusqu'à ce qu'elle arrête avant les examens. Ça faisait dix ans. Elle ne mentait pas seulement sur son nom. Vingt-deux ans, Ana ? Je ne crois pas, non. Malheureusement, Dan et elle formaient un duo mortel. Les noyer sous la gentillesse était la seule manière de survivre. En général, Dan ne demandait pas mieux qu'une bonne engueulade, et il adorait obtenir mon soutien, mais je restais entièrement professionnelle. Après avoir soufflé sur le pinceau pour retirer l'excès de poudre, je le passai sur la peau brillante d'Ana (vingt-deux ans, mon œil !) pendant qu'elle ricanait bêtement avec Dan. Le retour de la maquilleuse/femme invisible.

— C'est bon ? me demanda Dan en vérifiant que j'avais suffisamment poudré les nibards.

Je n'en étais pas certaine, mais j'aurais parié que, en dehors du plateau, Ana et Dan n'étaient pas aussi professionnels que moi. En fait, j'étais même sûre qu'il lui avait déjà mordillé le séant. La trace de morsure ressemblait à celle sur mon sandwich qu'il avait croqué sans ma permission. Bon, OK, peut-être qu'il n'était pas le mordeur de fesses, mais il y avait quelque chose entre Ana et lui. Il était sûrement le copain « chiant à mourir » dont elle m'avait parlé. Baiser comme des lapins avec quelqu'un qui ne s'intéressait qu'à ses propres biceps ne devait pas être très drôle pour un top model.

— Une petite seconde, dis-je en examinant le mannequin sous tous les angles.

Même si, à mes yeux, Ana était une salope sans cervelle, j'aimais faire du bon boulot.

Mais non, pensai-je tandis que je quittai la lumière des projecteurs pour me réfugier dans l'ombre, *si on m'avait dit il y a dix ans que je ferais ça, je ne l'aurais pas cru.*

— Au revoir, Raquel, souffla Ana, drapée dans au moins trois pashminas alors qu'on était en plein mois d'août, en m'envoyant plusieurs baisers. Et Dan, comme d'habitude, c'était un plaisir de travailler avec toi. J'espère te revoir bientôt.

Les baisers qu'elle lui envoya furent un peu plus marqués que les miens et sa mise en scène subtile perdit toute crédibilité lorsque le styliste, l'assistant de Dan, Collin, et moi-même l'avons entendue « murmurer » qu'elle l'attendait dans la voiture. Mes doutes étaient confirmés. Au moins, il avait la décence de paraître gêné. Je préférai ne pas m'en mêler et ranger mon matériel. Pas question de m'embarquer dans cette histoire. En six ans de travail commun, il avait baisé suffisamment de mannequins pour ouvrir sa propre branche de Victoria's Secret, mais Ana, elle, était célèbre. J'étais contente pour lui. Après des années à jouer en amateur, il passait enfin en première ligue. Au moins, il était dévoué à sa cause.

— Bonne nuit, Rach ! cria-t-il de l'autre côté du studio avant de rejoindre sa dernière conquête d'un air gêné.

Je lui fis un bref signe de la main, puis m'assis dans le fauteuil de maquillage et sortis mon carnet en poussant un soupir satisfait. Parcourant les feuilles noircies par ma propre écriture, j'arrivai enfin à la date du jour, inscrite en bleu en haut de la page. Ma liste de choses à faire. Je sortis un stylo noir de mon sac et rayai ce que j'avais terminé d'un trait parfaitement droit : apporter le nettoyage à sec, acheter du papier toilette, séance photo culottes. Je devais encore acheter du vin, me faire épiler, me laver les cheveux (ils m'arrivaient aux fesses ; croyez-moi, je le signale parce qu'ils le valent bien) et appeler mon frère.

Bon, d'accord, peut-être que l'importance que j'accordais à cette liste n'était pas très saine et barrer n'aurait sûrement pas dû être aussi gratifiant (encore un signe que le sexe ne l'était pas assez ?), mais c'était ma façon de m'organiser. Écrire en bleu, rayer en noir, une nouvelle liste tous les jours, pas question de dormir sans avoir tout fait ou reporter au lendemain. C'était plus fort que moi ; apparemment, je souffrais d'une déficience génétique qui m'empêchait d'accomplir quoi que ce soit si ce n'était pas écrit. Tout ça à cause de mon prof de sciences au collège qui m'avait confié qu'établir des listes m'aiderait à réviser. J'ai peut-être loupé mes deux modules de science, mais je suis championne en troubles obsessionnels compulsifs. Et en toute franchise, en douze ans, je m'étais particulièrement illustrée grâce à ce talent particulier. Au détriment de mes connaissances pratiques de la photosynthèse. Avec un peu de chance, la biologie serait de la partie ce soir, parce que j'avais d'autres chats à fouetter.

Ce soir, j'allais ramener Simon dans notre lit.

Chapitre 2

Étant donné qu'aucun plan ne peut marcher sans la présence d'assistants de confiance, j'avais fait appel à mes meilleurs amis Emelie et Matthew. Malheureusement, à notre arrivée au *Phoenix*, Emelie était déchirée. La reine des débuts de soirée s'était enfilé une bouteille entière de rouge chez moi, et elle voulait à présent nous entraîner dans une tournée de shots. Et, pour une raison connue de lui seul, Matthew l'encourageait. En général, je ne buvais pas. La gueule de bois n'était pas compatible avec mon travail : peu de mannequins ou de stars appréciaient la proximité d'une maquilleuse à l'haleine chargée de gin. D'ailleurs, je ne conseille à personne d'appliquer de l'eye-liner dans cet état. Cela dit, j'étais plutôt marrante quand j'étais bourrée, plus souriante qu'émotive, et, neuf fois sur dix, je ne rendais pas mon kebab. En revanche, Emelie n'avait pas cette chance. Même si elle se savait incapable de boire plus d'un panaché sans vomir ses boyaux dans le bus de nuit, elle n'abandonnait jamais. Pas question de lâcher le morceau.

— Allez, Rachel, c'est vendredi, dit-elle en brandissant un verre à shot rempli d'un alcool épais à l'aspect poisseux. Et t'as besoin de courage liquide !

— Un seul shot, répondis-je.

Il s'agissait davantage d'un ordre pour elle qu'une promesse à moi-même. J'avalai cul sec. La *sambuca* m'enflamma la gorge. Quand je rouvris les yeux, elle commandait une deuxième tournée. Mais, cette fois, je ne comptais pas passer ma soirée à lui relever les cheveux pendant qu'elle rendait la moitié de son Burger King.

— Si tu me laisses seul avec elle, je te tue, me dit Matthew, comme s'il avait lu dans mes pensées.

Je haussai les épaules en réprimant un sourire. Il l'aimait vraiment. Matthew (jamais Matt) et moi étions amis depuis le jour où il était sorti d'une conférence sur la théorie *queer* à la fac en la traitant de « putain de ramassis de conneries ».

Comme j'étais sa nouvelle coloc, je m'étais sentie obligée de lui courir après et on avait passé l'après-midi, la soirée et jusqu'au lendemain matin au foyer étudiant à boire de la bière et inventer nos propres théories *queer*. La mienne s'appuyait sur l'idée que les hommes veulent toujours plus ; celle de Matthew sur le fait qu'il était persuadé que toucher un vagin le ferait vomir. Des arguments allaient en faveur des deux écoles. Cette expérience nous avait liés à vie. Tout le monde était gagnant : je n'avais pas à m'inquiéter qu'il essaie de se glisser dans mon lit, et lui, il avait dégoté une fausse petite amie pour la plus grande joie de sa grand-mère. D'après ce qu'il disait, sa mère avait su qu'il était gay dès sa naissance, mais ses grands-parents avaient plus de mal à l'accepter. C'est sûrement pour ça qu'il avait porté un tee-shirt rose fluo moulant à l'enterrement de son grand-père.

Le pauvre petit n'avait pas eu une enfance facile. Son père s'était tiré avant sa naissance et n'avait fait sa réapparition qu'un an plus tôt, juste avant de passer l'arme à gauche, laissant une somme d'argent indécente à Matthew, qui avait quitté son boulot de steward et passé les douze derniers mois à errer dans Londres sans le moindre but. Même sans cet héritage, il était un beau parti, ça sautait aux yeux. Grand, plus d'un mètre quatre-vingt-dix, belle stature. D'épaisses mèches blondes tombaient devant ses yeux bleu foncé et il était bronzé en toute saison, malgré mes mises en garde contre les U.V. Physiquement, c'était un croisement entre la race aryenne d'Hitler et un fantasme de George Michael. Mentalement parlant, il penchait plus du côté du dictateur fasciste que du duo Wham!... C'est pour ça que je l'aimais. Et aussi parce qu'il venait tuer les araignées quand Simon n'était pas là.

Il était tôt, à peine plus de 22 h 30, mais la boîte de nuit était déjà bondée. Dans un coin sombre de l'étroit sous-sol poisseux, mon frère et ses amis s'extasiaient niaisement devant la collection de vinyles du DJ et se demandaient lesquels passer. Quand il releva la tête, je lui fis signe de la main. Ils organisaient cette soirée tous les mois, surtout pour rester à côté du DJ et avoir l'air cool auprès des filles. Ils étaient prêts à tout pour tirer leur coup – disait la fille qui en était encore à essayer de s'accommoder de son épilation brésilienne.

— Tu as dit bonjour à Paul ? demanda Em en distribuant la deuxième tournée avec un regard de chien battu vers mon frère. On devrait y aller.

Je bus le shot cul sec et frissonnai.

— Ah non ! rétorquai-je. Et surtout pas toi. Je ne rigole pas, Em, c'est non.

— Je dis juste qu'on devrait dire bonjour, répondit Em en léchant une goutte de *sambuca* de son auriculaire, sans se rendre compte que tous les hommes dans la salle rêvaient de le faire à sa place. Comme si ton frère me plaisait !

Emelie Stevens et moi n'avions aucun secret l'une pour l'autre. Nous étions des confidentes. Elle savait que j'avais attendu mes vingt-deux ans pour perdre ma virginité ; que je ne pouvais pas dormir sans savoir où se trouvait mon ours en peluche ; que j'avais écrasé le chat de Matthew par accident alors que j'étais censée le garder. Et moi, je savais que, durant une grande partie de son enfance, elle avait joué dans une série canadienne pour enfants ; qu'elle avait acheté un test de grossesse pendant sa première année de fac parce qu'elle avait laissé John Donovan la peloter dans le couloir après la soirée d'Halloween. Et aussi qu'elle avait le béguin pour mon frère depuis qu'il était venu me chercher pour les vacances de Noël en deuxième année.

C'était ridicule, je vous jure. Emelie était magnifique. Je travaillais avec des mannequins toute la journée, mais je la trouvais toujours aussi belle. Taille moyenne, poids moyen, seins un peu plus gros que la moyenne. De dos, on aurait pu la prendre pour une fille banale, mais il suffisait qu'elle se retourne pour qu'on s'arrête littéralement sur son passage. Elle avait des cheveux auburn incroyablement longs et épais et des yeux d'un vert éclatant, bordés de cils denses comme ceux de Bambi. Elle ne commettait jamais la moindre faute de goût et aurait paru sexy même dans un sac à patates. En plus de ça, Em avait grandi à Montréal et, même après dix ans de vie londonienne, elle avait conservé un adorable accent franco-canadien qui ressortait quand elle était stressée, en colère ou en chasse. Elle était tout simplement incroyable. Malheureusement pour la gent masculine, elle était tout à fait inaccessible.

Tandis que je n'avais pas été célibataire depuis l'âge de seize ans, Em, elle, n'avait pas eu de relation sérieuse depuis… sa naissance. L'offre et la demande n'avaient rien à voir dans l'affaire, elle mangeait les hommes comme je dévorais les Monster Munch, mais elle ne les gardait jamais plus de deux semaines. Ils l'aimaient trop, pas assez, ils étaient trop riches et tape-à-l'œil, trop pauvres et ennuyeux. Elle leur trouvait tous les défauts du monde. Elle n'arrêtait pas de rabâcher qu'elle cherchait le bon, qu'elle le reconnaîtrait à l'instant où elle le verrait et qu'elle n'avait aucun intérêt à perdre son temps avec des *losers*. Matthew avait une autre théorie : comme elle était folle amoureuse de mon frère, les autres n'avaient aucune chance. Pour de la psychologie de bas étage, ce n'était pas idiot. Sauf que mon frère n'osait plus s'approcher d'elle. Paul affichait avec fierté sa réputation de coureur et il avait clairement avoué ses intentions envers Emelie au fil des années. J'étais intervenue chaque fois que l'occasion s'était présentée. Ma meilleure amie ne serait pas un trophée de plus sur sa tête de lit. Même si celle-ci avait déjà dû crouler sous le poids de ses conquêtes. Ô univers, pourquoi étais-je entourée d'autant de débauchés ?

— Vous avez reçu l'e-mail de la fac ? À propos de la réunion des dix ans ? demandai-je, changeant de sujet en essayant de maintenir derrière mes oreilles ma chevelure surabondante.

— Je l'ai reçu, je l'ai lu et je l'ai effacé, répondit Matthew en hochant la tête avant de me décoiffer. Tout ce qu'ils veulent, c'est du fric.

— Je n'arrive pas à croire que ça fait déjà dix ans qu'on a commencé.

Emelie essayait d'attirer le regard de la barmaid pour commander autre chose. Comme il s'agissait d'une femme, ça prenait plus longtemps que les trois secondes habituelles. Trente s'écoulèrent avant qu'une bouteille de vin blanc apparaisse devant nous.

— J'ai l'impression que c'était hier.

— Et regardez ce que vous êtes devenues ! dit Matthew en passant un bras autour d'Em pour l'éloigner du bar. Maquilleuse aguerrie et... Comment est-ce que tu te fais appeler, déjà ?

Elle grimaça et se libéra de son étreinte.

— Je suis graphiste.

— Quoi ?

— Elle a créé un dessin que des gens ont collé sur plein de produits pour les vendre à des petites filles, expliquai-je à Matthew. Un chat.

— Ah oui ! renchérit-il en pointant Em du doigt, sans prêter attention à son expression assassine, comme d'habitude. Tu rackettes les enfants !

— Allez vous faire voir, je suis graphiste ! rétorqua-t-elle sur la défensive. Et Kitty Kitty n'est pas seulement un dessin de chat, c'est une marque. La plus influente des marques pour pré-ados de tout le Royaume-Uni.

— Pré-ados, répéta Matthew avec un sourire moqueur. Arrête d'inventer des mots.

— On le sait très bien, Em. Il est jaloux parce qu'il est au chômage.

Je sortis mon portefeuille Kitty Kitty et l'agitai devant son visage pour prouver ma bonne foi avant qu'elle ne se jette sur Matthew.

— En année sabbatique, me corrigea-t-il. Le chômage, c'est pour les pauvres.

Il repéra un canapé libre et traversa la piste de danse en trois enjambées pour le réserver avant qu'un groupe de filles ne posent leurs sacs sur la table.

— Répète-moi ça ? demanda Em d'un air faussement innocent.

Les yeux fermés, Matthew se pinça le haut du nez. Il faisait toujours ça quand il essayait de garder son calme.

— Je me suis mis en congé le temps de comprendre ce que je veux vraiment faire dans la vie.

— Depuis un an, dit Em d'une voix un peu trop forte.

— Depuis un an, répéta-t-il en l'imitant. Mais je ne vois pas pourquoi je me prends la tête à chercher un boulot qui en vaut la peine : je devrais plutôt dessiner un chat moche et le coller sur des *bento* !

— Parce que servir du poulet et des pâtes à quinze mille mètres d'altitude, ça en valait la peine ? rétorqua Em.

— Non, idiote, c'est bien pour ça que j'ai pris une année sabbatique !

— Depuis déjà un an…

— Les enfants ! criai-je. Mettez-la en sourdine !

Matthew plissa les yeux tandis qu'Em lui tirait la langue, puis ils se tournèrent vers moi. L'incident était clos. J'avais trop souvent l'impression d'être une instit en sortie scolaire. C'était fatigant. Raison de plus pour récupérer Simon. Parfait, adulte, la tête sur les épaules. La seule chose qui me rappelait que j'avais grandi. Avec ma déclaration d'impôts. Mais ranger les deux dans la même catégorie n'arrangerait probablement pas les choses.

— Alors c'est le grand soir ? demanda Em en baissant sa petite robe noire Topshop. Avec Simon ?

— Oui, acquiesçai-je en ramenant de nouveau mes cheveux derrière mes oreilles. C'est le grand soir.

— Tu as un plan ? dit Matthew en me décoiffant. Ne les mets pas derrière tes oreilles. Ça te donne des allures de dépressive. Et, crois-moi, personne n'a envie de se taper une dépressive.

— Merci. Et non, je n'ai pas de plan. Je compte simplement aller dire bonjour à ses amis un verre à la main, puisqu'ils m'aiment bien.

Je dirigeai mon regard noir vers le sol plutôt que d'en foudroyer mes amis et pris une grande inspiration.

Em et Matthew hochèrent la tête en guise d'encouragement. Ses amis m'appréciaient vraiment. J'étais la petite amie sympa. Celle qui trouvait marrant qu'ils se retrouvent dans un club de strip-tease après leur réveillon de Noël. Celle qui leur avait préparé des sandwichs au bacon le lendemain alors qu'ils cuvaient dans notre canapé. Celle qui comprenait la règle du hors-jeu. Enfin… en vérité, je tolérais les clubs de strip-tease, je leur préparais des sandwichs pour les aider à dessoûler et je faisais semblant de comprendre la règle du hors-jeu. Pas la peine de rentrer dans les détails.

— Et ensuite, tu comptes le prendre à part et lui dire qu'il est l'amour de ta vie et que cette pause t'a fait comprendre à quel point tu as besoin de lui et que tu veux que vous fassiez des bébés ensemble ?

Dire qu'Emelie avait un côté romantique aurait été un euphémisme.

— Ou le prendre à part pour lui dire que, ce soir, tu l'autorises à aller là où aucun homme n'a jamais pénétré ?

Matthew, en revanche, aurait bien eu besoin de leçons.

— D'abord, Matthew : beuuurk ! Et, Emelie, je me passerai de tes conseils en matière de couple.

Je m'apprêtai à coincer mes cheveux derrière mes oreilles, mais m'arrêtai au dernier moment, à la grande joie de Matthew, avant d'ajouter :

— Je vais simplement lui dire que la pause m'a fait du bien, que j'ai eu le temps de réfléchir à ce que je voulais vraiment et que maintenant je suis prête à passer au niveau supérieur.

— Bébés ?

— Anal ?

— Oh, mon Dieu !

Je me cachai les yeux en espérant qu'ils aient disparu quand je les rouvrirais. Mais non. Ils étaient toujours là.

— Non, repris-je. Non aux deux options. Mais surtout à celle de Matthew. Mon Dieu !

Haussant les épaules, il prit une gorgée de sa boisson.

— Je te dis seulement que si tu veux attirer son attention…

— Je vais attendre un peu avant de sortir l'artillerie lourde, répondis-je en jetant un coup d'œil à ma montre pour la millième fois.

Il était presque 23 heures. Pourquoi n'était-il pas encore arrivé ? Il venait toujours au *Phoenix* pour les soirées de Paul.

— Je vais lui proposer d'en discuter, ajoutai-je. Ça fait cinq ans qu'on est ensemble, on finit les phrases de l'autre, on est faits l'un pour l'autre.

— Mais oui ! Les mecs adorent discuter le vendredi soir ! dit Matthew à Em qui hocha la tête.

— Il a raison, affirma-t-elle. Pas à propos de la proposition indécente ; même s'il n'a pas tout à fait tort non plus à ce sujet… Les hommes sont bizarres.

— Ça me paraît simplement mieux comme ça, expliquai-je. Simon n'est pas très doué pour les tête-à-tête organisés. Il pense que je vais le juger. Et je ne veux pas le forcer à avoir une conversation sérieuse. Je préfère garder les choses légères et en rester aux banalités à la « Salut, comment ça va ? », pour qu'il se rende compte de lui-même à quel point je suis fantastique et que je lui manque. Après quoi, on rentrera à la maison et on baisera comme des lapins, et hop, tout rentre dans l'ordre !

— Et il oubliera les raisons qui l'ont poussé à faire ce *break* ridicule et vous vivrez heureux pour toujours ? ironisa Matthew en secouant la tête. C'est des conneries, Rach.

— J'apprécie vos conseils. Vraiment. Même si l'un d'entre vous est incroyablement gay et que l'autre n'a jamais gardé de copain plus de deux semaines depuis qu'elle a cassé avec Adam Rothman à *Pizza Express* il y a trois ans parce qu'il avait fini son sundae au caramel pendant qu'elle était aux toilettes. Encore un peu de vin ?

Je me levai et m'apprêtai à me rendre au bar. Rien de tel qu'un verre pour les faire taire. Ce ne serait pas mon problème si Emelie se retrouvait encore à payer le nettoyage d'un taxi.

— Comme tu es susceptible ! lança Matthew en vidant son verre. Et oui, je veux bien.

— En tout cas, tu es très en beauté ce soir, dit Em. On voit que tu as fait des efforts.

Je réprimai l'envie de lui mettre mon poing dans la figure.

— J'ai fait des efforts.

— Et ça se voit ! s'exclama-t-elle avec un sourire encourageant, comme si elle pensait vraiment m'avoir fait un compliment.

— Ce que notre chère amie essaie de te dire, c'est que tu es encore plus belle que d'habitude, intervint Matthew. Tu es magnifique, sérieux.

Après avoir jeté toute ma garde-robe par terre, je m'étais finalement décidée pour un jean skinny et une veste noire courte, juste assez moulante pour être sexy et éviter le look saucisson. C'est du moins ce que j'espérais.

— Je sais que tu n'as pas envie de l'entendre, mais... tu es sûre que tout va bien se passer ? me demanda-t-il. Que tu vas récupérer Simon et tout ?

Génial. On allait avoir la discussion du siècle. Encore. Matthew avait été prêt à frapper Simon dès que je lui avais annoncé cette histoire de *break*.

J'appréciais sa loyauté, mais je ne voulais pas que leur relation soit tendue lorsqu'on se remettrait ensemble. Ce n'est jamais drôle d'être celui qui envoie l'ex se faire voir quand le couple se rabiboche. Je connais : c'est un rôle que j'ai joué plus d'une fois.

— On ne se remet pas ensemble, on ne s'est jamais séparés, lui rappelai-je. Mais oui, je suis sûre que ça va bien se passer.

— On se fait du souci pour toi, c'est tout, dit Em avec son expression la plus inquiète. Tu n'avais pas le moral ces derniers temps.

Ah bon ?

— Et est-ce que c'est vraiment à toi de faire des efforts ? demanda Matthew sans me laisser le temps d'ouvrir la bouche. C'est lui qui devrait te supplier de le reprendre après t'avoir fait subir sa putain de pause ! Tu es sûre que tu ne serais pas plus heureuse si c'était permanent ?

— Certaine, répondis-je du tac au tac. C'est mon petit ami. On a acheté un appart ensemble. On va se marier. On va avoir des enfants. Combien de fois vais-je devoir vous le répéter ?

— Je ne crois simplement pas que ton âme sœur passerait un mois dans la chambre d'amis pour « réfléchir ». (Matthew adorait mimer les guillemets avec ses doigts.) Je ne dis pas que vous n'étiez pas heureux jusqu'à présent. Les choses changent, c'est tout, ainsi va la vie.

— Ne commence pas avec les âmes sœurs, pitié !

C'était la partie de la conversation que j'aimais le moins et j'avais trop souvent entendu ce refrain. Ensemble, Matthew et Emelie faisaient vivre Diddl et leurs amis. Deux irrécupérables romantiques.

— Et ça ne fait même pas un mois, n'exagérons rien. Ça ne me dérange pas, alors ça ne devrait pas être un problème pour toi non plus. Il avait simplement besoin d'un peu de temps pour… tu sais… réfléchir. Il est mieux que les autres, non ?

— Oui, mais franchement, chérie, les autres ne valaient pas grand-chose ! (Matthew examinait ses ongles pour ne pas me regarder en face.) Tu n'as pas très bon goût en matière d'hommes, tu sais ? Mais je ne veux pas que tu t'accroches à cette histoire simplement par habitude, ajouta-t-il.

— Pareil ! intervint Emelie, armée d'un verre à vin vide. Il y a trop de filles qui restent avec le même mec après leur date de péremption parce qu'elles ont pris le pli.

Me rendre au bar était décidément le meilleur moyen de m'enfuir.

— Ça n'a rien à voir ! m'exclamai-je en me levant pour jeter de nouveau un coup d'œil autour de moi.

Toujours rien.

— Il a un bon boulot, expliquai-je, il sera un père génial, c'est pas un branleur, et je l'aime. Qui veut boire quoi ?

Emelie leva la main.

Matthew croisa les bras.

— Ravi de constater que tu connais tes priorités. C'est le bon, pas de doute là-dessus !

— Si tu avais eu les mêmes parents que moi, tu ne croirais pas non plus à cette histoire d'âme sœur, rétorquai-je. Encore une tournée de ce vin blanc atroce ?

Je me retournai pour me diriger vers le bar, essayant de ne pas perdre mon sang-froid. Matthew avait des raisons d'être aussi sensible ; je ne pouvais pas lui en vouloir. Il essayait de me protéger bien sûr, mais son « âme sœur », Stephen, l'avait quitté six mois plus tôt pour un mannequin de vingt-quatre ans spécialisé en sous-vêtements, et il ne s'en remettait pas. Je n'avais jamais assisté à une séparation aussi pénible et, depuis, j'évitais de mentionner Stephen, les mannequins ou les sous-vêtements devant lui. Ce qui limitait dangereusement nos sujets de conversation pour cette soirée. Il ne refusait pas d'en parler, mais, chaque fois, il faisait une crise de catatonie pendant quelques heures et m'appelait trois jours plus tard pour me dire qu'il s'était réveillé au Mexique et me prier de bien vouloir nourrir son chat. Du moins, quand il en avait encore un. Les joies de la vie d'une ancienne hôtesse de l'air qui flambait un héritage plutôt conséquent. La plupart de mes connaissances qui se faisaient larguer sortaient, se bourraient la gueule et se réveillaient dans un bus de nuit pour Peckham. Matthew, lui, se bourrait la gueule, allait à Heathrow, prenait l'avion et se réveillait à Rio. Avec un type qui s'appelait José. On ne savait pas grand-chose à propos de lui, mais ils étaient amis sur Facebook, alors c'était sympa.

Je me faufilai à travers la masse de corps qui s'agitaient sur la piste de danse jusqu'à atteindre le bar. Après avoir commandé, je me retournai pour observer mes deux meilleurs amis. Toute dispute oubliée, ils parlaient avec de grands gestes et des voix de crécelles. Ils m'avaient épuisée. Mais j'ignorais ce que j'aurais fait sans eux.

— Ça va, sœurette ? me demanda Paul en s'approchant de moi. Emelie a l'air en forme ce soir.

Il fit un clin d'œil à la fille derrière le bar et se mit à siroter sa bière avant même que j'aie eu le temps d'ouvrir la bouche.

— N'essaie même pas, l'avertis-je en le foudroyant du regard. Il n'y a pas d'autres heureuses candidates à tes charmes ce soir ?

— Bien sûr que si, des tonnes ! admit-il en se retournant pour s'appuyer contre le bar. Mais les autres ne t'énerveraient pas autant !

— Très drôle…

J'attrapai la bouteille et me dirigeai vers la table, Paul sur les talons. Enfin, sur l'absence de talons de mes ballerines.

— Matthew, dit-il avec un signe de la tête avant de se glisser dans le siège près d'Emelie. Em.

Je fis semblant de ne pas remarquer qu'elle rougissait histoire de préserver ma propre santé mentale.

— Qu'est-ce que vous faites tous assis ? demanda Paul. Ce D.J. est génial !

— On donnait des conseils à ta sœur, dit Matthew en me prenant la bouteille des mains pour servir tout le monde. (Ah, la tradition anglaise de la beuverie du vendredi !) C'est du sérieux, tu sais ?

— Elle n'écoutera pas, rétorqua-t-il. Vous perdez votre temps.

— Rach…

Emelie détourna un instant le regard de mon petit frère pour observer l'arrivée de Simon. Quand je levai la tête, je le vis passer la porte et se diriger directement vers le bar avec un groupe de gens que je ne connaissais pas.

Simon. *Mon* Simon.

Je n'arrivais pas à croire que je ne l'avais pas vu depuis quatre semaines. Une partie de moi avait l'impression qu'il m'avait embrassée sur le front ce matin avant de partir, l'autre que j'observais un étranger. Il portait son sempiternel ensemble décontracté jean/chemise du vendredi. S'il avait été coincé jusqu'à tard au bureau, il voudrait rapidement un verre. Sûrement un whisky Coca, même si je savais qu'il rêvait d'un Malibu limonade. À en juger par ses épaules affaissées et sa démarche maladroite, il avait sûrement déjà bu un verre ou deux. Il avait l'air fatigué. Ça me faisait mal au cœur de ne pas pouvoir aller l'embrasser. Mais ça ne faisait pas partie du plan.

Rester assise et déprimer autour d'un verre de vin n'allait pas non plus m'aider à le reconquérir.

Je me forçai à sourire pour la première fois depuis longtemps et pris Emelie par le bras.

— Viens, je veux que Simon pense qu'on s'amuse.

— On ne pourrait pas s'amuser pour de vrai ? demanda-t-elle. Ce sera plus crédible que de faire semblant.

— Danse avec moi et c'est tout.

Je glissai ma pochette noire sous mon bras et tirai ma meilleure amie sur la piste de danse. Matthew et Paul nous imitèrent. Matthew ne ratait jamais une occasion de bouger son corps, et Paul avait sûrement senti l'opportunité de peloter discrètement Emelie. Avec Smokey Robinson qui hurlait hors des enceintes, la conversation n'était plus possible, alors je fermai les yeux et me mis à bouger, en espérant que Simon me regardait. Après dix ans à danser ensemble, je pouvais repérer Matthew et Emelie près de moi sans ouvrir les yeux. Em s'était appuyée contre mon dos pour avoir l'air sexy, mais surtout parce qu'elle était déjà trop bourrée pour tenir debout toute seule. Matthew, lui, chantait sûrement les bras en l'air, ses pas rapides invisibles au milieu de la masse humaine. Soudain, je sentis Em s'éloigner et des mains d'homme glisser autour de ma taille. Je baissai la tête pour cacher mon sourire satisfait avant de me laisser aller contre le torse de Simon.

— Salut !

Hélas, ce n'était pas Simon, mais un parfait inconnu. Et personne que j'aurais laissé me toucher. Je me figeai tout à coup, le laissant libre de me faire valser et de me renverser en arrière, très bas, sur la piste de danse. Emelie et Matthew étaient trop occupés à faire leur show pour remarquer quoi que ce soit, et mon frère avait adopté sa technique du « je ne vois rien donc ça n'existe pas », comme chaque fois que quelqu'un emmerdait sa sœur.

— Oh, putain, lâche-moi !

J'essayai de me débattre, mais mon prétendant faisait au moins dix centimètres et trente kilos de plus que moi. Il se contenta de me soulever et de me maintenir au-dessus du sol. Je posai les mains sur ses épaules pour garder l'équilibre tandis que mes chaussures tombaient par terre. Ce qui ne m'empêcha pas de lui asséner un coup de pied qui aurait été très douloureux s'il avait été un peu plus sur la gauche.

— Je ne crois pas, non.

Je lui envoyai un coup de poing en pleine face. Ce n'était que justice puisque j'avais raté ses couilles. Encore une bonne raison de ne pas rompre avec Simon.

Me baissant pour récupérer mes chaussures, je ne prêtai aucune attention aux exclamations qui éclataient autour de moi et me dirigeai vers le bar au moment où Simon empruntait l'escalier vers la sortie.

— Simon ! criai-je en essayant d'enfiler mes chaussures avant de me retrouver dehors. Simon, attends !

— Rachel ?

Je me retournai pour voir Simon accepter une cigarette d'un homme que je ne connaissais pas.

Il avait l'air étonné de me voir. On aurait dit qu'il venait d'être pris en flagrant délit par son professeur principal derrière l'abri à vélos. Pas vraiment la réaction que j'espérais.

— Simon, répétai-je en le voyant cacher sa cigarette derrière son dos. Tu fumes ?

— Euh, non… Enfin, si, une seule, avoua-t-il en agitant la Marlboro Light comme s'il s'agissait d'une baguette magique. J'ai vraiment passé une journée de merde. Tu étais à l'intérieur ?

— Tu… tu n'as rien vu ? demandai-je en serrant mes bras contre moi. On était en train de danser.

Il faisait décidément un peu trop froid pour sortir sans manteau.

— Danser ? dit-il d'un air perdu. Avec qui ?

— Personne. Avec personne, répondis-je en faisant un pas vers lui. Matthew, Emelie. Et Paul.

Il recula.

— OK. Je ne savais pas que vous seriez là.

Je l'observai pendant un instant. Ce n'était pas censé se dérouler comme ça. Je ne portais pas mes plus beaux sous-vêtements pour ça. Je n'avais pas souffert le martyre d'une épilation à la cire pour ça.

— Simon, est-ce qu'on peut parler cinq minutes ? demandai-je en avançant encore.

— Ça ne peut pas attendre demain ? rétorqua-t-il. Je sais bien qu'on a besoin de discuter, mais j'ai vraiment eu une journée de merde et…

— Je ne t'ai pas vu depuis quatre semaines, rappelai-je en baissant la voix le plus subtilement possible. Tu pourrais au moins m'accorder cinq minutes...

— C'est juste que... Je crois qu'on va partir... Les amis de Mark sont dans un autre bar, on est censés les rejoindre...

Il ne finit pas sa phrase. Au lieu de ça, il jeta un coup d'œil à celui qui s'appelait Mark et refusait de me regarder. Peu importe qui il était.

— Rien qu'une minute, dis-je en essayant de me rappeler le discours que j'avais préparé. Je voulais te parler de cette pause. J'en ai marre.

— Oh, dit-il en écrasant la cigarette qu'il venait de jeter. Oh, OK. Autant en finir, alors.

En finir ?

Sans me laisser le temps de continuer, il s'approcha de moi, plaça un bras sur mes épaules et me guida jusqu'à une barrière de l'autre côté de la route.

— Je suis désolé d'avoir disparu.

Il continua de me toucher l'épaule avant de s'apercevoir de ce qu'il faisait et de retirer sa main pour la fourrer dans sa poche.

— Je voulais vraiment discuter avec toi, ajouta-t-il, mais j'ai eu un emploi du temps de malade. C'est la folie au boulot, je forme un nouvel assistant qui est complètement nul, et puis il y a eu l'enterrement de vie de garçon. Bref, désolé, je me tais maintenant. À toi.

— Tu voulais discuter ? demandai-je en regrettant de ne pas avoir mis de baume à lèvres avant de sortir. Moi aussi.

Du coin de l'œil, je vis Matthew passer la tête par la porte, puis disparaître après m'avoir repérée.

— Ah oui ? reprit Simon, l'air mécontent. Je pensais que nous éloigner rendrait les choses plus faciles. Mais ça n'a pas marché, hein ?

— Qu'est-ce qui n'a pas marché ? demandai-je.

Je me frottai vivement les bras. Il faisait vraiment froid et mon soutif n'avait pas assez de rembourrage pour palier ce genre de températures.

— Écoute, Simon, comme je te l'ai dit, je veux te parler depuis que tu es parti. Cette histoire de pause ne m'a pas dérangée, et ça m'a fait du bien de souffler un peu, mais j'en ai marre. De cette pause.

— OK. Très bien. OK, répéta-t-il en fouillant ses poches à la recherche de ses cigarettes. Il y a quelqu'un d'autre ?

Je plaquai mes cheveux derrière mes oreilles, tentant de ne pas prêter attention à Matthew qui, de l'autre côté de la rue, me faisait signe de les remettre en avant.

— Pourquoi est-ce qu'il y aurait... Écoute, Simon, j'en ai marre de cette pause, je veux que les choses redeviennent normales.

Simon alluma une deuxième cigarette, le regard rivé au sol.

— Désolé, Rach, j'ai un peu trop bu. Je ne te suis pas. Qu'est-ce que tu veux dire ?

— Je ne veux plus faire de pause, dis-je en lui ôtant le paquet de cigarettes des mains. Simon, regarde-moi, s'il te plaît.

Il inhala profondément avant de recracher une longue volute de fumée grise en secouant la tête. Je m'approchai jusqu'à toucher ses pieds et posai ma main libre sur son bras avant de retirer la cigarette de sa bouche.

— Simon, tu ne fumes pas.

— Je fumais avant qu'on sorte ensemble, murmura-t-il.

— On sort ensemble depuis cinq ans, répondis-je d'une voix aussi faible.

Mais, malgré nos messes basses, je voyais bien que des oreilles indiscrètes essayaient d'épier notre conversation depuis le trottoir d'en face.

Notre discussion privée me sembla soudain très publique.

— Cinq ans, c'est long, rétorqua Simon en se dégageant et en aspirant une nouvelle bouffée. Et j'en ai assez de cette pause, moi aussi. Donc on est d'accord sur le fait que ça ne marche pas.

— Simon, j'ai du mal à te suivre.

J'étais complètement perdue. Les choses n'étaient pas du tout censées se dérouler comme ça. À l'heure qu'il était, nous aurions dû nous trouver à l'arrière d'un taxi en train de nous livrer à toutes sortes de tripatouillages indécents. Il n'était pas question de parlementer au milieu de la rue pendant que Matthew faisait semblant de ne pas nous espionner à l'entrée de la boîte. Oh, génial, Em était là aussi. Au moins, Paul était resté en bas. Ah, attendez une minute, non, il était là. Comme si j'avais besoin de ça !

— Je sais que je ne m'y suis pas très bien pris pour te quitter, mais je ne veux pas rendre les choses plus difficiles qu'elles le sont, ajouta Simon en haussant les épaules. Ça n'a pas été facile pour moi non plus, tu sais ?

— Qu'est-ce que tu racontes ?

Je l'attrapai par le bras et rapprochai mon visage du sien autant que me le permettait son haleine chargée de tabac. C'était censé être sexy, pas dégoûtant ou déroutant.

— On peut rentrer à la maison, s'il te plaît ?

— Je ne rentrerai pas, répondit-il en repoussant ma main et en reculant. Ce n'est pas une pause, Rachel.

Simon avait l'air pâle et mal à l'aise. Soudain, je me moquais du froid qu'il pouvait faire.

— Ce n'est pas une pause, parce que je veux être avec toi, dis-je doucement en regardant intensément mes chaussures. C'est juste une pause. On n'est pas en train de… Tu sais. Pas du tout.

Pendant quelques instants, il demeura silencieux. Moi aussi. De l'autre côté de la rue, j'entendais des gens parler, rire, d'autres crier, mais j'avais l'impression qu'ils se trouvaient à des kilomètres. Je toussai pour m'assurer que je pouvais encore produire un son.

— Je t'aime, Simon.

Rien.

— Simon ?

Toujours rien.

Je pressai mes lèvres pour arrêter les larmes qui commençaient à perler au coin de mes yeux, flouant la boîte aux lettres rouges que je distinguais vaguement sur le côté.

— S'il te plaît, Simon, repris-je en essayant tant bien que mal de garder mon calme. Tu es mon petit ami.

Simon prit une dernière bouffée, jeta la cigarette par terre et l'écrasa avec une chaussure en cuir que je ne connaissais pas. Levant les yeux au ciel, il recracha bruyamment la fumée.

— Tu n'es pas celle qu'il me faut.

Je croisai les bras très fort, plantant mes ongles dans ma chair.

— Je suis désolé, Rachel, dit-il en se tournant rapidement vers la rue pour mieux éviter d'avoir à affronter mon regard. Je te fais perdre ton temps. Tu n'es pas la bonne.

— Je ne suis pas…

Je m'éclaircis la voix avant de réessayer :

— Je ne suis pas la bonne ?

— Non, répondit-il.

— Est-ce que tu l'as trouvée ? demandai-je, la peur au ventre. Est-ce que tu… Est-ce qu'il y a…

— Non, dit-il en me regardant enfin au niveau du nez, pas encore dans les yeux. Je te le jure. C'est juste que j'ai bien réfléchi. Tu es vraiment très importante pour moi, mais tu n'es pas la bonne. Ça ne peut pas marcher entre nous.

— Pour une raison en particulier ? Qu'est-ce que j'ai fait de mal ?

Je n'arrivais pas à croire ce que j'entendais.

— Rien du tout, répondit-il avec un haussement d'épaules. Un jour, au réveil, ça m'a sauté aux yeux. Je pensais que la pause aiderait, mais…

— Tu pensais que faire une pause serait plus facile que de rompre directement avec moi, résumai-je à sa place, que je comprendrais toute seule où tu voulais en venir ?

— Je suis désolé, je m'y suis mal pris.

Il plongea la main dans sa poche, à la recherche de ses cigarettes, mais je les avais toujours à la main. Sur un coup de tête, je les jetai au milieu de la route, sous les roues d'une voiture.

— Rachel, c'est juste que je ne suis pas… Putain, c'est n'importe quoi. Je t'aimerai toujours, c'est juste que je ne suis pas, tu sais…

— Non, je sais pas justement. Parce que moi, je t'aime.

En secouant la tête, je sentis mes cheveux retomber dans mon dos.

— Putain, Rach.

Simon tendit le bras pour poser la main sur la peau nue de mon épaule. Au lieu de me réchauffer et de me rassurer, le contact me brûla.

— Je suis désolé.

Il retira sa main pour la fourrer de nouveau dans sa poche.

Je fis un pas en arrière, clignant des yeux, jusqu'à ce que les larmes tombent de mes cils et coulent le long de mes joues. Au moins, je ne portais pas de mascara. Rien de tel que des yeux de panda pour rendre une fille encore plus pathétique. Je le dévisageai. Ses cheveux blonds paraissaient plus foncés sous la lumière artificielle et ses yeux étaient rouges et fatigués. Regarder ses lèvres me paraissait désormais très étrange. Surtout en sachant que je ne les embrasserais plus jamais. Elles étaient hors de portée. Comme lui. Il n'était plus à moi. En reculant encore d'un pas, je pus le voir en entier. Mon ex-petit ami d'un mètre quatre-vingt. Ex. Quel horrible son. Ce n'était plus mon Simon ; c'était un étranger. Je reculai encore et tombai du trottoir, sur la chaussée.

— Rachel ! cria brusquement quelqu'un.

Je me retournai juste à temps pour voir un taxi noir passer en vrombissant à côté de moi. Le conducteur klaxonna et m'insulta par la fenêtre de son véhicule. Bien qu'encore plantée au milieu de la chaussée, je semblais incapable de bouger. Au lieu de ça, je m'assis. Ce qui me parut une idée sensée.

— Rachel, dit une autre voix, plus douce, près de mon oreille.

Je sentis plusieurs bras se refermer sur moi et me relever avant d'entendre des gens crier et se battre derrière moi.

— Mets-la dans un taxi, ordonna Matthew à quelqu'un. Je me charge de ces deux-là.

J'étais plus intéressée par mes chaussures. Je les adorais. Depuis combien de temps Simon avait-il ces chaussures marron ? Comment se faisait-il que je ne les aie jamais vues auparavant ? Il les avait sûrement achetées dans la journée. Seul un garçon pouvait aller danser un vendredi soir avec des chaussures neuves sans savoir si elles lui feraient mal. Et bien sûr qu'elles le feraient souffrir. Comme toutes celles qu'il possédait.

— Rachel ? Tu vas bien ? me demanda Em.

Je hochai la tête.

— On va te ramener chez toi avec Matthew.

Sa voix me parvenait de quelque part au-dessus de moi, mais je n'arrivais pas à me concentrer dessus.

Je secouai la tête.

— Bien sûr que si.

— Non, répondis-je d'une voix ferme. Je veux simplement rentrer et dormir. Je te le jure. Passez me voir demain matin. J'aurai besoin de vous.

— Je pense vraiment qu'on devrait venir avec toi. Ou seulement l'un d'entre nous, si tu veux. Tu choisis. Pas la peine de discuter.

Secouant de nouveau la tête, j'arrêtai un taxi noir qui approchait en levant la main.

— Je vais bien.

Sans lui laisser le temps de réagir, je repoussai Emelie, ouvris la portière et la claquai derrière moi, me cognant la jambe au passage. Je ne le sentis même pas.

— Amwell Street, Islington ?

Je me penchai en avant jusqu'à ce que le chauffeur hoche la tête, puis me laissai tomber en arrière tandis qu'il faisait demi-tour. Par la vitre, j'aperçus Emelie qui levait les bras au ciel à l'intention de Matthew qui couvrait son visage de ses mains. Derrière eux, Paul se tenait aussi le nez, mais je ne vis pas Simon… jusqu'à ce qu'on s'arrête à un feu rouge. Alors, je le remarquai. Par terre, aux pieds de Paul, Mark l'Inconnu penché sur lui.

Voyez-vous ça !

Chapitre 3

Quand le taxi me déposa enfin chez moi, je m'étais repassé notre conversation en boucle dans ma tête, et j'avais l'impression que c'était arrivé à quelqu'un d'autre ou que je l'avais entendue à la télé. Les mots qui avaient été prononcés étaient flous, chaque geste exagéré ou déformé, mais le résultat était toujours le même. *Je ne suis pas la bonne. Il ne m'aime pas. Il ne veut plus de moi.*

Ouvrir la porte me prit une éternité. Lorsque je réussis enfin à entrer et que j'appuyai sur l'interrupteur, j'illuminai cinq années de bons souvenirs sur les murs du couloir. Des photos de vacances, des tickets de concert, des serviettes de restaurants, des cartes postales, les objets que nous avions collectionnés durant notre relation, encadrés et suspendus. Il y avait même l'addition du bar de notre premier rendez-vous. Il l'avait conservée et me l'avait donnée le jour où nous avions emménagé ensemble. Comment avait-on pu en arriver là ?

Épuisée, j'éteignis la lumière et me dirigeai vers la chambre. Je retirai mes chaussures et m'extirpai de ma veste et de mon jean au passage. J'avais fait le lit avant de partir, dans l'espoir de m'y glisser avec Simon ; je ne pensais pas y retourner seule avec des traces de larmes sur les joues et le genou écorché. Même si je dormais sans lui depuis des semaines, c'était la première fois depuis le début de notre « pause » que je souffrais de la solitude. C'était la première fois que j'étais seule. Je troquai mes sous-vêtements inconfortables pour un vieux tee-shirt de Simon que je gardais caché à l'intérieur de ma taie d'oreiller, avec un vieux caleçon sans élastique. Allongée sur le dos, les yeux rivés sur le plafond, j'entendais les paroles de Simon bourdonner dans mon esprit comme si j'avais laissé la télé allumée. Le sommeil refusait de m'envahir, contrairement aux réflexions à deux balles. Le prélèvement de mes crédits allait bientôt tomber. J'avais deux épisodes de *Glee* à regarder sur mon décodeur qui n'avait presque plus de mémoire libre. Ce soir-là, c'était la première fois que je ne me nettoyais pas le visage en quatre ans. Tout ça parce que je ne l'avais pas écrit sur ma liste. Si j'étais pleine de boutons, peu importait que je sois célibataire ou non, personne ne voudrait de moi comme maquilleuse. Je me glissai hors du lit et remis mon boxer en place.

Dans le couloir, je caressai la photo de nous deux que je préférais, prise à l'anniversaire d'Emelie l'année précédente. Simon riait à une plaisanterie de Matthew et j'avais les bras autour de son cou, la tête posée sur son épaule. Il était beau, je n'avais pas l'air grosse, nous étions heureux. La photo parfaite.

Je sentais ma poitrine se serrer, signe de nouveaux sanglots, lorsque j'entendis un bruit à la porte d'entrée. Allumant la lumière, je jetai un coup d'œil par la vitre. C'était Simon. Je restai quelques secondes sans rien faire, l'esprit vide, avant de déverrouiller la porte et de lui ouvrir.

Son œil gauche commençait déjà à prendre une teinte violette et, même si quelqu'un avait essayé de le soigner, il avait toujours le nez ensanglanté et la lèvre éclatée. Entre sa gueule cassée et ma tenue sexy, nous étions tellement éloignés de l'image parfaite que j'aurais pu en sourire.

— La serrure a besoin d'un peu d'huile ou quelque chose, marmonnai-je en tenant mon short d'une main.

— Je suis désolé, dit Simon, toujours penché sur la porte.

— C'est pas ta faute, dis-je en haussant les épaules. Ça fait une éternité qu'elle accroche.

— Non, je suis désolé, répéta-t-il.

Je reculai pour le laisser entrer, le dos collé contre le mur de photos. Il s'arrêta devant moi et essaya de me dire quelque chose, mais se ravisa.

— Simon ?

Il se retourna pour me détailler des pieds à la tête.

— C'est pas mon tee-shirt, ça ? demanda-t-il.

— Si, répondis-je en tirant sur les pans effilochés. J'aime bien dormir avec.

— Je croyais que tu l'avais jeté.

Comme ma lèvre inférieure commençait à trembler, je secouai la tête. Je serrai les orteils et feignis un bâillement pour repousser mes larmes.

— Je vois, dit-il, les mains fourrées dans ses poches.

Je hochai la tête. Il se contenta de rester là, abîmé, blessé, dans un état lamentable, les yeux rivés sur les chaussures que je n'avais jamais vues. Je savais qu'il fallait que je dise quelque chose le plus vite possible. Au matin, tout serait terminé. Les relations comme la nôtre meurent toujours en silence pendant la nuit ; nous n'étions pas faits pour les démonstrations de violence, les bains de sang en public. Bien trop anglais pour ça. J'avais des tonnes de questions au bord des lèvres et mon cœur, lui, faisait déjà le mort. Prenant mon courage à deux mains, j'ouvris la bouche, sans avoir la moindre idée de ce qui allait en sortir.

— Nouvelles chaussures ?

Pendant un instant, je ne compris pas ce qui se passait. J'observai les chaussures de Simon se rapprocher de moi, puis je sentis ses bras m'entourer et son visage chaud et humide contre le mien. Ce n'est que lorsque le cadre derrière moi me rentra dans l'omoplate que je me rendis compte qu'on s'embrassait, que ses mains remontaient le long de mon dos pour venir se perdre dans mes cheveux avant de redescendre.

— Je suis désolé, me murmura-t-il. Je suis vraiment désolé.

Suivant mon instinct, je passai les bras autour de sa nuque et acceptai ses baisers en pilote automatique, mais le coin pointu du cadre continuait de mordre ma chair. Lorsque Simon détacha ses lèvres des miennes pour m'embrasser dans le cou, je me rendis compte que mes yeux étaient restés grands ouverts et que je n'arrivais pas à réfléchir. Que se passait-il ? Les choses se déroulaient enfin comme prévu ! Simon s'arrêta et me regarda avec une expression nouvelle, un mélange de perplexité et de résolution. J'avais vu les deux séparément des tonnes de fois en cinq ans, mais les deux ensemble, c'était nouveau.

— Rach ? demanda-t-il, haletant.

Il avait raison d'être inquiet. D'habitude, m'embrasser dans le cou était une technique infaillible pour me mettre dans son lit, et j'avais attendu ce moment avec impatience. Pourtant, je n'avais aucune réaction. Quelque chose clochait.

— Je te jure, Rach. Je suis désolé.

— Arrête. Arrête de dire ça, dit une voix qui ressemblait à la mienne.

S'il s'excusait, ça voulait dire qu'il avait fait quelque chose de mal. Je n'avais pas la force d'y réfléchir pour l'instant.

— OK, répondit-il en repoussant mes cheveux derrière l'une de mes épaules.

Le geste était tellement familier que je sentis mon cœur se briser en deux.

— OK, répéta-t-il.

Je hochai la tête et fermai les yeux quand il se pencha de nouveau pour m'embrasser. Je lui répondis en essayant de ne pas faire mal à sa lèvre blessée. Mais, visiblement, il n'en avait rien à faire. Pour la première fois depuis un mois, il avait envie de moi. Alors je le laissai me guider vers la chambre et me pousser sur le lit, sentant son poids rassurant au-dessus de moi. Pas la peine de réfléchir, ni d'agir. Ses mains dessinaient leur chemin habituel sur mon corps, ses lèvres sur ma clavicule, ma jambe gauche autour de sa taille. Ça m'avait tellement manqué. Il m'avait tellement manqué. Alors pourquoi mon corps ne réagissait-il pas plus violemment ? Pourquoi se contentait-il de subir ? Le manque d'habitude, peut-être. Rien à voir avec la voix qui répétait dans ma tête : « Pas la bonne, pas la bonne, pas la bonne. » Je fermai les yeux et entrepris de jouer mon rôle. Simon m'était revenu. C'était ce que je voulais. Il représentait mon idéal. Et il était de nouveau à moi.

Le matin suivant ressembla à tous les autres. Le soleil filtrait à travers les rideaux trop clairs accrochés à la fenêtre de la chambre. Je n'en avais jamais acheté de doublés car Simon aimait se réveiller avec la lumière naturelle. Il était allongé près de moi, comme s'il n'était jamais parti, ses cheveux blond foncé brillant au soleil. Couchée sur le côté, à quelques centimètres de lui, je le regardais dormir. La nuit précédente avait été étrange. Je ne pouvais m'empêcher de penser qu'on aurait dû discuter avant que Simon reprenne sa place dans mon lit. Pourtant, ce matin, tout semblait parfait. Retour à la normale. Peu importait de quelle folie il avait souffert, il en était enfin guéri.

Je roulai sur le dos en prenant garde de ne pas le réveiller et souris en pensant à mes corvées de la journée. Pour une fois, je pouvais peut-être me dispenser de suivre ma liste : le courrier pouvait attendre à la Poste jusqu'au lundi et j'achèterais la carte d'anniversaire de Matthew le lendemain. En revanche, je devais aller au supermarché. Les placards étaient vides. Me glissant hors du lit sans faire bouger le matelas, j'attrapai mon jean et mon débardeur de la veille, jetés en boule par terre. Je m'habillai dans le couloir et attrapai mon téléphone, ma carte bleue, mes clés et un cardigan en chemin, m'arrêtant une seconde pour redresser le cadre que nous avions déplacé la nuit précédente. Rien n'était parfaitement aligné, mais le voir en biais, touchant la photo voisine, réveillait mes TOC. Je le remis en place, pourtant quelque chose clochait toujours. Au lieu de perdre du temps et de réveiller toute la maison, je posai le cadre par terre contre le mur et le rajoutai à ma liste mentale. Je m'en occuperais après le petit déjeuner. Après tout ce que Simon voudrait faire ce jour-là. Je réécrirais la liste pour le lendemain. De quoi soulager mes TOC.

Il était super tôt pour un samedi. La ville de Londres ne s'était pas encore tout à fait réveillée, mais les bus étaient toujours au rendez-vous et les travailleurs du week-end envahissaient les trottoirs, tête baissée, écouteurs vissés aux oreilles. Avant d'avancer dans la rue, je mis du baume à lèvres, touchai mon menton irrité d'un geste tendre et relevai mes cheveux en un chignon plus ou moins coiffé. Il fallait vraiment que je les coupe ; j'avais bien trop de cheveux pour une seule personne. Mais Simon aimait que je les porte longs et j'y étais habituée, même si Dan m'appelait « cousin Machin » quand je les lâchais au travail.

Je n'arrivais pas à croire que Paul ait frappé Simon. Il n'avait jamais rien fait d'aussi gentil pour moi. Ça rattrapait la fois où il avait rasé tous mes Petits Poneys. Enfin peut-être pas tous… Il fallait que je l'appelle pour lui dire qu'on s'était réconciliés, sinon bonjour l'ambiance au mariage de mon père dans deux semaines ! Pour l'instant, je devais simplement acheter des viennoiseries, du café et du lait. Et peut-être un détachant pour enlever le sang de la chemise de Simon. Et après on dit que le romantisme est mort !

Étonnamment, le supermarché était plein à craquer de gens qui achetaient un sandwich au thon pour leur pause-déjeuner avant d'aller travailler, des lève-tôt qui faisaient leurs courses, et plusieurs hommes aux vêtements froissés qui avaient l'air beaucoup trop fiers d'eux.

— Ça va ? me demanda un grand machin qui empestait Kouros d'Yves Saint Laurent me fit un signe de la tête au-dessus des croissants. Nuit agitée ?

— On peut dire ça, répondis-je sans croiser son regard.

Ne savait-il pas qu'à Londres on ne parlait pas aux inconnus ? On ne parlait même pas à nos voisins pendant les cinq premières années, sauf pour se plaindre du bruit ou du chien qui venait chier sur notre pelouse.

— Ouais, le truc, c'est de partir avant le réveil, dit-il en remplissant un sac de roulés à la cannelle. Mais je leur laisse un mot. Toujours. C'est pas gentil, sinon.

— OK.

Je lui adressai un sourire crispé avant de battre en retraite vers la caisse.

Il me suivit.

— Je me sens toujours mal pour ces filles, poursuivit-il. Quand les gens voient un mec rentrer au petit matin, ils lui tapent dans le dos, mais une fille qui marche dans la rue à 6 heures du mat un samedi avec ses vêtements de la veille, on pense tout de suite que c'est une pute.

— Ouais, répondis-je machinalement en inspectant le contenu de mon panier avant de comprendre ce qu'il avait dit. Hein ? Pardon ?

— Pas moi, bien sûr.

Kouros leva les mains, renversant un peu de sa canette de Red Bull ouverte, avant de reprendre :

— Je ne juge personne. Et ce n'est pas comme si tu avais une jupe ras la moule ou les nibards à l'air comme certaines. J'aime ta tenue.

Génial. Le joli cœur n'était pas seulement bourré, il était aussi persuadé qu'on faisait partie de la même espèce.

— Tu devrais me donner ton numéro au cas où tu te sentirais seule.

L'odeur pestilentielle de ce qu'il avait bu ou dont il s'était aspergé la veille, mélangée à une bonne dose d'après-rasage me monta au nez et me donna la nausée.

— J'ai un petit ami, répondis-je rapidement en interposant le panier entre nous. Alors non.

— C'est ça, oui, rétorqua-t-il en tripotant un paquet de Durex avant de l'ajouter à ses courses.

Oh, pitié ! Je me retournai en espérant qu'il s'en irait de lui-même, mais je pouvais toujours le sentir. J'avais le sentiment que son odeur ne partirait pas facilement. Heureusement que Simon avait repris ses esprits. C'était la première fois en cinq ans qu'un homme me demandait mon numéro et je n'avais vraiment pas l'impression que c'était une bonne pioche.

Après avoir acheté notre petit déjeuner, je disparus rapidement dans la rue, tellement concentrée sur mon iPhone que j'entendis à peine Kouros marmonner bruyamment derrière moi quelque chose qui ressemblait étrangement à « sale pute ». À part ça, il ne jugeait personne.

En août, le temps n'était pas toujours très clément à Londres, mais ce matin-là était magnifique. Lumineux, avec un soleil radieux et un ciel bleu clair. Je remontai Upper Street d'un pas léger en lisant les SMS de Matthew et Em. Comme je savais qu'ils n'apprécieraient pas que je les appelle aussitôt pour leur raconter les détails, je me contentai de leur envoyer un message : « Tout va bien. » Puis j'effaçai les torrents d'insultes envers Simon et ne conservai que les longs mots doux. Ça ne faisait pas de mal de les avoir sous la main.

Je verrouillai mon téléphone avant de le glisser dans ma poche. Je n'étais pas particulièrement douée pour exprimer mes sentiments et je n'utilisais pas facilement le mot en « A ». J'aimais mes parents, j'aimais mon frère, j'aimais Matthew, Emelie, Simon, le chocolat, Alexander Skarsgård, les jeans de chez Topshop et j'adorais mon appartement. J'avais vécu dans une tripotée de chambres de bonne merdiques et en colocations passables durant mes années de fac, mais ce magnifique trois pièces au premier étage, acheté pour une bouchée de pain pendant la crise, c'était notre chez-nous. On avait passé les dix-huit derniers mois à construire notre nid douillet. Surtout avec des piles de vêtements que je n'avais jamais le temps de repasser, mais ça suffisait. C'était chez nous. Je montai les cinq marches jusqu'à la porte bleu roi et m'arrêtai un instant. Et si Simon était réveillé ? J'aurais peut-être dû essayer de me rendre un minimum présentable avant de partir. Qu'allais-je bien pouvoir lui dire ? Il valait peut-être mieux prétendre que la nuit dernière n'avait jamais eu lieu.

— Au moins, il ne portera pas Kouros, me dis-je à moi-même et à un gars qui promenait son chien tandis que j'enfonçai la clé dans la serrure.

Quand je pénétrai dans l'appartement, tout était calme. Je retirai mes chaussures pour éviter de réveiller Simon. Très bien, j'allais me laver les dents, préparer du café et laisser les choses se faire toutes seules. Après avoir déposé le petit déjeuner sur le bar dans la cuisine, je me précipitai vers la salle de bains. *Laisser les choses se faire… Et après ?* pensai-je en m'aspergeant le visage avec de l'eau froide. *Discussion difficile et hop, retour sur la route qui menait tout droit au mariage, aux enfants et au bonheur ?* Tout le monde rencontrait des accidents de parcours ; tout le monde avait des petits moments de folie. Il n'y avait pas de relation parfaite. J'attrapai ma brosse à dents en me rappelant que les contes de fées n'étaient que des histoires pour enfants. Mince, plus de dentifrice. J'ouvris le placard à côté du lavabo par habitude, pour en prendre un nouveau tube. Les vraies relations amoureuses étaient difficiles, elles nécessitaient des efforts. Il fallait être patient et faire des compromis. On ne pouvait pas s'enfuir à la moindre difficulté, on…

Le dentifrice.

Il n'y avait pas de nouveau tube dans le placard près du lavabo parce que j'en avais commencé un la veille. Pourtant, il n'était pas à sa place habituelle. La brosse à dents de Simon non plus. Son rasoir aussi avait disparu. La brosse à dents vissée dans ma main, je me précipitai dans le couloir jusqu'à la porte de notre chambre. Même si je savais déjà ce qui m'attendait de l'autre côté, je n'arrivais pas à l'ouvrir. Je me sentais mal. Folle de rage. Stupide. Je poussai la porte avec mon gros orteil et jetai un coup d'œil à l'intérieur. Le lit était vide. Quand je reculai d'un pas, je marchai sur quelque chose de dur et froid, puis pointu, piquant et chaud. La photo de l'anniversaire d'Emelie. Simon l'avait sûrement fait tomber en sortant. En s'échappant.

La brosse à dents dans une main, le téléphone dans l'autre, je me laissai glisser contre le mur, décrochant tous les cadres sur mon passage et regardant mon sang couler sur le parquet que Simon avait posé avec amour l'année précédente, juste après la finale de la coupe de football d'Angleterre.

Je déverrouillai mon téléphone et appuyai sur le dernier numéro appelé.

— Matthew ? murmurai-je en essayant de ne pas plier mes orteils. Il m'a pris mon dentifrice.

Chapitre 4

— Je vais le tuer.

Je hochai la tête.

— Je veux dire que je vais le réduire en bouillie. Je vais le maintenir à terre et le frapper au visage, puis lui arracher les membres et lui défoncer la tête avec.

— OK, acquiesçai-je.

— Et après je…

— Emelie, intervint Matthew en se baissant pour me soulever du sol. Tu ne nous aides pas beaucoup…

M'appuyant contre mon ami, je continuai de serrer ma brosse à dents dans une main et mon téléphone dans l'autre.

— Tu veux bien me donner ça, maintenant ? me demanda-t-il en tendant la main.

Je lui donnai mon téléphone.

— Et la brosse à dents ?

Je cédai à contrecœur.

Matthew et Emelie avaient traversé Londres en un temps record et avaient enfoncé ma porte avant que je ne bouge. J'avais appelé Matthew qui avait appelé Emelie qui avait appelé *Domino's Pizza*, mais ils ne livraient pas encore à cette heure-ci. C'est l'intention qui compte. Je leur avais raconté la version courte de ce qui m'était arrivé après être montée dans le taxi, en ponctuant mes phrases de reniflements, de sanglots, et en m'apitoyant sur mon sort. En retour, ils m'avaient raconté ce qui s'était passé de leur côté : Paul avait frappé Simon au visage sous l'œil admiratif de Matthew, et Emelie lui avait donné un coup bien placé en le couvrant d'insultes en français qu'il était difficile de traduire. Quand quelqu'un avait appelé la police, mes trois mousquetaires avaient battu en retraite vers le *McDonald's* le plus proche et Simon avait rampé jusqu'à un taxi. C'était là que mon histoire commençait.

— Je ne pensais vraiment pas qu'il viendrait ici, dit Matthew en me caressant les cheveux tandis que je m'asseyais sur le canapé. On voulait venir te voir, mais comme tu ne répondais pas au téléphone, on en a déduit que tu dormais. Tu décroches toujours d'habitude.

— J'ai quand même dormi, répondis-je. Ça va aller.

— On le sait bien, dit-il. C'est évident. Tu as bien fait de te débarrasser de cette ordure.

En étais-je débarrassée ? Ce n'était pas plutôt l'inverse ? Pourtant, je n'étais pas une ordure. Pas aux dernières nouvelles, en tout cas.

— Tout ira super bien, tu verras ! déclara Em qui préparait du thé pour tout Bristol. Tu veux prendre un bain ? Ça te ferait peut-être du bien.

— Je ne sais pas.

Comment pouvait-on ne pas avoir d'avis sur la question ? Génial, je perdais la boule.

— Pas de souci. Dis-nous ce que tu as envie de faire, renchérit Matthew en m'embrassant sur le front avant de m'adresser un regard débordant de bienveillance. Tu peux aussi rester ici sans rien dire pendant qu'on te fait la conversation. Comme tu veux.

L'horloge du lecteur DVD indiquait 10 heures. Le DVD de *Mad Men* n'était plus sur le lecteur. Il ne pouvait pas être seulement 10 heures. Il devait y avoir une règle stipulant qu'on ne pouvait pas foutre sa vie en l'air le samedi avant midi. Simon avait sûrement pris le DVD de *Mad Men*. Je ferais bien de me changer. Et de prendre un bain. Mais l'eau risquait de réveiller ma blessure au pied. Je m'étais coupée. Qu'est-ce que j'allais mettre ? Un pyjama, c'était trop pathétique ; des vêtements, trop optimiste. Et si j'allais me recoucher ? Il était encore tôt. Un samedi normal où je ne viendrais pas de me faire baiser par la personne avec qui je comptais passer le reste de ma vie, j'aurais sûrement encore été au lit.

— Rachel, est-ce que tu penses à des choses que tu ne dis pas à voix haute ? demanda Matthew.

Oh oui.

— Il a pris les DVD de *Mad Men*, dis-je enfin.

Ma voix me parut pâteuse et tragique.

— Tu avais fini de les regarder ? dit-il.

Je secouai la tête.

— *Fils de pute !* cracha Emelie. Prendre le dentifrice passe encore, mais Don Draper…

— Oui, oui. D'abord, un bain, intervint Matthew en lui faisant un signe de la tête.

Emelie cessa aussitôt de reremplir la bouilloire et se précipita vers la salle de bains. Robinets qui tournent, eau qui coule, Emelie qui jure en se brûlant, comme d'habitude.

— Ça va aller ?

Je hochai la tête, incapable de faire plus. J'avais l'impression de dormir les yeux ouverts. Un temps indéterminé s'écoula avant qu'Emelie m'annonce que le bain était prêt. Matthew m'aida à me lever et me poussa doucement vers la salle de bains.

— Ça te fera du bien, je te le jure.

Il ferma la porte pour me laisser me déshabiller. Même s'il était un ami formidable, Matthew avait vraiment du mal avec la nudité féminine. Dès le départ, il avait été clair qu'il ne voulait même pas voir un morceau de sein. Évidemment, Emelie n'avait pas résisté à l'envie de se balader à poil devant lui trois semaines après avoir emménagé ensemble, mais moi, j'avais gardé ma pudeur.

— C'est fou ce qu'un bain peut faire, tu n'imagines pas…

— C'est prêt ! Tu as besoin d'autre chose ?

Em se faufila derrière moi dans ma minuscule salle de bains pour attacher tous les cheveux qu'elle put rassembler en une queue-de-cheval.

— Ça va.

Je m'extirpai de ma veste et la laissai tomber par terre. Si je lui avais donné cinq minutes de plus, elle se serait peut-être échappée toute seule. Le jean moulant, lui, était plus enclin à me coller aux basques. Je dus m'y reprendre plusieurs fois pour réussir à le retirer et je ne dus mon salut qu'à Em qui tira ce fichu jean en dessous de mes genoux. Appuyée contre le lavabo, je la regardai ramasser le tout d'un air triomphal avant de refermer la porte derrière elle. Face au miroir en soutif culotte, les cheveux relevés en un énorme ananas sur le sommet de la tête, les larmes aux yeux et une lèvre inférieure si basse qu'on aurait pu en faire un portemanteau, je ne me sentais pas pathétique du tout.

Prends un bain, Rachel. Tu te sentiras mieux, Rachel.

Je détournai les yeux de la bombe sexuelle dans le miroir. Le bain faisait vraiment envie. Il était rempli à ras bord avec des tonnes de bulles et la vapeur emplissait l'air d'une odeur fraîche et relaxante. Quelque chose comme de la lavande. Je n'avais qu'à m'y glisser. Un pied, puis l'autre, et j'allais bientôt sentir aussi bon. Ma peau serait rose et douce, les bulles me chatouilleraient la nuque et, que je le veuille ou non, mes muscles se détendraient et je me sentirais sûrement mieux. Sauf que je ne voulais pas me sentir mieux. J'avais envie de déprimer, de me plaindre et de ressasser les événements des douze dernières heures. Je n'avais pas besoin de thé, de bain ou d'amis compatissants. Je voulais juste que mon petit ami revienne. Mais si je ne prenais pas ce bain :

1) Matthew et Emelie le sauraient ;

2) j'allais puer.

Coopérer ne pouvait pas faire de mal. Sauf si, évidemment, l'eau était bouillante et qu'elle m'arrachait la peau du pied.

De l'autre côté de la porte, j'entendais la conférence au sommet de mes amis. Les joies des rénovations au rabais des années 1990 : les murs de l'appart étaient fins comme du papier.

— Bon. Je défais le lit pendant que tu enlèves toutes les photos de lui, ordonna Matthew. Je vais te les faire bouillir, moi, ces draps ! Je veux que toute trace de ce fumier ait disparu de l'appart quand elle sortira du bain.

— C'est comme si c'était fait, répondit Em. Je n'arrive pas à croire qu'il ait fait ça.

— Ne m'en parle pas, dit-il. J'étais persuadé qu'il allait tenir la distance.

Moi aussi, pensai-je. *Moi aussi.*

— Heureusement que c'est arrivé maintenant. Imagine s'ils s'étaient mariés !

— Je sais. Comment faire semblant d'être heureux pour une amie qui épouse une tête de nœud ?

Je glissai un peu plus dans l'eau. Mes amis pensaient que Simon était une tête de nœud ? Pourtant, en cinq ans, ils ne m'avaient jamais rien dit. Je savais qu'aucun des deux n'aurait pu me le piquer parce que, même s'il avait un pénis, il n'était pas du tout leur style, mais quand même… Ils le détestaient au point de se réjouir de notre rupture ?

Je sortis un pied rosi de l'eau pour examiner mon vernis à ongles. Il fallait que je le change. C'était le thème du jour. Tout en tournant le robinet d'eau froide avec le pied, j'essayai de comprendre pourquoi Matthew et Emelie n'aimaient pas Simon. C'est vrai qu'ils n'avaient pas grand-chose en commun. Simon était un mec, un vrai : il regardait le foot à la télé, jouait aux jeux vidéo, aimait l'œuvre de Will Ferrell, le corps de Megan Fox et la musique de Coldplay. Ça ne faisait pas de lui quelqu'un de mauvais, juste un homme hétéro de vingt-neuf ans comme les autres. OK, il n'avait pas été très à l'aise avec Matthew au tout début, mais c'était parce qu'il n'avait pas beaucoup d'amis gays. Inversement, il avait été un peu trop à l'aise avec Emelie et elle ne pouvait pas nier que ses tentatives de drague maladroites l'avaient flattée. C'était un bon petit ami. Il cuisinait, surtout parce que j'en étais incapable. Il faisait son boulot d'homme, m'achetait des fleurs quand il travaillait tard, se souvenait toujours de mon anniversaire, n'annulait jamais nos rendez-vous et m'accompagnait aux mariages, anniversaires et baptêmes sans râler. Il n'était ni égoïste ni opportuniste ; il ne m'avait jamais menti ou trompée ; c'était un homme bien. On était heureux. On avait nos petites habitudes. Mais, visiblement, j'étais la seule à penser que cette histoire se terminerait avec une bague, une robe blanche et une reprise détonante de Kool & The

Gang dans un hôtel, quelque part dans le comté de Surrey.

Non, rien de tout ça. Pas de bague. Pas de robe. Pas de danse en groupe. Pas d'explications. Peut-être qu'avec une vraie discussion on pouvait encore arranger les choses. J'avais peut-être encore une chance de le récupérer.

Après un temps que j'espérais suffisant, je sortis de l'eau encore chaude et m'enveloppai dans une serviette. Matthew n'allait pas apprécier cette vision d'horreur, mais étant donné que mon peignoir était dans la chambre, je n'avais pas le choix. Je voulais simplement m'habiller, prendre le téléphone et régler cette affaire une bonne fois pour toutes. Matthew et Emelie se tenaient dans le salon, mes draps entre eux, sur le sol.

— Quoi ? demandai-je en sentant toute mon énergie se faire la malle. Qu'est-ce qui s'est passé ?

— Rien du tout ! répliqua Emelie en relevant la tête d'un air paniqué. Tu as meilleure mine ! Tu devrais aller t'habiller, maintenant.

— Je ressemble à rien, rétorquai-je en resserrant la serviette autour de moi. Qu'est-ce qu'il y a ? Il s'est passé quelque chose ? Simon a appelé ?

— Non, répondit-elle.

Matthew glissa quelque chose dans la poche arrière de son pantalon et se plaça derrière Em.

— Habille-toi, reprit Em. Après on ira manger quelque chose. Tu dois mourir de faim.

Ils ne savaient vraiment pas mentir.

— Qu'est-ce que tu as mis dans ta poche ? demandai-je à Matthew.

— Rien.

Sa voix était plus aiguë que la mienne.

— Donne-moi ça, dis-je en tendant la main. Je ne sais pas ce que c'est, mais donne !

Matthew et Emelie se consultèrent du regard. Em secoua la tête dans une parfaite imitation du Chat Potté, mais il se contenta de hocher la tête et de sortir un papier de sa poche en se mordant les lèvres.

— Matthew… Ne fais pas ça.

Em posa la main sur mon épaule pour me retenir.

— Pourquoi tu ne vas pas t'habiller d'abord…, commença-t-il.

Mais je fus plus rapide. Poussant Emelie sur le canapé, je plissai les yeux, resserrai ma queue-de-cheval et m'assurai que ma serviette était bien en place. Puis, me servant des coussins comme trampoline, je bondis sur le dos de Matthew. Un bras autour de son cou, je tentai de lui arracher le papier des mains pendant qu'il tournait en rond en poussant des cris stridents.

— Fais-la descendre ! s'écria-t-il en décrivant des cercles comme un poulet décapité.

Emelie se laissa aller en arrière sur le canapé en repliant ses jambes sous elle, le visage entre les mains. Je ne savais pas si elle pleurait ou si elle riait, mais ça m'était égal. Tout ce que je voulais, c'était attraper ce putain de papier. Matthew en était à son quatrième tour quand je réussis à le lui arracher des mains. Au moment précis où je perdais ma serviette. Sans me préoccuper du fait qu'au moins trois de mes voisins me regardaient me promener à poil dans mon salon sur le dos d'un gay d'un mètre quatre-vingt-dix, je retombai sur mes pieds et lus rapidement le mot.

Matthew s'arrêta, haletant bien trop fort pour quelqu'un qui s'entraînait autant que lui.

—Nom de Dieu ! souffla-t-il, les yeux écarquillés, l'air horrifié.

Em se reprit rapidement et m'entoura de nouveau de la serviette. Sauf qu'à ce moment-là, je me fichais pas mal d'être nue. J'étais bien plus préoccupée par le contenu de cette lettre.

Le papier était bleu pâle, avec un bord déchiré sur le côté, là où il avait été arraché d'un carnet de notes. Le mien. Quelqu'un avait fouillé dans mon sac, déchiré une page de mon carnet et laissé un bref message.

« Rachel,
Je suis désolé. Ça ne marchera pas. Je suis en déplacement professionnel cette semaine. À mon retour, je déménage.
Pardon,

Simon. »

Je le lus trois fois avant de relever la tête vers mes amis. L'expression de Matthew oscillait entre le traumatisme et la compassion. Emelie avait simplement l'air triste à mourir. J'ouvris la bouche pour dire quelque chose, n'importe quoi pour briser cette tension, mais je réussis seulement à prendre une grande inspiration. C'est tout ? C'est tout ce que je méritais ? Le message se froissa trop facilement entre mes doigts ne me laissant que la sensation des coins pointus contre ma paume. Lorsque j'ouvris la main, il n'en restait qu'une boule de rien du tout. Je fermai les yeux et les rouvris. Elle était toujours là. Un tout petit morceau de papier inoffensif qui venait de faire voler mon cœur en éclats.

— Il est quelle heure ? demandai-je.

— 11 h 30, répondit Matthew.

— Le pub est ouvert ?

— On est à Londres, répondit Em en prenant son sac. Il y a forcément un pub ouvert quelque part.

Hochant la tête, je resserrai ma serviette contre moi.

— Je vais m'habiller alors.

Heureusement, nous n'avons pas eu à chercher longtemps. Moins d'une heure plus tard, nous étions assis dans un recoin obscur d'un pub qui l'était tout autant, au bas de ma rue. Avec une bouteille de blanc sur la table et une commande de trois assiettes de poisson pané, nous étions parés pour l'après-midi.

— Maintenant, tu as plusieurs options. On peut se bourrer la gueule, dire du mal de lui et se traîner chez toi avec un kebab. Ou alors on peut se bourrer la gueule, tu peux pleurer et te montrer complètement pathétique, et ensuite on se traîne jusque chez toi avec un kebab.

— Pitié, dis-moi qu'il y a une troisième option.

Je tentai de me retenir de passer les doigts à travers les trous de mon legging. Je mettais ma tenue mal assortie sur le compte de la rapidité avec laquelle je m'étais habillée. Mais, en vérité, tous mes vêtements étaient rapiécés ou moches. Sur les plateaux, les gens se moquaient de ce que portait la maquilleuse et, depuis deux ans, j'avais opté pour un genre d'uniforme legging noir/tee-shirt blanc. Au moins, je n'avais pas besoin de réfléchir à ma tenue à 5 heures du mat.

— Troisième option : on se bourre la gueule, on imagine ta nouvelle vie trépidante et on se traîne jusque chez toi avec un kebab, finit Matthew.

— J'ai le droit de voter ? dit Emelie en levant la main. Je préfère la troisième solution et je suggère une pizza à la place du kebab.

— Non, ça doit être du kebab, déclara Matthew. C'est la seule situation où je peux en manger sans culpabiliser à mort après. Toutes les calories consommées durant les quarante-huit heures qui suivent une rupture sont nulles et non avenues.

— Il y a d'autres règles que je devrais connaître ? demandai-je.

— Ah, ça, des tonnes ! intervint Em. Tu as le droit à deux jours off au boulot, trois coups de téléphone en pleine nuit à lui ou moi sans qu'on se plaigne, autant de crème glacée qu'un être humain peut en avaler. Tu peux contracter la fièvre acheteuse et te payer des fringues tellement ridicules que tu ne les mettras plus au bout de six mois. Quoi d'autre ?

— Tu as le droit de t'envoyer en l'air avec n'importe qui du moment que c'est avec un canon, ajouta Matthew. Et tu n'es même pas obligée de rappeler après.

— Je vais sûrement passer mon tour pour le moment, répondis-je en examinant mes fourches. Je viens de me faire épiler le maillot à la cire, je devrais peut-être me faire coller des strass sur le pubis en ton honneur ?

— Je veux pas savoir !

Matthew attrapa son iPhone qui vibrait sur la table. Il y jeta un coup d'œil, balaya l'écran et sembla se figer un instant.

— On ne te retient pas, j'espère ? demanda Em qui m'ôtait les mots de la bouche.

— Vous me retenez toujours, rétorqua-t-il. Mais je vous aime quand même. Revenons-en à Mlle Summers. Tu as une semaine chargée ?

— Je travaille lundi, mais la séance va sûrement empiéter sur mardi, précisai-je en haussant les épaules. Encore de la culotte. Encore Ana et Dan.

— Alors on n'a pas beaucoup de temps pour te mettre sur la voie de la guérison. Et à t'aider à cuver ta gueule de bois.

Em prit une gorgée de vin d'un air hésitant. Même pour elle, il était encore un peu tôt, mais elle était solidaire.

— J'arrive pas à croire qu'il soit parti comme ça, repris-je en posant les coudes sur la table. Ça se passe toujours de cette façon ? Ils partent, c'est tout ?

— Je ne suis jamais restée assez longtemps avec quelqu'un pour te répondre avec certitude, admit Em. Personnellement, je ne réponds plus à leurs appels ni à leurs messages jusqu'à ce qu'ils se lassent.

— Et moi, vous savez que j'aime les violentes scènes de ménage avec bris de vaisselle et audience en option à 3 heures du mat, dit Matthew. Pour moi, laisser un mot, ça fait très petit-bourgeois hétéro.

— Mais qu'est-ce que je vais faire ? demandai-je en avalant la moitié de mon verre de vin. (Autant prendre tout de suite le taureau par les cornes.) Après le vin et le kebab, je veux dire. Qu'est-ce que ça fait d'être célibataire ?

— C'est pas ta première rupture. Tu sais bien que tu vas arriver à la surmonter.

— Non, mais c'est la première fois qu'on me largue.

Le silence tomba sur la table. Je venais sûrement de perdre la compassion de mon auditoire.

— Oh, mon Dieu ! Tu ne plaisantes pas ! souffla Matthew. Tu ne t'étais jamais fait larguer ?

— En fait… Combien de temps a duré ta plus longue période de célibat ? demanda Em en posant son verre et en coinçant ses cheveux roux derrière ses oreilles.

— J'ai eu ma dose d'emmerdes, je vous rappelle, me défendis-je rapidement. C'est juste que chaque fois j'ai été la première à dire : « C'est fini. »

— Mais tu n'as jamais vraiment été célibataire, n'est-ce pas ? s'enquit Matthew, l'air songeur. Tu étais avec Simon depuis quoi ? Cinq ans ?

— Ouais.

J'essayai d'avaler le plus de vin possible avant qu'on ouvre le dossier des ex.

— Et, si mes souvenirs sont exacts, tu as rompu avec Jeremy la veille du mariage de la grosse Theresa où tu as rencontré Simon.

Pauvre Theresa de la Sociologie des médias. Toutes ces années après notre remise de diplôme, elle ne pouvait pas se défaire de ce surnom ? En fait, non, oubliez ça : elle était grosse et mariée, pourquoi je devrais la prendre en pitié ? Ça ne me dérangerait pas d'être grosse, moi aussi, si j'étais mariée.

— Et avant Jeremy, c'était qui ? Will ?

— Will le branleur ! s'exclama Em en tapant dans ses mains. Il était drôle, celui-là !

— Non, c'était un branleur, la corrigeai-je. Il m'a trompée avec au moins vingt-cinq nanas.

— Et pourtant tu voulais à tout prix lui laisser une chance, rétorqua Matthew en plissant les yeux. Puis encore une. Et une autre. Je n'ai jamais compris pourquoi. Il n'était même pas beau.

— Je crois que c'est parce qu'il n'était pas Martin, avançai-je.

— Ah, Martin ! Très cher Martin ! lança Matthew, tout sourires. Les petits copains de fac me manquent. C'était tellement plus simple…

— Ouais, sauf que ce cher Martin sautait sa prof d'anglais, leur rappelai-je en me resservant du vin. L'alcool était devenu indispensable.

— Et moi, ajouta-t-il, mais c'était bien après, évidemment.

— Je n'y avais jamais réfléchi. Comment est-il possible que tu n'aies jamais été célibataire ? dit Em en faisant signe au serveur qui tournait en rond dans le pub avec nos poissons panés.

— Peut-être parce que je suis merveilleuse ? osai-je.

— Je vais dire une banalité, répondit-elle, mais tout le monde se retrouve seul à un moment ou un autre.

Je coupai un bâtonnet de poisson en deux et le trempai dans la sauce tomate. Peu de choses me donnaient du baume au cœur comme le menu des pubs, tout simplement parce que le poisson pané était ce qui me rendait le plus heureuse. Pourquoi n'avais-je jamais été célibataire ?

— C'est pas comme si je collectionnais les mecs, dis-je. Sinon, cette réunion de crise n'aurait pas lieu d'être…

— En effet. Alors ça va être une première pour toi. Waouh, fit Matthew qui écoutait d'une oreille distraite, absorbé par la construction délicate d'un sandwich de bâtonnet de poisson.

Le poisson pané et le sauvignon blanc se mariaient étrangement bien.

— Je n'arrive pas à y croire ! Moi qui me voyais fiancée avant la fin de l'année, je vais finir comme ces folles qu'on voit dans le bus, les joues couvertes de blush, un chat sur les genoux dans un panier.

— Mais non ! répliqua Em en tirant sur ma queue-de-cheval. Tout va bien se passer. Tu verras. Tu vas être une célibataire d'enfer !

Elle n'était pas très convaincante.

— Je veux juste que ma vie redevienne normale.

— Impossible, me fit remarquer Matthew. Maintenant, c'est ça, la normalité.

Je reposai mon bâtonnet dans l'assiette et sentis mon visage se décomposer.

— C'est déprimant.

— Mais non, être célibataire, c'est génial ! dit Em. Il faut juste que tu surmontes cette putain de séparation. Après, tu verras, ce sera le top.

— Elle a raison, confirma Matthew. Quand tu as un petit ami sérieux, tu avances sans réfléchir. Mais ce n'est pas pour ça que tu es heureuse. Maintenant, tu as une chance de découvrir ce qui te rendra heureuse et pas seulement ce qui lui plaira à lui ou ce que vous aimez en tant que couple. Ça va te faire du bien.

— Si seulement il y avait un mode d'emploi, marmonnai-je. Je ne suis pas douée pour le changement.

— Il y a des tonnes de modes d'emploi, répondit-il. Des millions, même. Mais c'est que des conneries et, de toute façon, tu n'en as pas besoin. Tu nous as, nous, les deux célibataires les plus en vue de Londres.

On est tes… mentors. Je suis sûr que David Cameron nous subventionnerait. Il adore les mentors.

Je m'abstins de toute remarque et en profitai pour manger quelques frites tranquillement. Sortir de la maison m'avait fait du bien. Le bain aussi. Boire du vin, entourée des meilleurs amis du monde, constituait un remède incomparable à mon mal. Mais je ne voulais pas aller mieux. Je voulais seulement récupérer Simon. Comme je sentais les larmes essayer de refaire surface, je m'efforçai de me concentrer sur autre chose. N'importe quoi. On était samedi : qu'est-ce que je faisais d'habitude ?

Étant donné que Simon s'était servi de ma liste pour me dire gentiment d'aller me faire foutre, je devais en établir une nouvelle. Je poussai mon assiette et me mis à écrire tout ce que je devais faire avant de reprendre le travail. Je devais toujours aller à la Poste, acheter la carte d'anniversaire de Matthew et son cadeau. Il fallait aussi que j'appelle quelqu'un pour cette satanée tache d'humidité. Un plâtrier ? Et prévenir mon père que Simon ne viendrait pas à son mariage.

— Euh… Rachel ? lança Matthew.

Je relevai la tête, le bout du stylo entre les dents.

— Hein ?

— Qu'est-ce que tu fais, au juste ?

Je les dévisageai l'un après l'autre. Ils tenaient tous les deux une fourchette chargée de nourriture au-dessus de leurs assiettes et me regardaient comme si j'étais complètement demeurée.

— Je rédige une liste.

— Une liste de quoi ?

— De trucs à faire.

— Logique.

Je leur jetai un dernier coup d'œil avant de me pencher de nouveau sur ma feuille.

— Ça m'aide, OK ?

— Du moment qu'elle inclut « se bourrer la gueule » et « se trouver un plan cul pour rebondir », je n'ai rien contre, répondit Em au bout d'un moment. Oh, et tu peux ajouter : « donner à Emelie tous les DVD des *Experts* de Simon ».

— Je te les donne, lui promis-je. Mais je parle de choses que je dois vraiment faire, pas une liste fantaisiste post-rupture.

— Je trouve que la liste est déjà longue, commenta Matthew entre deux bouchées de frites. Tout ce qui était à faire est fait : quelqu'un a flanqué son poing dans la figure de ton ex et vous avez même recouché ensemble après avoir cassé. Moi, je mets toujours une éternité avant de me coller à cette dernière étape.

— Moi aussi, dit Em. C'est le sexe d'après rupture qui complique les choses. Tu t'en sors très bien. Tu peux déjà cocher toutes les cases.

— Je ferais mieux de réfléchir à ma liste des choses à faire en tant que célibataire, alors, répondis-je en grattant l'étiquette de la bouteille de vin et en essayant de ne pas faire la moue. Arrêter de me raser les jambes, prendre une cuite, finir vieille fille entourée de chats.

— Mais oui, Rachel ! s'exclama Em, le regard pétillant. C'est ça ! On va te rédiger une liste : les dix choses à faire pour rebondir efficacement après une rupture amoureuse.

J'arrachai une longue bande d'étiquette.

— Quoi ?

Le visage d'Em s'était illuminé comme un ciel de 14 Juillet.

— On va te composer un petit pense-bête de notre cru. Tout ce que tu dois faire en tant que célibataire. Tout ce à côté de quoi tu es passée parce que tu étais avec ce pauvre type.

— Ce n'est pas une mauvaise idée, approuva Matthew. Je suppose que j'ai le droit d'apporter ma contribution, même si je ne suis pas une fille célibataire ?

— Je me tâte, répondit-elle, songeuse. Si je savais que tu allais conseiller de sniffer du viagra, de danser toute la nuit et de batifoler avec un bel inconnu dans les toilettes publiques, je te laisserais mettre ton grain de sel, mais j'ai bien peur que tu ne sois un gay de pacotille.

— On ne « batifole » pas, ma chère, on est en Angleterre, dit Matthew en remplissant le verre d'Em tout en lui jetant un regard assassin. Et ce n'est pas parce que je n'émerge pas d'un sauna de Vauxhall à 6 heures tous les matins après avoir sucé trois types refoulés du parti conservateur que je n'ai aucun conseil précieux à donner pour une vie de célibataire réussie.

— Je veux bien tenter l'expérience si ça peut faire cesser vos chamailleries puériles, cédai-je. Alors, qu'est-ce qu'il y a sur cette liste ? À part m'endormir en pleurant à la Saint-Valentin et baiser avec un étranger dans les chiottes de l'*Inferno* ?

— Oh, je suis sûre qu'on peut faire mieux que ça ! me promit Em. Beaucoup mieux, même !

Chapitre 5

Après six assiettes de frites, trois bouteilles de vin et deux heures de discussion à bâtons rompus, on était complètement bourrés, mais la liste avait bien avancé. Et il n'était plus question d'aller à la Poste.

— Bon, reprenons une dernière fois.

Matthew souleva l'unique serviette en papier qui n'avait pas encore servi de brouillon à ma liste, les dix commandements auxquels je devais me conformer avant de pouvoir me déclarer officiellement célibataire. Je n'arrivais toujours pas à comprendre en quoi Emelie pensait qu'apprendre à jongler m'aiderait, mais ils faisaient de leur mieux. Matthew s'éclaircit la voix avant de prendre la parole d'un air grave :

— Premièrement : relooking.

— Pas un simple relooking, intervint Emelie. Une métamorphose radicale : cheveux, vêtements, maquillage... On va aussi redécorer ton appart. Tout.

— J'ai besoin d'aller chez le coiffeur, c'est vrai, acquiesçai-je.

Et un bon coup de peinture dans le salon ne serait pas du luxe. Si je ne faisais pas de faux pas, ils m'aideraient peut-être. Bonne pioche.

— Ensuite ?

— Faire du sport, annonça Em dont la proposition fut accueillie par un duo de grognements.

Elle s'empara du stylo de Matthew pour l'écrire. J'avais essayé de me débarrasser de ce point-là deux bouteilles auparavant.

— Pas la peine de râler, ajouta Em. C'est important. Tu es super mince pour le moment, mais tu ne te bouges que si quelqu'un te pousse. Un jour, tu te réveilleras grosse. Fais-moi confiance, ça va te faire du bien !

— J'avoue que j'ai du mal à choisir : m'affaler sur le canapé après une longue journée de boulot ou me traîner jusqu'à une salle qui pue la transpiration, remplie de gens dégoulinant de sueur qui se moqueront de moi parce que je suis incapable de tenir plus de dix minutes sur un tapis de course sans m'effondrer et qui me soutireront soixante dollars par mois pour ma peine ?

C'était l'excuse derrière laquelle je me réfugiais depuis des années. Malheureusement, il en faudrait un peu plus pour convaincre Emelie.

— Pas de salle de gym, alors, mais ça reste sur la liste, ma petite, lança-t-elle en me pointant du doigt. On ne discute pas. C'est la règle. Tu n'as aucun droit de regard sur le contenu de cette liste.

— Oui, c'est la règle, répéta Matthew. Ce qui nous amène au point numéro trois : faire quelque chose d'extrême.

— Je crois que je me sentirais beaucoup mieux… si les éléments qui figurent sur la liste étaient plus précis, dis-je en hoquetant. Ce point est totalement subjectif. Ce que je considère comme trop extrême lui paraîtra peut-être tout à fait normal.

Je désignai Matthew avec mon verre. Pourquoi mon bras me paraissait-il si lourd, tout à coup ?

— Ne commence pas ! s'exclama Matthew en secouant la tête. J'avoue : j'ai fait des choses vraiment dingues avec des gens qui l'étaient tout autant, et alors ?

— Ça veut dire : saut à l'élastique, parachute, ou un truc dans le genre, intervint Em pour reprendre le sujet. Pas déménager en Australie ou te raser la tête.

Du saut à l'élastique. Et puis quoi encore ? Je commençais à mettre en doute le bien-fondé de cette liste.

— Je suis censée guérir ma peur de l'altitude en deux semaines et sauter à l'élastique ? C'est trop dur, décrétai-je en m'affalant la tête la première sur la table poisseuse.

— Ce n'est pas fait pour être facile, argua Matthew qui me releva la tête en tirant sur ma queue-de-cheval. L'idée est que tu découvres de quoi tu es capable.

— Je croyais que c'était censé être drôle…

— Ce sera drôle, répondirent-ils en chœur.

On n'arrivait à rien d'hilarant en additionnant « moi » plus « altitude ». Plutôt à des couches pour adulte et des séances de thérapie. J'étais incapable de monter dans un grand huit sans être bourrée. Mais, apparemment, les forains n'aimaient pas trop ça. Rien de mieux que de vomir en plein looping pour comprendre pourquoi il est interdit d'apporter de l'alcool dans un parc d'attractions.

— Tu te sentiras beaucoup plus forte après, tu verras ! dit Em. Et puis, c'est toi qui as décidé de tout faire avant le mariage de ton père, pas nous.

Le mariage de mon père avait lieu deux semaines plus tard. Il me fallait un cavalier. Pas question d'y aller seule et de laisser le plaisir à ma tante diabolique de me demander où était mon petit ami, avant de me parler de ses magnifiques petits-enfants. J'étais certaine que c'était elle qui avait achevé ma grand-mère sur son lit de mort en lui disant que j'étais lesbienne. J'avais proposé ce délai pour la réalisation des commandements de la deuxième version de la liste : « Porter des talons tous les jours pendant un mois » et « Apprendre à cuisiner », rien à voir avec risquer ma vie pour faire marrer mes potes. Et si je louais les services d'un *escort boy* pour le mariage ? On tomberait peut-être amoureux. Ce serait une belle histoire à raconter à nos petits-enfants. Sauf s'il me refilait une maladie incurable. Dans ce cas, je mourrais avant de pouvoir leur en parler. *Hum… Autant se conformer à la liste.*

— Si tu le dis. Numéro quatre ?

— Ça tombe bien, répondit Emelie. « Trouver un cavalier pour le mariage de ton père. » On va te remettre en selle.

J'avais pensé demander à Dan le Photographe de m'accompagner, mais je la laissai l'écrire sur la liste. Ça m'avait déjà coûté un paquet de chips entier pour la convaincre de remplacer l'« aventure d'un soir avec un étranger » par un « rendez-vous sans contact physique obligatoire », alors je préférais me taire. Si je choisissais Dan, ça marchait aussi, non ? Même si je le connaissais, il était un cavalier possible parmi tant d'autres.

— Cinq : « Faire quelque chose qu'il n'approuverait pas », annonça Em. Mais tu ne peux pas cumuler les activités. Le saut à l'élastique est déjà pris. Ça doit être quelque chose de totalement différent.

— Oh, si, je vais cumuler les deux. Morte de peur.

Je fis la moue un moment. Simon n'était pas le genre de petit ami à poser des limites ou à interdire quoi que ce soit. Il était simplement trop paresseux pour m'empêcher de faire ce que je voulais, mais je n'avais jamais eu aucune lubie pour tester cette théorie. Sauf…

— Je veux un tatouage.

Je m'emparai de la serviette pour l'ajouter à la liste.

— Simon détestait ça, précisai-je. J'ai travaillé une fois avec un mannequin qui avait de magnifiques fleurs de cerisier dans le dos et, depuis, j'en veux un, mais j'ai toujours eu peur que Simon n'aime pas.

— Tu vois ? C'est une super idée ! s'exclama Em avant de le noter. Félicitations : tu as gagné un tatouage !

Matthew leva son verre avec plus de facilité qu'elle.

Nous étions bourrés en plein milieu de l'après-midi, c'était gênant… Et puis merde : j'avais le droit, j'avais eu une journée chaotique.

— Six ! cria-t-il. Acheter un truc très cher et égoïste, à la limite de l'indécence.

— Comme une Vespa que je ne conduirais qu'une seule fois par exemple ? demandai-je de ma voix la plus innocente.

J'avais l'impression que mes cheveux pesaient une tonne. Il fallait que j'arrête de boire.

— Exactement ! Mais, surtout, ne culpabilise pas ! Pense à tout l'argent que tu vas économiser sur les cadeaux d'anniversaire et de Noël. Ou sur les voyages dans sa putain de famille. Ou sur les cadeaux de mariage de ses putains d'amis. Après une rupture, il est de ton devoir d'acheter quelque chose qui ne profite qu'à toi.

— Est-ce que je peux m'offrir un truc, moi aussi ? demanda Em.

— Pas question ! rétorqua Matthew. Tu es bien assez égoïste comme ça.

— On continue, leur dis-je avant que ça ne dégénère. Quoi d'autre ?

— Je crois toujours que tu devrais écrire une lettre, proposa Em, trop bourrée pour se soucier des insultes de Matthew. Je sais qu'on avait retiré ce point de la version précédente, mais je pense que c'est une bonne idée. Ça te permettrait de tourner la page.

— D'accord ! capitulai-je. Je vais l'écrire, cette putain de lettre.

Je n'en avais vraiment aucune envie. Pourquoi passer une soirée qui aurait pu être agréable à ressasser ce que le reste de la liste essayait de me faire oublier ? J'étais censée me remettre de ma relation avec Simon, pas geindre sur une feuille de papier parce qu'il ne m'aimait plus. Pourtant, je devais suivre la liste à la lettre.

— Mais j'ai le droit de choisir le point suivant. J'ai envie de voyager.

— Pas de problème ! lança Em qui se leva en vacillant. Je vais faire pipi.

— Génial.

Matthew récupéra le stylo pendant qu'elle tentait de s'extraire de son siège, au fond du box, avec la grâce d'une girafe soûle, et traversait le bar.

— Tu peux voyager, mais dans un endroit où tu n'as jamais été. Tu as envie d'aller où ?

Des tas de noms se bousculaient dans mon esprit. Il y avait tellement d'endroits à visiter !

— Je n'ai que deux semaines et je suppose que Milton Keynes ne compte pas.

— Non. Tu dois obligatoirement te servir de ton passeport, répondit-il. C'est la seule condition : un tampon dans ton passeport.

Me jeter d'un avion pour m'écraser comme une crêpe passe encore, mais voyager dans un pays où j'avais besoin d'un passeport en l'espace de deux semaines ? C'était ridicule. Et excitant, en un sens…

— Comment est-ce que je suis censée faire ça ? lui demandai-je en espérant qu'il aurait une solution réalisable.

Pas question de me réveiller avec la gueule de bois sur un ferry pour la Norvège.

— Je ne sais pas. Tu ne pourrais pas trouver du boulot à l'étranger, par exemple ? suggéra-t-il en haussant les épaules. Ce n'est pas difficile de voyager.

En vérité, ça faisait si longtemps que je refusais les missions internationales que Veronica, l'agent qui me soutenait depuis une éternité, malgré sa langue de vipère, avait cessé de me mettre en avant pour ces jobs. Ce n'était ni le travail ni la demande qui manquaient face à mes talents – j'étais bourrée, pourquoi faire semblant d'être modeste ? –, mais je détestais laisser Simon seul à la maison. À présent, ça me paraissait complètement stupide. Pourquoi ne pas passer quelques coups de fil ? Ça ne coûtait rien d'essayer.

— J'en ai trouvé un autre pendant que j'étais aux chiottes ! s'écria gaiement Emelie en s'allongeant sur Matthew pour atteindre son siège. Il faut absolument que tu achètes un vibro !

Même si mes joues étaient déjà bien rosies par l'alcool, je me sentis rougir des pieds à la tête. *Qu'est-ce qui lui fait croire que je n'en ai pas déjà un ?*

— Qu'est-ce qui te fait croire qu'elle n'en a pas déjà un ? demanda Matthew.

D'un côté j'étais contente qu'il ait lu dans mon esprit, mais d'un autre j'étais choquée qu'il ne se soit pas évanoui de honte. Il avait sûrement bu plus que de raison.

— Fais-moi confiance, dit Em en secouant la tête. Elle n'en a pas. Je me trompe ?

— On ne le mettra pas sur la liste, rétorquai-je. On ne le mettra pas sur la liste, point final.

— Alors trouve autre chose ! lança Em en s'affalant contre le dossier de sa chaise. J'ai plus d'idées. Ou j'ai trop bu. Ou j'ai trop bu et j'ai plus d'idées.

Je savais qu'elle boudait toujours parce que je n'avais pas accepté de jouer le jeu du coup d'un soir : pas question que j'écrive ça. Je voulais bien me montrer coopérative, mais je ne comptais pas baisser ma petite culotte devant le premier venu. En fait, j'avais même la certitude que personne n'allait la voir pendant un bon moment. Oh, putain, c'était déprimant. Le vibro n'était peut-être pas une si mauvaise idée, finalement…

— Et si je recontactais mon premier béguin ? suggérai-je. Ça pourrait être drôle. Il y avait ce garçon dont j'étais super amoureuse à quinze ans, puis il a déménagé. Ça vaut le coup d'essayer, non ?

Em faisait toujours la moue, mais Matthew parut intéressé.

— Voilà une idée digne de ce nom ! déclara-t-il après quelques gorgées de vin. Comme si tu bouclais la boucle. Ça montrera à cette tête de nœud qu'il y avait une vie avant lui et qu'il y en aura une après.

— Je trouve ça débile, rétorqua Emelie.

Trop tard. C'était déjà sur la liste.

— Bon, reprit Matthew en comptant sur ses doigts. On a un relooking, du sport, un saut à l'élastique – ou un truc dans le genre –, un tatouage, un cavalier pour le mariage, acheter quelque chose d'indécent qui n'est pas un vibro, écrire une lettre à l'enfoiré de service…

— On est obligés de l'appeler comme ça ?

— Oui ! répondirent-ils en chœur.

— Acheter quelque chose, voyager à un endroit que tu ne connais pas, partir en chasse de ton premier amour…

— Et lui tailler une pipe.

Je recrachai ma gorgée de vin sur la table.

— Emelie, tu ne nous aides pas beaucoup, là…, fit remarquer Matthew, l'air scandalisé. Ça fait neuf.

— Il en faut dix, intervins-je. On ne peut pas s'arrêter à neuf.

— Espèce de cinglée bourrée de TOC, rétorqua-t-il. Très bien. Encore un.

On se regardait par-dessus la table pendant que mon esprit tournait à cent à l'heure. Apprendre à jouer de la guitare. Participer à une émission de télé-réalité. Nager avec des dauphins. Courir un marathon. Sortir avec un militaire de chaque corps de l'armée. Me taper un musicien. Adopter un animal. Devenir volontaire dans une association. Je commençais à toucher le fond. Avant que Matthew et moi n'ayons pu faire une suggestion, Emelie brisa le silence.

— Enfreindre la loi, trancha-t-elle, les yeux pleins de malice. Tu dois enfreindre la loi.

— Ne dis pas de bêtise, dis-je, les yeux baissés sur mon précieux verre de vin. Je n'ai pas l'intention d'enfreindre la loi, bordel !

— En fait…, dit Matthew d'une voix douce.

— Oh, toi, la ferme ! rétorquai-je avec un regard assassin. Je n'enfreindrai pas la loi. Je ne l'ai jamais fait. Je respecte même les limitations de vitesse. Vous le savez bien.

— C'est bien pour ça que tu dois le faire, dit-il en inscrivant ce point au bas de la serviette. Génial !

— Je n'arrive pas à croire que tu sois d'accord avec elle. Tu es sérieux, Matthew ?

Je n'en croyais tellement pas mes yeux que je dus les frotter pour y voir plus clair.

— Nous sommes à l'aube d'une nouvelle Rachel Summers, répondit-il d'un ton solennel en secouant la serviette en papier pour faire sécher l'encre qui n'était même pas humide. Une Rachel Summers insouciante, qui enfreint la loi, une croqueuse d'hommes d'envergure internationale.

— N'oublie pas mon tatouage, lui rappelai-je. Si je dois épouser la vie d'une criminelle, il me faut les tatouages d'une tôlarde.

— On va s'éclater ! Ça va être top, renchérit Emelie en tâtant le dernier paquet de chips qui avait survécu.

Je pris la serviette des mains de Matthew et l'examinai attentivement avant de la glisser dans mon sac. Dans quoi est-ce que je m'engageais ?

— Pour moi ou pour vous ?

Matthew jeta un coup d'œil à Em qui eut du mal à se concentrer pour le lui rendre.

— Pour nous, bien sûr, dit-il tandis qu'ils hochaient tous les deux la tête. Pour nous.

Quand Emelie eut fini de boire la dernière goutte de vin à la bouteille, nous avons décidé qu'il était temps de partir. Nous nous sommes mutuellement aidés à nous lever de nos sièges. J'essayai de me tenir le plus droit possible avant de me diriger vers la sortie sans tanguer et de cligner les yeux sous le soleil de fin d'après-midi. Je levai la tête vers le ciel, sans comprendre pourquoi il ne faisait pas encore nuit. J'avais l'impression d'être réveillée depuis une éternité. Ça faisait longtemps que je n'avais pas été bourrée en plein jour, mais j'avais l'horrible pressentiment que ce n'était qu'un début. J'avais aussi l'horrible pressentiment que j'allais vomir.

Malgré tout, nous avons tous les trois réussi à nous traîner jusqu'à chez moi en un seul morceau et nous

nous sommes affalés sur mon canapé. Cinq minutes plus tard, Matthew et Emelie s'étaient endormis. J'étais assise au milieu, Em ronflant sur mon épaule, Matthew roulé en boule contre l'accoudoir, les pieds sur mes genoux. Je regardai le miroir en face de moi. Rien n'avait changé. Le canapé était toujours rouge, le miroir de ma grand-mère était toujours accroché au-dessus de la cheminée et je devais toujours m'occuper de la tache d'humidité dans le coin de la pièce. Rien n'avait changé, et pourtant tout était différent.

M'extirpant de sous mes amis bourrés, je me dirigeai vers la cuisine à pas de loup pour boire un peu d'eau. Les verres se trouvaient toujours dans le placard, l'eau du robinet n'était toujours pas assez fraîche. Je bus un verre cul sec puis le remplis de nouveau et m'appuyai contre le comptoir de la cuisine. À l'intérieur du pub, tout allait pour le mieux. On avait ma liste à concocter, des bâtonnets de poisson à manger et, surtout, du vin à boire. Mais à présent que j'étais rentrée à la maison… à présent, tout était réel. Je m'attendais presque à voir Simon allongé sur le canapé en train de regarder le sport sur la BBC en mangeant des Doritos, comme tous les samedis. Mais il n'était pas là. L'appartement était vide. Désormais, ce serait toujours le cas. Au moment où l'idée s'imposait dans mon esprit, l'eau atteignit mon estomac. Je la sentis remonter aussitôt.

Dieu merci, comme l'appartement était petit, j'atteignis les toilettes à temps. Dans la vie, il y a peu de choses que je déteste autant que vomir. C'est une des raisons pour lesquelles je ne bois jamais plus que de raison. Appuyée contre le lavabo, je me nettoyai le visage, puis observai mon reflet dans le miroir, essayant de me convaincre que j'avais les yeux rouges parce que j'avais été malade.

— C'est terminé. Fini les larmes, me murmurai-je à moi-même.

Même si j'étais bourrée à 16 heures, je ne tenais pas à ce que quelqu'un m'entende parler toute seule.

Je vous l'accorde, cette résolution aurait paru plus crédible si elle avait été inscrite sur une bouteille de shampooing pour bébé, mais il fallait que je me force à y croire. Pas question de perdre mon temps à pleurer pour quelqu'un qui s'était contenté de me laisser un mot avant de déguerpir. Pas question de me rendre malade pour quelqu'un qui pensait qu'une relation de cinq ans ne valait pas plus de quatre lignes. Pas question d'avoir le cœur brisé pour quelqu'un qui, après m'avoir brisé le cœur, trouvait normal de faire main basse sur mon dentifrice. C'était terminé. De retour dans le salon, je me pelotonnai sur un fauteuil et considérai mes pochetrons d'amis en secouant la tête. Visiblement, la journée avait été difficile pour eux aussi. Prenant soin de ne pas les réveiller, je sortis la liste de mon sac et la relus. Je ne ferai rien de tout ça. En vingt-neuf ans, ça ne m'avait jamais traversé l'esprit. Ce n'était pas mon genre. Pourtant, j'étais curieuse de savoir quelle fille en était capable.

Et je ne pouvais pas m'empêcher de ressentir de l'excitation à l'idée de le découvrir…

Chapitre 6

— B'jour.

Je roulai sur le dos et sentis quelque chose de moelleux de l'autre côté du lit.

— Je croyais que tu avais banni de ta liste l'expérience sexuelle avec une personne du même sexe ? marmonna Emelie.

— Si je devenais lesbienne, ça ne serait sûrement pas avec toi, rétorquai-je.

Que faisait Emelie dans mon lit ? Où était Simon ? Pourquoi est-ce que j'avais l'impression qu'on m'avait arraché le cerveau pour le sécher avec un morceau de Sopalin et me le renfoncer par le nez ?

Ah oui.

C'est vrai.

— Il est trop tôt.

Je roulai de l'autre côté pour enfoncer la tête dans mon oreiller. Peut-être que si je restais dans cette position suffisamment longtemps, je m'étoufferais et je sombrerais dans le coma. Ce serait comme une longue sieste bien méritée, non ? Un bon coma. Sinon, pris-je conscience en ouvrant les yeux, je pouvais aussi me lever et me rapprocher d'autres humains, étant donné qu'il y avait des chances pour que je ne sois pas très stable, mentalement parlant. En général, espérer tomber dans le coma n'était pas bon signe.

— Je veux faire la grasse matinée.

— Il est presque 10 heures, c'est déjà une grasse matinée, répondit Em en sautant sur le lit comme un diable à ressort. Aujourd'hui, c'est le premier jour de ta vie de célibataire. Ça va être génial. Lève-toi !

En sentant les rayons du soleil sur mon visage, je pris note d'acheter des doubles rideaux le plus vite possible. Je commençais à voir les choses du bon côté.

— J'ai la tête dans le cul, constatai-je, en balançant mes jambes au bas du lit, espérant qu'elles entraîneraient le reste de mon corps avec elle. C'est normal, quand on est célibataire ?

Em s'étira en hochant la tête.

— Il faut qu'on t'apprenne à tenir l'alcool. Je vais mettre de l'eau à bouillir. Tu veux bien aller voir s'il est réveillé ?

J'étais tombée de sommeil dans le salon, et le reste de la soirée était flou. Je me rappelais m'être réveillée vers 19 heures, avoir vomi, bu du thé, commandé une pizza et avoir joué à deviner qui allait mourir dans *Urgences* quand Matthew était tombé dessus à la télé. Les gueules de bois de l'après-midi étaient les pires. Une fois certains que je n'allais pas pleurer jusqu'à épuisement, Matthew et Em m'avaient autorisée à me traîner au lit. Ça changeait de mes samedis habituels passés à faire la lessive, regarder des DVD et descendre commander à *Pizza Express* suffisamment tôt pour ne pas rater le début du magazine sportif.

Bâillant, je coiffai mes cheveux avec mes doigts pour dégager mon visage et les attachai en arrière. Ça avait été le meilleur samedi depuis des années. N'était-ce pas bizarre ? Enfin, « meilleur » n'était peut-être pas le terme approprié. Disons, en tout cas, que ça avait été de loin le plus intéressant.

Dans ma chambre, même quand les rayons du soleil filtraient, le plancher ne se réchauffait jamais. Ce matin non plus, pourtant un seul de mes pieds en ressentit la froideur quand je me forçai à me lever. Baissant la tête, je me rendis compte que mon pied était posé sur un truc blanc et doux. Je me laissai retomber sur le lit pour libérer le morceau de tissu. C'était le tee-shirt de Simon. Il avait sûrement glissé sous le lit pendant notre partie de jambes en l'air du vendredi soir. Fermant les yeux, je serrai le coton usé entre mes mains et essayai de calmer ma respiration. Si je n'avais pas pleuré jusqu'à épuisement la veille, c'était simplement parce que j'étais déjà trop fatiguée pour le faire. Le premier réflexe de survie de mon corps avait été de se mettre sur « off » et s'endormir, mais ce matin, c'était une autre histoire. Il fallait que j'y remédie.

— Tu préfères quoi en premier ? Thé ou douche ? demanda Em en passant la tête dans la chambre. Matthew y est déjà, mais tu peux y aller après.

Je fourrai le tee-shirt à l'intérieur de ma taie d'oreiller et me relevai un peu trop rapidement.

La gueule de bois de l'après-midi s'était transformée en gueule de bois matinale. *Génial.*

— Douche ! Y a pas photo.

J'avais besoin de quitter cette pièce, de mettre le plus de distance possible entre ce tee-shirt et moi.

Si nous nous asseyions pour boire du thé, nous allions forcément discuter. Si nous discutions, nous allions forcément parler de Simon. Et si nous parlions de Simon, ma tête ne manquerait pas d'exploser. Il fallait que je me change les idées. Un gay d'un mètre quatre-vingt-dix en serviette n'était pas vraiment ce que j'avais en tête, mais c'est ce qui m'attendait au salon. Techniquement, c'était une distraction, mais pas aussi bonne que l'autre chose que je découvris dans le salon : la liste de mes dix commandements de célibataire.

— Putain, on a bu tant que ça hier soir ? demanda Matthew en se pinçant l'arête du nez avant de laisser reposer sa tête mouillée contre le canapé. Toute la journée, en fait. Ça faisait longtemps que je ne m'étais pas senti aussi mal.

— Apparemment, nous devons apprendre à tenir l'alcool, répondis-je en évitant de regarder mon reflet dans le miroir.

L'aperçu de l'épouvantail échappé des *Contes de la crypte* que j'avais eu avant de détourner les yeux m'avait suffi.

— Je ne sais pas comment elle fait, ajoutai-je.

Après avoir ramassé la serviette en papier gribouillée, je m'assis sur le canapé à côté de Matthew pour reprendre des forces. Sa peau était encore chaude de la douche et il sentait le propre. Je puais.

— Tu programmes ton saut à l'élastique ? demanda-t-il en jetant un coup d'œil à la liste.

— Peut-être pas aujourd'hui, répondis-je en réexaminant les points un par un.

Humm.

— On a vraiment de bonnes idées quand on boit !

Relooking. Sport. Saut à l'élastique. Tatouage. Cavalier pour le mariage.

— Au moins, ça t'a empêché de t'ouvrir les veines. Tu sais, pendant les premières vingt-quatre heures, c'est l'essentiel.

Acheter quelque chose. Écrire une lettre à ton ex. Voyager. Retrouver ton premier amour. Enfreindre la loi.

— Tu te sens d'attaque pour prendre une douche toute seule ou tu as besoin qu'on t'accompagne ? poursuivit Matthew. Il faut que tu te rases les jambes, je le vois d'ici, mais je ne suis pas sûr de vouloir te laisser avec une lame entre les mains.

— Ça ira, promis-je avant de poser la liste sur la table et de me diriger d'un pas décidé vers la salle de bains. Fais-moi confiance.

Le miroir était toujours embué de la douche de Matthew. Ce type y passait une éternité. Mais il me suffit de passer une fois la main dessus pour me rendre compte de l'ampleur des dégâts : des cheveux comme de la paille, peau terne, tee-shirt de la veille. En tant que maquilleuse, j'avais l'habitude d'examiner les visages des autres, de les observer sous différents angles, de me satisfaire uniquement de la perfection, mais je ne m'étais jamais regardée de cette façon.

En toute objectivité, qu'est-ce que je voyais ? Ma peau était terne, mes yeux rouges et gonflés, et mon visage se perdait dans l'ombre de mes cheveux. Mes cheveux… Jamais je n'aurais laissé un mannequin poser les pieds sur un plateau dans cet état. Ils étaient affreux. Immondes. Pourtant, Simon les adorait. Tout à coup, je ne pus plus supporter une minute de plus leur poids que je traînais comme un boulet. Sans plus un regard pour la fille aux cheveux blonds, j'ouvris le placard de la salle de bains, attrapai les ciseaux dans la trousse de premiers secours et coupai ma queue-de-cheval, juste sous l'élastique. Quand je reportai mon attention sur le miroir, j'avais une paire de ciseaux dans une main et une queue-de-cheval de cinquante centimètres dans l'autre.

— Matthew !

— Quoi ? demanda-t-il en jetant prudemment un coup d'œil par la porte. Tu es toute nue ? Tu as vu une araignée ?

Je levai les mains tandis que l'élastique glissait de mes cheveux coupés court et tombait par terre. Ma nouvelle coiffure ondulait au-dessus de mes épaules. Et non, ce n'était pas beau à voir.

— Putain de merde ! lâcha Matthew en se couvrant la bouche d'une main.

Ses yeux ressemblaient aux miens : écarquillés, perdus, un peu fous.

— Qu'est-ce que tu as fabriqué ? Emelie !

Je sentis mes lèvres commencer à trembler, mais j'étais incapable de lâcher les cheveux ou les ciseaux. Je n'osais pas regarder le miroir.

— Je ne sais pas, murmurai-je. Je suis folle ?

— Ça fait très *Une vie volée*, mais c'est pas grave, répondit-il en tendant la main vers les ciseaux. Donne-moi ça, Angelina.

— C'est moche ?

Je connaissais déjà la réponse à cette question.

— Rachel ! s'écria Emelie qui était apparue derrière Matthew. Tes cheveux !

Après avoir posé les ciseaux sur l'étagère, hors de portée, Matthew me prit aussi la queue-de-cheval des mains.

— Ça te va bien. Je, euh… m'occupe de ça.

Je n'osais pas toucher mes cheveux de peur qu'ils ne tombent.

— Je ne peux pas sortir comme ça, dis-je d'une toute petite voix. On dirait un garçon. Oh, mon Dieu ! Je ressemble à Justin Bieber !

— Il a l'air d'une fille, de toute façon, répondit Em en passant un bras autour de mes épaules pour me soutenir, mais aussi cacher ingénieusement le miroir. C'est mignon, je t'assure. Et tu as vraiment besoin de changement.

— J'ai besoin de changement, répétai-je. C'est sur la liste, en plus.

Ma tête me paraissait tellement légère que j'avais l'impression qu'elle allait se détacher de mon cou et s'envoler.

— La liste ? Tu as fait ça à cause de la liste ? demanda Em en caressant la pointe de mes cheveux.

Je hochai la tête.

— OK…

Elle tira frénétiquement la manche de Matthew.

— Avant de sauter à l'élastique du toit, prends une douche, lave-toi les cheveux et habille-toi, m'ordonna Matthew en tapotant le bras d'Emelie. Ça va aller.

— Mais oui, ça va aller, acquiesça Emelie en continuant de toucher la pointe de mes cheveux. L'avantage, c'est qu'on ne va pas perdre des heures à les sécher.

Toujours voir le bon côté des choses.

Une fois douchée et shampouinée, sans un regard dans le miroir, j'enfilai un peignoir moelleux et me préparai au comité d'accueil qui m'attendait dans le salon. Matthew et Emelie étaient chacun assis à un bout du canapé. La serviette en papier de la veille se trouvait entre eux.

— Alors, dit Matthew en désignant le fauteuil libre, tu prends vraiment cette liste au sérieux ?

— Ben, oui…, dis-je en haussant les épaules. Je n'avais pas compris que ça ne l'était pas.

— Tu comptes vraiment sauter à l'élastique ? Alors que tu as le vertige à tel point que je dois venir changer tes ampoules quand Simon n'est pas là ? demanda Em. Et tu vas enfreindre la loi ?

— « Saut à l'élastique ou quelque chose dans le genre », leur rappelai-je. Et je suppose que oui, je vais bien trouver moyen de faire une entorse à la loi. D'une façon ou d'une autre. Je ne vais pas préméditer un vol à main armée, bien sûr, mais il doit bien exister un petit délit sans conséquence que je peux commettre sans me faire choper. C'est sur la liste, je dois le faire. Et comme vous êtes responsables de tout ça, vous allez m'aider.

— Rachel, il faut que je te dise quelque chose. Emelie se pencha en avant et me prit les mains avant d'ajouter :

— Je n'ai jamais été aussi fière de te connaître qu'aujourd'hui.

Matthew se prit la tête entre les mains.

— Même si j'appuie évidemment le soutien de mademoiselle Stevens, vous êtes sûres que c'est une bonne idée ? Je sais très bien qu'une rupture peut-être difficile, mais est-ce que ça vaut la peine de tout changer aussi radicalement ?

— Je crois que j'en ai besoin, répondis-je. Ça fait trop longtemps que ça ne m'est pas arrivé.

Il n'avait pas l'air convaincu.

— Du moment que tu ne vas pas trop loin pour enfreindre la loi… Je ne tiens pas à voir votre photo dans le journal après un hold-up raté.

— On pourrait parfaitement réussir un hold-up ! protesta Em en faisant la moue.

Je quittai le fauteuil pour m'installer sur le canapé et prendre mes meilleurs amis dans mes bras.

— C'est pour ça que j'ai besoin de votre aide, leur expliquai-je. Je veux aller jusqu'au bout. Vous avez raison sur toute la ligne : je n'ai jamais été célibataire, je ne sais pas comment faire. Je ne veux pas débarquer au mariage de mon père en ayant l'air d'un zombie qui a passé le week-end à écouter le *Top des Ballades 89*, à regarder *Le Journal de Bridget Jones* en boucle en pleurant et à manger de la glace jusqu'à sombrer dans un coma diabétique.

— Ce serait assez dramatique étant donné que tu n'as même pas de diabète, répondit Matthew. Tu n'es pas obligée d'aller au mariage de ton père, non plus. Ce n'est pas comme s'il n'y allait pas en avoir d'autres.

— C'est tragique : il en est à son quatrième et moi, je ne suis même pas fiancée, rappelai-je en passant les doigts dans mes cheveux courts et mouillés. Si j'y vais toute seule, on va me poser des questions. Et vous savez très bien que mon frère va débarquer avec une nana qu'il aura chopée la veille et que tout le monde trouvera ça charmant.

— Euh…, dit Em en se raclant la gorge, mal à l'aise. À propos de ton frère…

— Pas maintenant, Stevens, coupa Matthew en m'étreignant fermement. Très bien. Dans ce cas-là, on a du boulot, pas vrai ?

— Beaucoup de boulot, admis-je en apercevant mon reflet dans le miroir. Vraiment beaucoup de boulot.

L'avantage du métier de maquilleuse, c'était que j'avais de nombreuses relations dans le monde de la beauté dont je n'avais encore jamais vraiment profité. Mais après avoir envoyé plusieurs SMS à des personnes qui me devaient une faveur, j'obtins un rendez-vous dans un grand salon avec une coiffeuse renommée en moins d'une heure. Puisque Matthew ne s'intéressait pas du tout aux cheveux, au maquillage, aux vêtements ni à rien de ce qui se rapportait de près ou de loin aux femmes, il s'était vu confier la tâche de faire disparaître toute trace de Simon dans l'appartement : changer les serrures, trier ses affaires et tout préparer pour la redécoration. J'avais une mission. Avant la fin de la journée, il fallait que j'aie l'impression d'être une nouvelle femme. S'il ne voulait pas de moi dans sa vie, je ne voulais pas de lui dans la mienne. On s'était demandé si changer les serrures n'était pas un peu excessif, mais l'idée que Simon puisse entrer à sa guise me rendait malade.

C'est exactement ce qui arriva à Tina Morgan, coiffeuse de stars – si les acteurs de séries *soap* en étaient – quand elle vit mes cheveux.

— Putain de merde, Summers ! s'exclama-t-elle dans un ricanement aromatisé au tabac lorsque je m'assis sur le fauteuil. Qui t'a fait ça ?

— Moi, répondis-je en essayant de ne pas regretter ma décision.

Je connaissais Tina depuis la fac. Elle faisait des miracles avec les cheveux. Son maquillage ressemblait à celui d'une Pussycat Doll bourrée, mais niveau coiffure ? Du haut niveau.

— Tu ne t'en es jamais très bien tirée pendant les cours de coiffure, pas vrai ? ironisa-t-elle en tirant sur mes mèches pour mesurer leur longueur. Je meurs d'envie de mettre la main sur tes cheveux depuis des années. Putain, tu t'es vraiment pas loupée !

Dommage que son talent soit doublé d'un manque total de savoir-vivre. C'était sûrement la raison pour laquelle elle frisait les extensions des femmes de footballeurs dans un salon sur Regent Street le dimanche, au lieu de s'occuper des stars à Los Angeles. Tant mieux pour moi, dans un sens. Elle avait les cheveux blond platine, un rouge à lèvres rose vif, un jean moulant et la bouche aussi grande que l'île de Jersey. Pourtant, je plaçais mon sort entre ses mains.

— Oui, c'est vrai, mais c'est la chance que tu attendais.

Je pris une grande inspiration et me forçai à continuer :

— Je veux un changement radical. Fais ce que tu veux.

Tina recula d'un pas face au miroir.

— N'importe quoi ?

— Oui, n'importe quoi, répondis-je en fermant les yeux. Je veux simplement être jolie.

— Laisse-moi deviner, dit-elle en relevant le défi. Rupture ?

Je me mordis les lèvres.

— Sans vouloir être impolie, je n'ai pas vraiment envie de parler. Je veux juste être magnifique.

— Comme si j'allais te laisser sortir d'ici autrement ! rétorqua-t-elle en me donnant une tape à l'arrière du crâne. Bon : couleur, coupe, long, court ?

— Je veux complètement changer de tête, répondis-je en croisant le regard d'Emelie derrière moi.

Cette dernière draguait ouvertement un autre coiffeur. Elle leva le pouce pour m'encourager avant de reprendre sa conversation. Elle n'en ratait pas une.

— Transforme-moi, c'est tout.

— Je sens que je vais m'amuser !

Tina pouvait à peine contenir sa joie.

Je jetai un dernier coup d'œil à ce qui restait de mes longs cheveux blonds avant de fermer les yeux.

— Ouais. C'est ce que tout le monde n'arrête pas de me dire.

Après trois heures et quarante-cinq minutes de pure torture, Tina réussit à me dire quelque chose qui me fit sourire.

— Et voilà !

Comme elle adorait les mises en scène, elle avait couvert le miroir devant moi. Étant donné la longueur de cheveux que j'avais déjà perdue ce jour-là, les mèches qui tombaient par terre autour de moi m'avaient un peu inquiétée, mais pas autant que le mélange de colorations qui m'avait brûlé le cuir chevelu. Jusqu'à présent, mes cheveux n'avaient jamais rien subi de plus agressif que du Blond Vacances. J'avais toujours été blonde. Pas une blonde sexy à la Brigitte Bardot, mais blonde quand même. Je n'étais pas assez mystérieuse pour être une brune digne de ce nom, et les mèches demandaient trop d'entretien. Que m'avait-elle fait ?

— Je peux voir ? demandai-je sans conviction.

Si elle retirait la serviette du miroir et que j'avais les cheveux violets, je devrais me la jouer à la Britney : boule à zéro, casser sa voiture avec un parapluie, manger des Cheetos pieds nus dans les toilettes, la totale !

— Tadaaam !

Elle fit tomber la serviette dans un geste théâtral.

Waouh.

Mes cheveux longs qui atteignaient presque mes hanches avaient laissé place à un carré roux qui flirtait avec mon menton. Je n'avais plus de frange depuis que j'étais une petite fille, mais, désormais, de longues mèches encadraient mes yeux bleus éclatants. Avaient-ils toujours été de cette couleur ? Mes cheveux, eux, étaient roux. Vraiment très roux. J'avais l'air de quelqu'un d'autre. Une femme superbe.

— Pas possible ! s'exclama Em en sautant du fauteuil qu'elle occupait depuis environ une heure et où tous les coiffeurs hétéros venaient la peloter entre deux clients. Tu es rousse ! Comme moi !

— Je dirais que tu es plus auburn. Ça rend tes cheveux un peu ternes, non ?

Tina renifla en continuant de tirer sur mes mèches pour les replacer derrière mes oreilles.

— Pouffiasse ! rétorqua Emelie avec un sourire pincé.

— Je peux toucher ? demandai-je en portant une main peu assurée à mes cheveux. C'est permanent ?

— Bien sûr que tu peux toucher. Et oui, c'est permanent me confirma-t-elle. Tu sais quoi ? Je suis quand même super douée pour ce boulot.

Je devais admettre qu'elle avait raison.

— C'est le moins qu'on puisse dire, acquiesçai-je, sans détacher les yeux de mes cheveux, un sourire naissant sur mes lèvres. Je n'arrive pas à y croire.

— Il va falloir que tu reviennes tous les mois pour les racines et la frange. Je vais aussi te montrer quels shampooings et soins utiliser...

Tina continua de m'expliquer le service après-vente de ma nouvelle coupe, mais je ne l'écoutais plus. J'étais trop occupée à imaginer ma couleur dans la rue. Rachel la rousse sirotant des cocktails à *Bourne & Hollingsworth*. Rachel la rousse riant avec ses amis à Primson Hill. Rachel la rousse et son cavalier raffiné appréciant la cuisine de... d'un restaurant inconnu puisque je n'étais jamais sortie avec un homme raffiné. Pendant que Tina pesait le pour et le contre entre un shampooing pour cheveux colorés et un après-shampooing protecteur, je sortis la serviette en lambeaux de mon sac. Relooking. OK. Je traçai une large croix à côté avec satisfaction et souris joyeusement. Je me sentais vraiment heureuse. C'était bizarre, mais ça faisait du bien.

— Waouh ! Vous êtes magnifique !

À ce moment précis, un très bel homme apparut dans le miroir à côté de moi.

— Je suis sincère. Vous êtes très belle.

Quand il passa la main dans mes cheveux, je sursautai. Ça aussi, c'était bizarre, mais ça faisait du bien. Ne pas sous-estimer le pouvoir de la liste ! Un inconnu mignon me touchait sans le moindre effort de ma part ! Quelle importance si son intérêt était strictement professionnel ?

— Hu hu.

C'était censé ressembler à un rire, mais on aurait plutôt dit un éternuement de singe. Super sexy.

Je n'étais pas douée pour recevoir des compliments. Ça faisait longtemps que quelqu'un d'autre que ma mère ne m'en avait pas fait. Certes, il travaillait ici et ça faisait partie du boulot de dire que ma coupe était jolie, mais quand même…

— Je ne ressemblais à rien, avant.

— Ah, OK.

Son sourire s'effaça légèrement. Pas de problème, ce n'était que la première étape de la transformation. Échec total.

— Eh bien, moi, je te trouve superbe.

Emelie se faufila près de lui, posa la main sur son bras et lui fit ses plus beaux yeux de Bambi.

— Elle n'est pas magnifique ? Elle n'a pas l'air d'être née pour être rousse ? lui demanda-t-elle.

— Si.

Les yeux de l'inconnu s'illuminèrent de nouveau. Comment faisait-elle ? Comment pouvait-on flirter avec une telle aisance ? Personnellement, je n'arrivais toujours pas à comprendre comment j'avais séduit Simon. Attendez une minute. Je savais très bien comment. Réception de mariage, open bar, baisers maladroits et, avant que je m'en rende compte, on regardait *East Enders* chez ses parents le jour de Noël. Un de mes amis allait devoir arrêter d'être égoïste et se marier, sinon j'étais bonne pour raconter à des coiffeurs mignons que je ne ressemblais à rien jusqu'à ce qu'un voisin divorcé d'une quarantaine d'années me prenne en pitié et me traîne à la mairie.

Je repris la contemplation de mes cheveux pendant qu'Em flirtait avec le coiffeur mignon, laissant Tina s'occuper des pointes de ma nouvelle coupe.

— Sérieusement, Tina, merci beaucoup. Si je peux faire quoi que ce soit pour toi, surtout, n'hésite pas.

Après trois heures assise, me mettre debout relevait du défi. J'avais les jambes flageolantes.

— Ben, justement…

Elle tapota ses lèvres rose vif du bout de ses ongles bleu marine avant d'ajouter :

— Il y a quelque chose. Dan Fraser. Vous vous entendez bien tous les deux, pas vrai ?

Je grimaçai. À mon grand étonnement, avec ma nouvelle coupe, même ça, c'était mignon. J'avais plus l'air coquin que porcin.

— Je ne sais pas si on s'entend bien, mais on travaille souvent ensemble.

— Tu as son numéro ? Il ne répond jamais à mes messages sur Facebook.

Je fus incapable de dissimuler ma surprise.

— Tu veux le numéro de Dan ?

— Je veux plus que ça, répondit-elle tandis que je tentais de dissimuler mon dégoût. Ça fait des années que j'y pense, mais chaque fois que je réussis à travailler avec lui, il est en couple, dit-elle en se fourrant les doigts dans la bouche et en faisant semblant de vomir. C'est criminel.

Comment expliquer poliment à la femme qui venait de m'offrir la coupe du siècle qu'en l'espace de six ans Dan Fraser n'avait jamais eu de petite amie, sérieuse ou non ? Tout simplement parce qu'il était trop occupé à sauter tous les mannequins assez stupides pour croire à ses conneries. Et, évidemment, il y en avait beaucoup.

— Oui, il a eu plusieurs copines assez sérieuses.

Dans le doute, mens.

— Alors, tu sais, je me suis dit « et puis merde ». Autant lui envoyer un message en lui expliquant exactement ce que je lui propose. À ce stade, j'ai plus rien à perdre.

Oh, mon Dieu, elle était écœurante. Il fallait que j'agisse un peu plus comme elle.

— OK. Mais… et sa copine ?

— J'ai entendu dire qu'il baisait Ana, maintenant. Ça ne peut pas être sérieux, si ? C'est une salope, dit-elle en me retirant la blouse. Plus salope que moi.

Mon tee-shirt paraissait très triste à côté de ma superbe nouvelle coiffure.

— C'est vrai. (J'attendis la réaction de Tina. J'aurais pu attendre longtemps.) C'est une grosse salope.

Enfin quelque chose qui n'était pas un mensonge.

— Alors, tu as son numéro ?

Avec un haussement de sourcil, elle extirpa un iPhone de la poche arrière de son pantalon. Même si je savais que c'était mal, je sortis aussi le mien et lui donnai le numéro de Dan. Je n'étais pas très versée dans ce genre de manigances, mais j'ignorais qui était le plus à plaindre. Tina qui allait se prendre un râteau ou Dan qui allait devoir la rembarrer. En tout cas, j'aurais donné cher pour pouvoir écouter leur conversation.

— Je crois que ce qui se passe avec Ana est peut-être un peu sérieux, alors ne le prends pas mal s'il ne te répond pas. Et il n'est pas très doué pour répondre aux SMS.

C'était le mieux que je pouvais faire sans lui crier d'aller s'acheter des lunettes.

Le retour des mensonges !

— Tu pourrais lui parler de moi, suggéra-t-elle, lui chanter mes louanges.

— Pourquoi pas ?

Rachel la rousse semblait être née pour mentir. J'avais déjà commencé de toute façon, alors autant continuer.

Le coiffeur mignon était en train de tendre sa carte de visite à Em, sûrement pas pour organiser un shampooing avec coupe, et Tina envoyait déjà un message à Dan pendant que j'attendais patiemment dans un coin, serrant mon sac contre moi, en espérant que les filles populaires en auraient bientôt terminé. Mon Dieu ! J'avais l'impression d'être de nouveau au lycée ! Sauf que, cette fois, j'avais un carré roux au lieu de cheveux éclaircis. Il y avait du progrès.

— Bon, ben salut ! Merci encore.

Mal à l'aise, je serrai vaguement Tina contre moi avant de prendre Em par la main.

— Tu pourras être ma demoiselle d'honneur, dit Tina en recoiffant une dernière fois mes cheveux. Si tu n'as jamais couché avec lui, évidemment.

— Évidemment.

Sauf que j'avais plus de chances d'épouser Dan qu'elle. Matthew aussi.

Regent Street un dimanche. D'habitude, me balader dans le centre de Londres le week-end était une torture, mais, cette fois, tous les touristes avec des bananes autour de la taille étaient autant d'admirateurs potentiels, placés sur terre pour se retourner sur mes cheveux. Quelle chance ils avaient ! Je sautillais au beau milieu de la foule, tirée par la main par Emelie qui me traînait vers une destination inconnue. Au bout de quelques minutes intenses, elle m'attira dans une petite rue beaucoup plus calme, juste à côté de Carnaby Street.

— Ma chérie, ce coiffeur n'avait d'yeux que pour toi. Tu ne l'as pas trouvé mimi ?

Em passa les bras autour de mon cou après avoir trouvé un peu d'espace libre.

— Si, répondis-je en prenant une grande inspiration pour essayer de me débarrasser de l'odeur de coloration que j'avais dans le nez. Mais je ne savais pas quoi dire. De toute façon, il m'a seulement parlé pour se rapprocher de toi.

— Si tu le dis ! lança-t-elle en me sautant sur le dos pour que je la porte – mais, étant donné qu'elle mesurait au moins dix centimètres de plus que moi, c'était difficile. Il faut que tu apprennes à avoir confiance en toi. Cette coupe-là ne rougit pas devant un bel homme et ne se fond pas dans le décor. Elle ne porte pas des leggings qui bâillent aux genoux et ne boit pas de vin blanc bon marché au *Lexington.*

Je jetai un coup d'œil à mon éternel uniforme legging/tee-shirt. Elle avait raison. Oh, mon Dieu, elle voulait qu'on fasse du shopping.

Le shopping me terrifiait.

— Même si on ne t'achète qu'un jean ? négocia Em.

Surtout pas ! Il n'y avait rien de pire pour l'ego que d'acheter du denim, sauf si, bien sûr, on faisait un mètre quatre-vingt et une taille trente-six.

— Rach, la coupe ordonne de nouveaux vêtements, affirma-t-elle, la main posée sur mon bras pour me convaincre. Elle exige de s'entourer de jolies choses et de s'amuser. Ta tenue, elle, veut retourner dans un pays de l'Est pour manger des patates. Ça ne te dérange pas ?

J'aperçus les tons cuivrés du coin de l'œil. J'avais les cheveux roux.

— C'est vrai qu'il y a un léger décalage. Peut-être un tout petit peu de shopping, alors ? Mais pas de jean.

Avant qu'elle ne réponde, je remarquai un homme pas mal du tout qui donnait un coup de coude à son pote en nous reluquant. Des hommes ! Des hommes nous regardaient ! Et pas seulement un mec qui se sentait obligé de me complimenter sur mes cheveux parce qu'il travaillait dans le salon où je les avais fait colorer !

— Génial, on y va alors ! dit-elle en me prenant par le bras. Si mes souvenirs sont bons, ta liste parle d'une transformation totale. Tu es vraiment magnifique. En te voyant, on pense : « Robes de cocktail, dirty martini, ne paie jamais le resto. » J'adore.

— Qui aurait cru qu'une coupe pouvait révéler tant de choses ? demandai-je en l'observant dans la vitrine d'une boutique.

Oui, toujours là. Toujours rousse. Une superbe robe bleu azur en soie me faisait de l'œil de l'autre côté de la vitre.

— Em, ajoutai-je, mes cheveux disent qu'ils veulent cette robe.

— Ça ne m'étonne pas, acquiesça-t-elle. Et qui sommes-nous pour la leur refuser ?

En entrant dans la boutique, j'eus l'impression de remonter le temps. Mon expérience du shopping dans le centre de Londres se résumait à dévaliser le rayon lingerie de *Marks & Spencer*, à faire un passage éclair chez *Topshop* ou à attendre Emelie devant *C&A* pendant qu'elle se sacrifiait pour l'équipe. Je n'étais pas faite pour ces grands magasins. Cette boutique, en revanche, n'avait rien à voir. Des rangées de couleurs magnifiques ornaient le pan d'un mur, tandis que l'autre était couvert de millions d'imprimés différents, tous de soie brillante ou de crinoline froissée. Le paradis du *vintage*. Si je ne me sentais pas à ma place chez *C&A*, je n'avais certainement pas l'expérience nécessaire pour passer le pas de cette porte. *Non,* pensai-je en osant poser un doigt sur un gant en dentelle délicate qui pendait d'une vieille valise abîmée : *l'ancienne Rachel ne serait jamais venue ici, mais la nouvelle ne se fait pas prier.* Après tout, j'étais déjà dedans et il fallait bien que quelqu'un mette le holà à Emelie et sa fièvre acheteuse.

— Tout est tellement joli !

Ma mère avait toujours été une fervente défenseuse du shopping « touche avec les yeux » lorsqu'il n'y avait pas d'étiquettes de prix sur les vêtements. C'était un ordre établi. Pourtant, je ne pouvais pas m'empêcher de toucher avec mes mains toutes ces jolies choses.

— Je veux tout !

— Les cheveux ont parlé.

Em tenait une magnifique robe bleu ciel. On aurait dit de la soie. Col carré, sans manches, très cintrée avec une jupe évasée et sexy. C'était le genre de robe que portaient les filles qui faisaient une mise en pli quotidienne. Les filles qui assortissaient leurs sacs à leurs chaussures. Autrement dit, pas les filles comme moi.

— Essaie-la.

— Est-ce que je peux vous préparer une cabine d'essayage ?

Le genre de filles que je venais de décrire dans mon esprit avait surgi de nulle part pour prendre la robe des mains d'Emelie. Resplendissante dans une robe portefeuille corail à pois et des salomés avec des socquettes blanches, elle nous adressa un grand sourire et nous fit signe de la suivre.

— Vous cherchez quelque chose en particulier ?

— Non, tout en général, répondit Em avant même que j'aie pu ouvrir la bouche. On est en plein relooking vestimentaire.

— Je viens de me faire colorer les cheveux, ajoutai-je. J'aimerais simplement essayer de nouvelles choses. Les robes ne sont pas mon truc, d'habitude.

— On ferait mieux d'y remédier rapidement, alors.

La vendeuse ouvrit une large porte en bois et nous poussa à l'intérieur du salon d'essayage. Enfin, on ne pouvait pas vraiment l'appeler comme ça : on aurait dit un décor de cinéma avec des murs bleu-vert, trois miroirs sur pied et deux méridiennes rembourrées. Mes cheveux se sentaient chez eux, mais, oh ! la la !

Ma tenue n'allait pas du tout ! Je jetai de nouveau un coup d'œil à toutes les robes suspendues en dehors du salon d'essayage. Comment pouvait-il être plus grand que la boutique elle-même ? J'avais l'impression d'être dans un Tardis de la mode.

— Vous avez un corps parfait pour porter du *vintage*. En général, les vêtements ont tendance à être trop petits. Laissez-moi aller en chercher d'autres. Seulement des robes ?

— Tout ce qui, selon vous, pourrait m'aller.

Mon cœur s'emballa à l'idée que pour la première fois de ma vie être une naine allait me servir, et à la vue de toutes les couleurs qu'elle sortait des penderies. Pour quelqu'un qui ne portait que du monochrome, c'était comme prendre du LSD haute couture. Je vis des fringues bleu glacier, jaune pâle, vert jade, des étoffes rayées, à pois ou rehaussées d'imprimés fleuris se rapprocher de moi.

— La plupart sont des pièces *vintage*, dit la vendeuse en transférant les vêtements de ses bras à la barre de penderie dans mon boudoir d'essayage. Mais il y a aussi quelques nouveautés. Rien de trop exubérant, tout est portable, je vous le promets.

Apparemment, elle avait lu la peur dans mes yeux.

— C'est juste que je n'ai jamais rien porté d'aussi joli. Je ne saurai pas quand les mettre.

Je rougis. J'avais honte.

La vendeuse eut l'air de comprendre. Ou du moins de vouloir réaliser une jolie vente.

— Tous les matins, au moment de m'habiller, je me demande ce que j'aimerais qu'il m'arrive pendant la journée et je choisis ma tenue en conséquence. Je ne me le pardonnerais jamais si Johnny Depp me demandait de l'accompagner pour un week-end à Monte Carlo et que je portais un jean. Et ça ne me dérange pas de faire la queue pour un ticket de loterie en talons.

La voix de la sagesse avait parlé.

— Appelez-moi quand vous aurez fini. Je serai juste de l'autre côté.

Elle referma la porte derrière elle, nous laissant seules pour jouer à nous déguiser.

— Enfile celle-ci avant que je ne l'achète, dit Em en me lançant la soie bleu ciel. C'est sûrement la plus belle chose que j'aie jamais vue.

Je disparus derrière le rideau en essayant de ne pas avoir trop honte de mes vieux sous-vêtements avant d'enfiler la nouvelle robe. La sensation de la soie fraîche contre ma peau associée à la vue de mon carré dynamique dans le miroir me tira un hoquet de surprise. La robe était magnifique. Mes cheveux aussi. En revanche, mes cernes et ma peau terne étaient loin de l'être. Mais quand même…

— Oh, Rach ! s'exclama Emelie en passant la tête derrière le rideau. Tu ressembles à une fille !

— Merci.

Rien de tel qu'une insulte déguisée en compliment pour vous donner envie de trépigner de joie.

— J'ai l'impression d'être une fille, ajoutai-je. C'est très bizarre !

Soudain, une sorte d'instinct féminin prit le dessus et, sans m'en rendre compte, je ne pus m'empêcher de jouer des hanches d'avant en arrière pour faire tourner et s'évaser la jupe. J'étais comme une petite fille dans ses vêtements d'anniversaire. Sauf que ma mère n'avait jamais osé m'habiller comme ça de peur que je ne lui arrache les yeux. Même si j'étais l'aînée, j'avais porté les vêtements de Paul pendant la plus grande partie de mon enfance. Les jeans étaient plus pratiques pour grimper aux arbres et faire du vélo. Personne ne comprenait comment j'avais pu devenir maquilleuse. À mes yeux, c'était logique : je vivais à travers mes mannequins depuis des années, mais, à présent, j'en avais fini avec la procuration. Il était temps que je prenne ma vie en main.

— Elle est magnifique, dis-je au miroir autant qu'à Emelie. Mais je n'arrive pas à m'imaginer avec.

— Qu'est-ce que tu n'arrives pas à imaginer ? Tu la portes. Maintenant, enlève-la et enfile la jaune.

Elle prit une photo avec son téléphone.

Emelie et la meilleure vendeuse du monde avaient raison. Ce n'était pas parce que je n'avais jamais porté de robe pour aller au supermarché du coin que je ne pouvais pas m'y mettre dès maintenant. Je n'oserais sûrement pas aller à la poste dans cette robe longue en soie vert émeraude qu'Em était en train d'admirer, mais je me voyais bien engloutir une pizza au thon chez *Pizza Express* dans cette jolie petite robe d'été.

— Oh, mais regardez-vous ! s'exclama la vendeuse qui réapparut à la porte. On dirait un mélange entre Betty et Joan.

— On va éviter les références à *Mad Men* pour l'instant, fit Em en se passant un doigt sur la gorge. Mais vous avez tout à fait raison.

Un mélange entre Betty et Joan ? C'était beaucoup de pression pour les épaules d'une fille qui était à peine une Peggy douze heures plus tôt. Le stress dut se lire sur mon visage.

— Essayez la robe à rayures, me suggéra la vendeuse en me désignant un vêtement noir et blanc suspendu dans la cabine. Votre amie et moi allons vous choisir des chaussures.

Sans s'en rendre compte, elle avait utilisé le mot magique d'Emelie. Cette fille me laisserait brûler vive pour une paire d'escarpins à talons. C'était la première fois que je me retrouvais seule depuis le début de ma carrière de kamikaze. Ça faisait bizarre de ne plus être réconfortée par des paroles rassurantes. Et encore plus de me voir avec une nouvelle coupe, une nouvelle robe et un nouvel éclat dans les yeux. Le moment était venu de s'évaluer avec un regard de pro. Cette robe m'allait vraiment comme un gant. La coupe bouffante cachait les kilos superflus que j'avais pris à Noël (et que je trimballais toujours en août) et donnait l'illusion que j'avais une taille. La couleur, un jaune pissenlit pâle décoré de toutes petites hirondelles blanches, était extrêmement délicate, et le corsage ajusté avec ses bretelles à nouer ne convenait qu'à quelqu'un qui n'avait pas beaucoup de poitrine, comme moi. On m'avait traitée de « planche à pain » jusqu'à la fin du lycée, mais justice était faite. Avec cette robe, je pouvais dire que j'étais jolie en toute sincérité. La seule qualité que je trouvais à mes anciens vêtements, c'était de me permettre de ne pas être nue. Cette fois, j'étais conquise. Par tout.

Quelques heures plus tard, après une conversation tendue avec ma banque au sujet de dépenses inhabituelles, je franchissais le seuil de ma porte avec Emelie, les bras lourds de sacs et le portefeuille allégé.

— Qu'est-ce que tu veux faire maintenant ? demanda Em, les joues rougies par sa propre fièvre acheteuse. Manger ?

— Non ! criai-je depuis le couloir. Matthew, sac-poubelle !

Sans prendre le temps de retirer mes chaussures, je me dirigeai vers ma chambre d'un pas décidé et ouvris la porte de mon armoire. J'avais une mission à accomplir. Jeans. Tee-shirts. Pull-overs trop larges. Vieilles robes trop grandes, trop petites ou à peine mettables. Rien que je ne voudrais porter si je rencontrais Ryan Reynolds à la Poste. Conclusion : à la poubelle. À quoi bon me faire couper les cheveux, les colorer en roux, acheter assez de robes pour rhabiller toute la population indienne si c'était pour retomber dans mes vieilles habitudes ? Je soulevai tous les vieux vêtements d'un seul coup et les fourrai dans le sac que tenait Matthew, avant de m'attaquer aux tiroirs. Je n'eus pas le moindre remords. Aucun vêtement n'appuya sur la corde sensible, ni ne me supplia de le garder. Rien de sentimental, rien d'assez beau pour demander grâce. Tous acceptèrent leur défaite la tête haute. Il ne fallut pas longtemps pour que tout ce qui était trop large ou délavé disparaisse, remplacé par un arc-en-ciel de jolies robes. Un vrai miracle.

Matthew en avait opéré un autre dans le salon. À notre retour, les serrures avaient été changées, les photos avaient été enlevées et toutes les affaires de Simon se trouvaient à la cave dans des sacs-poubelle. Si seulement il pouvait s'y trouver lui aussi ! C'était impressionnant : l'appartement était nickel. Apparemment, il y avait un aspirateur dans ces murs. On en apprend tous les jours…

— Tu es vraiment jolie.

Matthew me fit tourner sur moi-même dans la dernière robe de mon défilé improvisé avant de tapoter la place à côté de lui sur le canapé. Je n'avais pas envie de m'asseoir. Ma nouvelle coupe m'avait rendue surexcitée.

— J'aime beaucoup.

— Ça ne fait pas trop *Desperate Housewives* ?

— Pas du tout, me rassura-t-il. Tu te sens comment ?

— Plutôt bien.

J'observai la pièce pour essayer de deviner ce qui avait disparu. C'était une sensation bizarre, un peu comme ce jeu du memory où on retire un objet du plateau et vous devez dire lequel, mais impossible de vous rappeler. Il manque simplement quelque chose.

— Je te le jure, ça va très bien.

— Ça va continuer alors, mentit-il. Pendant que tu n'étais pas là, Simon a appelé.

Et, juste comme ça, je retombai plus bas que terre.

— Tu lui as parlé ?

Je plaquai mes cheveux derrière mes oreilles. Sacrilège.

— Il n'était pas vraiment d'humeur à papoter, dit-il en me décoiffant aussitôt. Il veut que tu le rappelles.

— OK.

Je baissai les yeux. J'avais besoin de nouvelles chaussures pour aller avec ma nouvelle coupe. Et d'un nouveau petit ami pour aller avec mes nouvelles chaussures. On tomberait follement amoureux, on se fiancerait, on aurait un bébé, puis on tomberait sur Simon au barbecue d'un ami commun. Réalisant à quel point j'étais merveilleuse, il se rendrait compte de son erreur et irait se jeter d'un pont. Bon, qui allait pouvoir organiser ce barbecue ?

— Tu n'es pas obligée de l'appeler, dit Matthew en interrompant mon rêve éveillé. Je peux le faire. Ou tu peux lui envoyer un SMS, par exemple.

— Ou je peux l'appeler pour lui dire que c'est un gros connard ! cria Em dans la cuisine. Je t'en prie, laisse-moi ce plaisir.

Je pouvais déjà entendre la bouilloire siffler. Elle pensait toujours à tout.

— Non, je peux le faire.

Je me levai, me rassis aussitôt, me relevai.

— Je peux l'appeler, articulai-je enfin.

Physiquement, nul doute que j'en étais capable, mais moralement ? Il s'agissait de deux choses totalement différentes. Pendant que je composais le numéro, je ressentis un léger malaise. Mais il fallait le faire. Si je ne le rappelais pas alors que je savais qu'il m'avait contactée, ça n'arrêterait pas de me trotter dans la tête. Ma jolie tête rousse. Je pouvais le faire. Rachel la rousse en était tout à fait capable. Emelie me tendit une tasse de thé et Matthew s'assit à côté de moi sur le canapé, sa main rassurante posée sur mon épaule. Ce n'était qu'un coup de fil. D'accord, les derniers mots que nous avions échangés, c'était lors de notre séance maladroite de sexe après rupture, que j'avais prise pour une maladroite réconciliation sur l'oreiller, mais il n'y avait aucune raison pour que ce soit bizarre.

— Allô, répondit-il au bout de deux sonneries.

— C'est moi.

Toujours aussi éloquente.

— Rachel ?

Ma voix était plus faible que je ne l'aurais voulu, mais je ne pleurais pas. Tout ça parce que j'avais les cheveux roux. Les rousses ne pleuraient pas. *A priori.*

— Oui. Matthew m'a dit que tu avais appelé.

Si seulement on avait des visiophones ! Il aurait pu voir à quel point j'étais belle. Tout bien réfléchi, sur l'iPhone, il y avait une caméra… Est-ce que je pouvais raccrocher et le rappeler ?

— Je ne peux pas vraiment te parler, dit-il d'une voix fatiguée. Je suis occupé. Je t'ai passé un coup de fil il y a une heure.

— On pourrait peut-être aller boire un café tout à l'heure ? répondis-je avant de perdre mes moyens.

Après tout, c'était ce que faisaient les gens qui n'étaient pas sur le point de se lacérer les poignets parce que leur petit ami avait tiré un trait sur leur relation de cinq ans. Un café. Ou un gin. Ou un whisky… Miam, du whisky !

— Ou un verre ?

— Ce soir ? demanda-t-il.

— Oui. Ce soir.

C'était moi ou il n'avait pas l'air emballé ?

— Je peux pas. Je suis pris.

Vraiment pas emballé.

Le renversement de situation était intéressant.

— OK… parce que Matthew m'a dit que tu voulais que je te rappelle. Qu'est-ce qui se passe ?

J'essayai de contrôler ma colère grandissante. Les rousses avaient du tempérament ; je n'y pouvais rien.

— Je t'envoie un e-mail demain. Je suis au cinéma, rétorqua-t-il. Et je suis en déplacement professionnel demain matin, donc ce sera sûrement dans l'après-midi.

Il était au cinéma ? Au cinéma, bordel ?! Il s'était enfui comme un voleur et avait volé mon dentifrice, tout ça pour aller au cinéma ? Je ne pus m'empêcher de me demander quel film il était allé voir.

— Je ne veux pas d'e-mail, je veux que tu me parles. Qu'est-ce qui se passe, Simon ?

« Exterminer ! Exterminer ! », martelait un petit Dalek dans ma tête.

— Écoute, il faut que je raccroche.

Il passa alors du registre « pas emballé » à « franchement énervé » :

— Je voulais juste venir récupérer des affaires à la maison, mais c'est trop tard. On n'a rien à se dire.

— Rien à se dire ? répétai-je en forçant un peu sur les aigus. Après cinq ans de vie commune, tu décides du jour au lendemain que tu en as marre, mais on n'a rien à se dire ?

— Rach, on ne se remettra pas ensemble, rétorqua-t-il. Pas la peine d'essayer de m'inviter à boire un verre en espérant que je change d'avis et que je rentre à la maison. Alors laisse-moi tranquille.

Je restai sans voix.

Pas Simon :

— J'ai vingt-neuf ans. Et je ne veux pas « qu'on en parle », cracha-t-il.

Pour quelqu'un qui ne voulait pas me parler, il avait l'air d'avoir beaucoup de choses à dire.

— Je ne veux pas aller à *Sainsbury's* parce qu'on est samedi ; je ne veux pas prendre le thé avec ta mère parce qu'on est lundi et peut-être que je ne veux pas non plus me marier, te faire deux gamins et mourir d'ennui. Il faut que j'y aille maintenant. Je t'envoie un message demain ou on en discutera à mon retour.

Je raccrochai avant lui et tendis le téléphone à Matthew.

— Quel con ! s'exclama-t-il en resserrant sa prise sur mon épaule. Non, mais quel gros con !

— Ne t'énerve pas, Matthew, il n'a pas le temps de discuter, il est au cinéma, répondis-je, la voix pleine d'amertume.

Je ne savais pas quoi faire. Le rappeler ? Il avait sûrement éteint son téléphone. Fouiller toutes les salles de cinéma de Londres pour le retrouver ? Et après ? Il y avait bien la violence, mais on m'avait dit que ce n'était jamais la meilleure solution. Même si ça me ferait le plus grand bien.

— Je sais ce qu'on va faire.

Em me tendit une tasse de thé et une bouteille de Jack Daniel's que je m'empressai de prendre. Le whisky était la dernière chose dont j'avais besoin, mais j'avais vu *Mad Men*. Du moins en partie. Et, quand elles étaient en colère, les rousses ne buvaient pas de thé. Elles buvaient du whisky.

— Va chercher ton ordi.

Je sortis le vieux MacBook que Paul m'avait donné quand il avait acheté son avant-dernier ordinateur et le confiai à Em avant d'alterner des gorgées de thé et de bourbon. Hmm intéressant : le thé du Tennessee. Ça ne marcherait jamais.

— Matthew ici présent a fait du bon boulot pour retirer toutes les affaires de la tête de nœud de l'appartement, mais, maintenant, l'heure de l'exorcisme a sonné.

— On va brûler ses affaires ? demandai-je, pleine d'espoir.

— On ne va pas jouer aux pyromanes tout de suite.

Elle alluma l'ordinateur et se connecta à Facebook.

— On va le supprimer, précisa-t-elle.

— Tu veux le tuer ?

— Pas tout à fait, répondit-elle. Tu vas l'effacer de ta vie virtuelle. Tu n'as pas besoin de voir sa tête toutes les deux secondes quand tu te connectes. Oh. Ah.

— Quoi ?

Le Tetley et le Jack Daniel's se mariaient beaucoup mieux que je ne le pensais.

— Il m'a devancée.

Elle tourna l'écran dans ma direction.

Simon Mitchell n'est plus « en couple ».

Simon Mitchell est « célibataire ».

Je n'arrivais pas à détourner les yeux.

— Il a changé son statut Facebook ? demandai-je. Il se croit encore au collège ?

— Tu as pas mal de messages, fit remarquer Matthew en désignant la balise rouge en haut de l'écran. On ferait peut-être mieux de répliquer.

— Non, dis-je après une gorgée. Je ne m'abaisserai pas à son niveau. Je ne veux plus entendre parler de lui.

— Et voilà ! s'exclama Em en pianotant sur le clavier.

Vouloir rompre avec moi était une chose, l'annoncer à la face du monde en était une autre. C'était trop catégorique, trop public. N'avais-je pas le droit de l'annoncer aux gens à mon propre rythme ? Désormais, 417 personnes savaient que je m'étais fait larguer, sans accord préalable, alors que je ne l'avais pas encore dit à ma mère. *Saleté de Facebook.* Et dire que j'avais aimé *The Social Network* ! Mark Zuckerberg était le diable incarné. Pourquoi n'existait-il aucune règle à ce sujet ? Ou au moins un épisode de *Sex and the City* ? Il y en avait bien un qui expliquait quoi faire quand son copain avait des traces de pneu, alors pourquoi pas là-dessus ? Ce n'était pas comme si le deuxième film avait servi à quelque chose. Ils auraient pu consacrer dix minutes à ce qui se passe quand votre petit ami annonce à toutes vos connaissances qu'il en a fini avec vous. *Carrie Bradshaw, tu n'es qu'une sale petite égoïste !*

— On peut faire quelque chose ? demanda doucement Matthew.

Il me fallut un moment pour comprendre que l'étrange chuintement que j'entendais était le son de ma respiration.

— Il n'y a pas grand-chose à faire, si ?

Je me mordis la lèvre avant d'ajouter, entre deux gorgées :

— Je vais continuer de vivre normalement. Et me bourrer la gueule.

Quarante-huit heures plus tôt, j'étais blonde et j'avais un petit ami. À présent, j'étais rousse et presque alcoolique. D'ici au samedi suivant, j'allais devenir chauve et accro au crack.

Génial.

Quand je réussis à me calmer, Em avait effacé toute trace de Simon de mon ordinateur. Matthew avait bloqué son numéro sur mon portable et j'étais bourrée. Em m'avait pourtant dit d'apprendre à tenir l'alcool.

— Il faut que j'aille me coucher, annonçai-je au beau milieu du troisième épisode de *Un dîner presque parfait*. Je travaille demain matin.

— Moi aussi, dit Em en se frottant le front, l'air pompette. J'ai une réunion. Quelque part. À propos des boîtes à repas Kitty Kitty. Je ferais mieux de rentrer pour me changer.

Elle m'avait soutenue jusqu'à participer à ma cuite au Jack Daniel's.

Matthew lisait des SMS sur son téléphone, le visage grave. Je n'étais pas assez stupide pour demander avec qui il correspondait ni ce qu'ils se racontaient. Les détails qu'il s'amusait à partager me remontaient rarement le moral.

C'était la première fois que je me rendais compte qu'Emelie ne m'avait pas quittée depuis le samedi matin. Matthew non plus. Si je ne m'étais pas sentie aussi mal, j'aurais peut-être réalisé la chance que j'avais.

— Vous n'êtes pas obligés de rester. Tout ira bien, la rassurai-je en me jetant sur elle pour la serrer fort dans mes bras.

— Je ne travaille pas. Elle peut partir. Je reste là, dit Matthew en me regardant, puis en baissant les yeux vers son téléphone et en les relevant de nouveau vers moi. Tu es coincée avec moi, ce soir.

— Je vous aime. Vous êtes fantastiques.

J'escaladai Em pour le prendre aussi dans mes bras.

— C'est vrai, répondit-il en me décoiffant. Mais il est vraiment temps que tu ailles te coucher, Poil de carotte.

— Je suis rousse, dis-je en glissant de ses genoux avant de tomber élégamment par terre. C'est joli.

— Et demain tu vas avoir la gueule de bois.

Il me souleva pour me porter jusqu'à ma chambre.

Si seulement il était mon gentil petit ami et pas un géant gay. Sniff.

— Tu te lèves à quelle heure ? me demanda-t-il.

— Dan vient me chercher à 10 heures, répondis-je avec un hoquet. C'est bon.

— Je te réveillerai à 9 heures, alors. À demain.

Il me posa sur le lit et m'embrassa sur le front.

— Bonne nuit, murmurai-je dans le vide.

Je n'avais qu'une envie : dormir. Et que la pièce arrête de tourner. Je roulai sur le ventre et enfonçai le visage dans l'oreiller. Mes doigts trouvèrent le doux tissu du tee-shirt abandonné de Simon et s'enroulèrent autour, le gardant prisonnier. C'était la première nuit que je dormais vraiment seule. Avant vendredi, Simon n'avait pas été dans mon lit pendant des semaines, mais il n'avait pas déménagé. Ses affaires étaient là malgré son absence. Je ne me sentais pas seule. Le lit ne m'avait jamais paru aussi grand, froid et vide. J'allais devoir apprendre à m'y habituer. Me coucher seule. Me lever seule. Me souvenir d'acheter du papier toilette parce que personne ne le ferait à ma place. Mes amis célibataires se plaignaient sans arrêt de ce genre de choses, mais je n'y avais jamais prêté attention. Les courses ne seraient plus synonymes de Caddie rempli de bonnes choses prêtes à être transformées en agréable repas pour deux. Désormais, elles se résumeraient à un panier pour célibataire Ben & Jerry's et Weight Watchers. Plus personne pour vous emmener chez le médecin. Ni pour aller au cinéma. Enfin, se retrouver seul n'avait pas eu l'air de contrarier Simon.

Sachant que je n'allais pas m'endormir de sitôt, j'allumai la lampe de chevet et attrapai mon sac, accroché à la porte, à sa place habituelle. Il avait appartenu à ma mère dans les années 1980. Il était en cuir bleu électrique avec des tonnes de poches et une anse d'une longueur ridicule, si bien qu'il rebondissait contre mes genoux quand je marchais. Emelie le détestait. Une fois, Matthew l'avait même traité de « musette pour cheval transsexuel ». Je l'adorais depuis que mon père l'avait offert à ma mère pour le Noël de mes quatre ans. Il avait été rangé dans le grenier après le divorce, avec tout ce qui lui rappelait de mauvais souvenirs, mais elle avait fini par me le donner, deux ans plus tôt, lors d'un mémorable nettoyage de printemps. Depuis, je ne le quittais plus des yeux. Mais, là, je n'y voyais plus très clair. Je donnai un coup un peu trop fort pour le faire tomber de son crochet si bien que, en se libérant, le sac vint me frapper au nez et je me retrouvai allongée sur le dos. Il fallait que j'arrête d'emporter trois livres avec moi alors que je n'en lisais aucun.

— Merde, marmonnai-je en pressant la main sur mes yeux.

La douleur disparut rapidement. Peut-être parce que le coup n'avait pas été si fort que ça ou peut-être parce que j'avais bu une demi-bouteille de bourbon. Quoi qu'il en soit, j'ouvris les yeux et regardai à l'intérieur de mon sac. Là, dans l'une des nombreuses poches à fermeture Éclair, était soigneusement rangée ma liste. À mon avis, seules deux options s'offraient à moi. Je pouvais rester allongée dans le noir, ivre et triste, et m'endormir en pleurant. Ou je pouvais me rappeler que je n'étais pas une ratée ennuyeuse et sans avenir. Du moins n'étais-je pas obligée de l'être.

Il y avait quelque chose de sordide dans le fait de bouleverser sa vie en fonction d'une liste de directives inscrite sur une serviette en papier tachée de vin, mais, à cet instant, tout se résumait au tee-shirt de Simon ou à ces dix commandements de la célibataire. De toute façon, ma vie avait déjà changé sans que je le demande. Il s'agissait juste d'en reprendre le contrôle. Aujourd'hui, mes cheveux. Demain, le monde.

J'attrapai mon iPhone sur la table de nuit et me pris en photo dans toute ma splendeur rousse. Dieu bénisse l'iPhone 4 et son appareil photo. Pourquoi étais-je si bouleversée ? Ne m'étais-je pas coupé les cheveux aujourd'hui ? Ne les avais-je pas teints en roux ? N'avais-je pas appelé Simon sans fondre en larmes et le supplier de revenir ? Je n'avais rien d'ennuyeux. Je ne ressemblais pas à l'image qu'il avait de moi. Avec un dernier hoquet, je tirai le tee-shirt de Simon hors de la taie d'oreiller et le jetai à l'autre bout du lit. Le lendemain, il irait à la poubelle avec le reste. La liste écrasée contre ma poitrine, je me rallongeai et fermai les yeux. J'allais finir par m'endormir, il fallait simplement que je reste comme ça et…

Chapitre 7

— Debout, Poil de carotte, lève-toi !

Me faire secouer violemment par un géant gay n'avait jamais été ma façon préférée de me réveiller un lundi matin, encore moins quand j'avais bu une demi-bouteille de Jack Daniel's la veille.

— Non, mamie est fatiguée, grognai-je en enfouissant la tête dans l'oreiller. Putain, j'ai mal à la tête !

J'ouvris un œil. Une main d'homme brandissait une tasse de thé devant mon visage. Lorsque j'essayai d'ouvrir l'autre, une douleur intense éclata dans ma joue. Et j'étais pratiquement sûre de sentir de la bave. Oui, aucun doute.

— Oh, mon Dieu !

— Eh oui, répondit lentement Matthew. Tu ferais mieux de prendre une douche et de… je ne sais pas moi… t'étaler toute ta trousse de maquillage sur le visage avant de sortir de la maison.

— Je ne me maquille jamais pour le boulot, protestai-je en essayant de boire une gorgée de thé sans aggraver ma douleur oculaire.

— Je sais, répondit-il sur le même ton. Mais quelques retouches ne seraient pas du luxe.

Il me palpa le visage.

— Putain ! hurlai-je en renversant le thé par terre.

— Qu'est-ce que tu as fabriqué hier soir ? demanda Matthew en tirant l'un des rideaux pour mieux y voir, même si le temps était passablement maussade. Tu t'es offert une virée dans un *fight club* ?

— Je ne sais pas, je me suis pris mon sac dans l'œil, marmonnai-je en essayant de me mettre sur le dos.

J'avais l'impression d'être un cafard incapable de se retourner. Non, pire que ça : j'étais un cafard qu'on avait écrasé avec des Dr Martens avant de lui arracher trois pattes et de le pousser à l'autre bout de la pièce. Voilà pourquoi je ne buvais jamais de whisky.

— Il est quelle heure ?

— Un peu plus de 9 heures, dit-il en jetant un coup d'œil à l'écran de mon téléphone. Tu as une heure.

— Mais il faut que je dorme !

Je me relevai trop vite. Une vague de nausée m'envahit.

On se rallonge, Rachel.

— Ou que je vomisse et qu'après je dorme, ajoutai-je.

— Tu veux que j'appelle pour dire que tu es malade ? Tu sais que tu as le droit de prendre des jours de congé, c'est la règle.

J'essayai d'imaginer la réaction de Dan si je le laissais tomber une heure avant le début de la séance.

S'il ne me tuait pas lui-même, mon agent ne s'en priverait pas.

— Non, il faut que j'y aille.

Je me tortillai sur mon lit. Mes haut-le-cœur ne présageaient rien de bon.

— Em est bien rentrée ? demandai-je.

— Elle n'est pas partie. Elle est sur le canapé, répondit-il. Ce n'est pas très joli à voir. Le whisky, c'est fini pour vous deux !

— Elle n'a pas une réunion ?

Mon lit était tellement confortable. Pourquoi est-ce qu'on ne pourrait pas tous vivre au lit ? OK, ça n'avait pas marché pour John Lennon, mais l'idée méritait d'être reconsidérée.

— Oh, elle est réveillée ! dit Matthew en souriant. Elle n'a pas fermé l'œil de la nuit. Un conseil : retiens ta respiration en allant au salon. Ferme les yeux et ne fais pas de bruit. Non, en fait, ça serait peut-être plus simple de sortir puis de rentrer par la fenêtre de derrière.

Grincheuse, je roulai hors du lit et me dirigeai vers le salon. Je le regrettai aussitôt.

— Oh, Emelie !

Je n'arrivais pas à croire ce que je voyais sur le canapé. Ses longs cheveux bouclés étaient tout emmêlés et son visage était livide. Je refusai de regarder le seau posé dans le coin.

— Oh, mon Dieu ! s'exclama Emelie, une main devant la bouche. Tu as une tête à faire peur !

C'est elle qui me dit ça ?

— Tu t'es vue ? demandai-je. C'est l'hôpital qui se fout de la charité. Va donc te regarder dans un miroir.

— J'ai banni toutes les surfaces réfléchissantes.

Fermant les yeux, elle me montra la couverture rose vif dont elle s'était servie pour recouvrir le miroir au-dessus de la cheminée.

— Ne fais pas trop de bruit, m'avertit-elle. Voire pas du tout. Ça m'embêterait de devoir te tuer.

— Compris.

Je me traînai jusqu'à la salle de bains en rebondissant contre les murs. J'aurais peut-être mieux fait de bannir les miroirs, moi aussi. Je n'avais pas le temps de m'arranger. Dan venait me chercher dans moins d'une heure. Après m'être soigneusement lavé le visage, je recouvris ma blessure à l'œil d'une bonne couche de fard. Ce n'était pas si grave. Grâce à ma palette de maquillage de tous les jours – du fond de teint Laura Mercier, un peu de Touche Éclat d'Yves Saint Laurent et une tonne de blush « Orgasm » de Nars pour cacher ma pâleur mortelle – je fus présentable en l'espace de quelques minutes. Au moins, je n'avais pas eu besoin d'utiliser l'artillerie lourde comme les bases de visage et de corps. Je n'étais pas jolie, mais je n'avais pas non plus l'air de m'être pris un coup de poing dans la figure ni d'avoir passé la nuit à boire du whisky.

— Oh, putain ! s'exclama Dan en me dévisageant sans prêter attention à la route. Qu'est-ce qui t'est arrivé ?

Il était arrivé pile à l'heure et, pour l'instant, je faisais de mon mieux pour ne pas vomir dans sa voiture.

— Je me suis coupé les cheveux, je les ai teints et j'ai trop bu, marmonnai-je, tentant de respirer doucement, la tête appuyée contre la vitre fraîche. Et alors ?

— C'est différent, c'est tout, fit-il remarquer. Je ne dis pas que c'est moche. Tu es allée chez qui ?

— Tina Morgan, répondis-je. Trois heures et demie avec Tina Morgan.

— C'est bizarre. Elle m'a justement laissé un message hier. Je te jure, un truc obscène.

Il accordait toujours plus d'attention à mes cheveux que je ne l'aurais voulu étant donné que nous étions dans un véhicule en marche.

Je n'avais pas assez d'énergie pour rire, mais je réussis à lui adresser un sourire moqueur.

— Je crois qu'elle t'aime bien.

— Mouais, pas vraiment mon genre, rétorqua-t-il.

Il regarda à travers le pare-brise suffisamment longtemps pour insulter la Ford Mondeo devant nous.

— Tout le monde ne peut pas être top model, Daniel, dis-je en fermant les yeux derrière mes Aviator géantes.

On allait bientôt arriver. Bientôt.

— Pourquoi tu dis ça ? demanda-t-il.

— Parce que tu te tapes Ana.

J'attendais qu'il hausse les épaules d'un air désinvolte ou qu'il me fasse un commentaire sarcastique, mais non : il ne me répondit même pas.

— Parce que tu flirtes avec tous les mannequins à toutes les séances.

On roula en silence pendant quelques minutes. Heureusement, la gueule de bois m'empêchait de me sentir mal à l'aise.

— Flirter avec les mannequins fait partie du métier, dit-il enfin. Ce n'est pas sérieux, juste un jeu devant l'objectif.

— Et de la baise derrière ! ajoutai-je.

Arrêté à un feu rouge, il se tourna vers moi.

— Et qui suis-je censé avoir baisé, au juste ?

— À part Ana, tu veux dire ? le provoquai-je.

— À part Ana, répondit-il.

— Alors tu sors vraiment avec elle ?

Une autre pause, un autre feu. C'était vraiment l'angoisse de conduire dans Londres.

Il serra le frein à main et étira un bras à travers la fenêtre, l'autre derrière mon siège.

— Qu'est-ce que ça peut te faire ?

— « Qu'est-ce que ça peut me faire ? », répétai-je, les yeux rivés sur la route.

Je pouvais faire une croix sur le cavalier pour le mariage de mon père. *Merde.*

— Tu es toujours en train de sauter partout en affirmant que c'est génial d'avoir un petit ami.

Il redémarra quand le feu passa au vert avant d'enchaîner :

— Vous savez quoi ? Simon et moi, on va en Croatie. Vous savez quoi ? Simon et moi, on décore la chambre d'amis. Ah non, je ne peux pas venir boire un coup avec vous, Simon m'attend à la maison.

Je devais avouer que je n'étais pas très impressionnée par son imitation.

— Je fais vraiment ça ?

J'étais quasiment sûre que je ne disais pas « Vous savez quoi ? » si souvent que ça.

Haussant les épaules, Dan repoussa les cheveux qui lui tombaient devant les yeux.

— Je n'en sais rien. Sûrement, car je ne l'ai pas inventé.

— Eh bien, tu n'as plus de souci à te faire de ce côté-là, marmonnai-je contre la vitre.

Pourquoi est-ce que ça prenait autant de temps ? Je voulais en finir le plus vite possible, rentrer et consulter ma liste. Au départ, j'avais pensé que c'était le jour idéal pour écrire une lettre d'insultes, mais finalement c'était peut-être plutôt le moment d'enfreindre la loi. Faire passer un photographe au travers de son propre pare-brise, c'était illégal, non ?

— Il t'a larguée, c'est ça ? dit-il en riant.

— Oui, répondis-je simplement. Tu ne consultes pas Facebook ?

Dan émit un bruit bizarre. On aurait dit qu'on lui avait scellé les lèvres. Je me tournai légèrement pour le regarder. C'était la première fois que je le voyais aussi mal à l'aise. Et pourtant on avait travaillé ensemble sur plusieurs campagnes de pub pour des sous-vêtements D & G homoérotiques au possible.

Il me dévisageait, s'attardant une seconde de trop sur les verres fumés de mes lunettes.

— Quoi ? demandai-je.

J'aurais bien haussé les épaules pour l'effet, mais je risquais de lui vomir dessus.

— Non, rien.

Il se détourna et alluma la radio. Fermant les yeux, je me concentrai pour ne pas être malade durant le reste du trajet.

Contre toute attente, je réussis à ne pas vomir dans la voiture et Dan réussit à nous faire arriver au studio à l'heure. En revanche, comme d'habitude, Ana était en retard. Après notre super conversation dans la voiture, deux minutes de répit n'étaient pas de trop. Voire même très insuffisantes.

— Raquel !

Avant que je n'aie eu le temps d'ouvrir ma brique d'eau de coco, le top model déboula dans le studio du haut de son mètre quatre-vingt-cinq, sans prêter attention aux laquais et aux parasites payés pour la supporter, et se dirigea vers moi. Son parfum faillit être la goutte d'eau qui fait déborder le vase : les top models portaient encore Angel ? Quand elle se rapprocha, je ne le sentais plus, je l'avais sur la langue. Si elle me serrait dans ses bras, mes futurs enfants risquaient de naître avec cette odeur.

— Chérie, je suis dans une forme fantastique ce matin !

Elle me libéra de l'étau de ses bras, fit tomber son manteau par terre et s'affala sur ma chaise. Pourquoi avais-je choisi un maquillage des lèvres neutre et des yeux charbonneux ? Elle n'aurait aucune raison de la fermer. Sauf par politesse, mais, visiblement, ce n'était pas son fort.

— Tu sais le gars avec qui je t'avais dit que je sortais ? Celui bourré de fric ? Eh bien, j'ai décidé de ne plus me prendre la tête avec lui, alors je l'ai appelé vendredi soir pour lui dire que c'était fini et il s'est pointé à mon appart avec ça !

Elle me mit brusquement la main sous le nez et faillit m'arracher un œil avec une énorme pierre : un gros diamant étincelant monté sur un anneau incrusté de pierres tout aussi rutilantes. Je dus m'y reprendre à deux fois pour le regarder, de peur de devenir aveugle. Je reculai, arrachant mon attention à la bague de fiançailles géante pour poser les yeux sur son visage d'une beauté ridicule.

Était-il possible d'étouffer quelqu'un avec une éponge à fond de teint ?

— Bien sûr, j'ai refusé de l'épouser parce que je crois que je suis amoureuse de quelqu'un d'autre, ajouta-t-elle en m'adressant un regard entendu avant de tourner la tête vers Dan et de soupirer bruyamment. Mais il n'a pas voulu la reprendre. Quel idiot ! C'est vraiment joli, non ? Qu'est-ce que tu en penses ?

Je ne savais pas quoi dire. Je restai bouche bée. Pas de répliques acerbes, pas de félicitations, pas même une insulte. J'étais à sec. Après des années d'entraînement, mon esprit ne prêtait plus attention au monde extérieur. *Génial.*

— Eh, Ana ! Tu peux te mettre sur le lit ? Je voudrais faire quelques tests techniques.

Dan passa un bras autour de sa taille et l'emmena avec lui.

— Tu sais bien que tu peux me faire ce que tu veux sur un lit, ronronna-t-elle avant de me fusiller du regard.

Même si c'était la reine du flirt, elle n'appréciait pas de devoir faire les tests de sa propre séance photo et, visiblement, elle avait décidé que c'était ma faute, même si elle ne savait pas vraiment pourquoi.

— Merci, soufflai-je à Dan en m'asseyant dans la chaise de maquillage.

Il hocha la tête, puis pointa ses appareils photo sur Ana qui rejetait ses cheveux en arrière et se contorsionnait de manière indécente pour la pub d'un lot de petites culottes blanches.

Ne t'énerve pas, pensai-je. *Elle est comme ça, c'est tout.* Ce n'était pas comme si je voulais vraiment lui arracher les paupières à coups de recourbe-cils Shu Uemura… Mais si, en fait. Comment un homme pouvait-il avoir envie de l'épouser ? Et pas n'importe qui : quelqu'un d'assez riche pour lui offrir un diamant de la taille d'une patinoire ! Ana était très belle, mais elle n'arrêtait pas de mentir, de faire des caprices et – sans vouloir faire ma garce – elle n'avait rien dans le crâne. Moi, j'étais fidèle, honnête et loin d'être stupide. Je n'aurais jamais pu battre Stephen Hawking au Trivial Pursuit, mais je me défendais. Pourtant, je n'arrivais pas à garder un copain qui m'avait offert une Wii à Noël. Dan et elle, je pouvais comprendre : chacun était l'équivalent féminin ou masculin de l'autre. Mais imaginer quelqu'un de normal et riche qui voulait l'épouser ?

Pour ne pas paniquer, j'ouvris ma mallette à maquillage et en sortis le contenu : base, fond de teint, anticernes, blush, poudre bronzante, poudre lumineuse... Pour faire croire qu'une fille était belle naturellement, il fallait un nombre de produits considérable. Et quelque chose me disait qu'aujourd'hui ça allait me demander beaucoup de boulot.

Deux briques d'eau de coco, un comprimé de Berocca et deux ibuprofènes plus tard, je me sentais de nouveau humaine, et j'en avais presque l'air. Ana, beaucoup moins bavarde, avait repris sa place sur le fauteuil de maquillage. Elle baissa le menton et me regarda comme si j'étais un chien à trois pattes.

— Dan m'a dit que tu n'allais pas bien, dit-elle en arborant son expression inquiète, mais je ne suis pas censée t'en parler.

Avec un léger sourire, je poussai sa chaise en arrière et commençai à la démaquiller le plus doucement possible étant donné mon manque de coordination.

— Alors, qu'est-ce qui te rend si triste ? demanda-t-elle au bout d'une demi-seconde.

— J'ai rompu avec mon petit ami, répondis-je en passant un carré de coton sur son visage.

— C'est pour ça que tu portes une perruque ?

Dieu, Allah, Bouddha, Angelina Jolie, tous les saints, donnez-moi la force de ne pas frapper cette femme.

— Ce n'est pas une perruque. Ce sont mes vrais cheveux.

— Oooh !

Elle tira sur une mèche pour s'en assurer, tandis qu'un cri aigu résonnait dans mon cerveau.

— Ça craint. Et moi qui agite ma jolie bague sous ton nez… Je suis bête.

— Tu ne pouvais pas savoir.

Je lui appliquai calmement une crème hydratante. Pas la peine de la corriger.

— C'est vraiment terminé ?

Elle ouvrit un œil pour me regarder.

— Oui.

— Bien !

Elle tapa dans ses mains en gloussant. Cruel, mais, comme je l'avais déjà dit, elle n'avait pas inventé la poudre.

— Tu es restée beaucoup trop longtemps avec ce type, m'expliqua-t-elle en me prenant les poignets. J'ai des tonnes de copains à te présenter : riches et sexy. Mais je ne suis pas sûre que les mecs riches et sexy veuillent de… soient ton type. Qu'est-ce qui te plairait ?

Je pris une grande inspiration et me rappelai que je maîtrisais parfaitement la situation.

— Ce n'est pas la peine, Ana.

— Mais si ! Tu devrais vraiment sortir avec quelqu'un. N'importe qui ! poursuivit-elle. Tu n'es pas moche... Laisse-moi passer un coup de fil à l'un de mes gars. Je me réserve pour un seul homme, maintenant, de toute façon. Si je le leur demande, ils ne refuseront pas de sortir avec toi, ne t'inquiète pas. Tu as juste besoin de te remettre en selle.

— Tu ne peux pas la fermer, bordel ? lui demandai-je doucement.

— Raquel ? m'interpella Ana en me regardant avec des yeux ronds. J'essaie simplement de t'aider.

— Eh bien, tu ferais mieux de t'abstenir, dis-je d'une voix si forte que tous les gens dans la pièce relevèrent la tête d'un coup. Je n'ai pas besoin qu'une stupide garce nymphomane me donne des leçons de vie !

Le plateau n'était pas très bruyant avant que je me la joue à la Christian Bale, mais après, on aurait pu entendre une mouche voler. Ana se recroquevilla sur le fauteuil devant moi.

— Raquel ?

— Oh, et puis ça suffit ! m'écriai-je en levant les bras au ciel, la saupoudrant de poudre libre. Je ne m'appelle pas Raquel. Pas du tout. Et tu le sais très bien. Je m'appelle *Rachel.* Alors pourquoi tu t'entêtes à m'appeler Raquel ? Tu es conne ou quoi ? Les laxatifs ont fini par te bouffer le cerveau ?

J'avais déjà vu Ana éclater en sanglots deux fois à cause d'un ongle cassé, alors j'étais relativement impressionnée qu'elle résiste jusqu'à ma remarque sur les laxatifs. Bien sûr, c'était sans doute ce qui se rapprochait le plus de la vérité. La lèvre inférieure tremblante, elle posa instinctivement un doigt sous chaque œil pour protéger ses faux cils et s'enfuit du plateau en braillant.

— Quoi ?

Je me retournai sans tomber. Un point pour moi.

— J'ai raté quelque chose ? Elle a arrêté les laxatifs ? demandai-je.

— Qu'est-ce que tu fous ? À quoi tu joues ?

Dan fut à mes côtés en un clin d'œil, tandis que les deux stylistes, le coiffeur et même Collin couraient après Ana.

— Ne commence pas, le prévins-je. Elle a dépassé les bornes.

— C'est toi qui as dépassé les bornes ! Tu n'as pas le droit de parler aux mannequins de cette manière, tu le sais très bien.

Nous nous sommes dévisagés un instant. J'ignorais à quoi pensait Dan, mais j'avais une furieuse envie de lui assener un coup de genou dans les couilles. J'en avais assez.

— Mais elle, elle a le droit de me parler comme elle veut ?

Au lieu de ça, je donnai un coup de pied dans le pot de poudre libre et refermai violemment ma mallette de maquillage.

— C'est terminé, Dan. Je ne suis pas un paillasson. Est-ce que tu sais à quel point c'est chiant de supporter les conneries de tout le monde sans broncher ?

— Quoi ? Tu t'es teint les cheveux en roux, alors maintenant tu te rebelles ? se moqua-t-il. Comme tu voudras…

— Peut-être que j'en ai juste marre de sourire et de hocher la tête, fulminai-je. Peut-être que j'en ai assez de l'écouter raconter des conneries. Peut-être que j'en ai assez que tu dragues tout ce qui bouge. Peut-être que j'en ai assez d'en avoir marre de tout ça.

Il m'attrapa par le bras alors que je me détournais pour partir.

— « Tout ce qui bouge ? » répéta Dan, les yeux grands comme des soucoupes. Je drague tout ce qui bouge ? Non, mais tu t'entends ?

— Ne te fatigue pas, Dan. J'arrête, déclarai-je en le repoussant sans y réfléchir à deux fois.

Après avoir attrapé ma mallette, je pris la porte sans prêter attention aux pleurs dramatiques qui s'élevaient des toilettes et tournai brusquement à droite. Ça me prit quelques minutes, mais je réussis à trouver un coin tranquille dans le parking, caché entre deux 4×4 gigantesques, et m'y assis un instant. Au fond de mon cerveau, mon esprit carburait à cent à l'heure, mais, à l'avant, c'était le vide total. Je n'avais pas la moindre idée de ce que j'étais en train de faire, alors que je l'avais toujours su jusque-là. C'était ma force. Mais, même si j'étais perdue, que j'avais peur et que j'étais presque sûre que j'allais vomir, je me sentais mieux. Je me sentais forte. Comme si je pouvais accomplir n'importe quoi.

— Salut, Poil de carotte, comment ça va ?

Comme par magie, mon coup de sang se dissipa. Tina Morgan se tenait au-dessus de moi, un paquet de Marlboro Light dans une main et un briquet dans l'autre.

— Tu veux une clope ?

On avait étudié ensemble et travaillé côte à côte sur de nombreux événements. En gros, on était en compétition depuis la fac. Je connaissais sa pointure, sa couleur naturelle et le deuxième prénom de sa mère, mais elle ne s'était pas rendu compte que je ne fumais pas.

— Non.

Si je refusais de regarder l'intrus, il partirait peut-être tout seul.

— Ta coupe a bien tenu.

Le compliment la concernait davantage que moi.

— Merci.

Je savais que je n'étais pas polie, mais je n'avais pas la patience.

— Il fait chaud là-dedans, constata-t-elle en me donnant des petits coups dans le pied jusqu'à ce que je relève la tête.

Alors elle me fit un grand sourire et un signe de la main exagéré.

— La Terre à Rachel, merci de réagir, bordel de merde.

Je souris.

— Pigé, t'es pas d'humeur, dit-elle en posant son postérieur non négligeable à côté du mien tandis qu'elle allumait son briquet. Tu fumes ?

Je secouai la tête.

— Franchement, aujourd'hui, j'ai pas envie de me prendre la tête.

Elle prit une grande bouffée et exhala la fumée vers le haut. Une légère brise estivale se leva juste à temps pour tout m'envoyer au visage.

— Heureusement, j'ai fini ma journée. J'ai horreur d'être enfermée dans un studio par ce temps-là.

Je hochai la tête.

— Mais, si j'étais toi, je ne m'en ferais pas trop. Je n'arrive pas à croire que tu ne m'aies pas dit que tu travaillais avec lui aujourd'hui. (Elle émit un grognement grave qui me mit extrêmement mal à l'aise.) Il est vraiment trop beau. Il a des bras de la taille de mes cuisses. Et ce n'est pas peu dire…

Je haussai les épaules.

— Sans rire, il ne s'est jamais rien passé entre vous ?

Elle fit la moue avec ses lèvres rouge blessure et plissa les yeux en une expression de convoitise.

Que Dieu vienne en aide aux hommes qui doivent subir ça. Son visage était terrifiant.

— Il aime les blondes, peut-être ? Il n'a pas encore répondu à mon message.

Je secouai la tête et haussai les épaules en même temps.

— Mais il est bien là aujourd'hui ? demanda-t-elle en faisant bouffer ses cheveux courts. Je devrais peut-être aller le voir directement ?

— En fait, j'ai mieux pour toi, répondis-je. On vient de m'appeler et il faut que je parte. Est-ce que tu peux me remplacer ? Dan t'en sera éternellement reconnaissant.

Mon cerveau s'était enfin rappelé à quoi il servait.

— C'est vrai ? Pourquoi est-ce que tu dois partir ? demanda Tina en jetant un coup d'œil à sa montre, puis à moi, puis de nouveau à sa montre.

— Mon chien est mort, dis-je sans réfléchir.

— Oh merde. Bien sûr, vas-y.

Elle se leva, écrasa sa cigarette et m'aida à me relever.

— Il était malade ? s'enquit-elle.

— Oui. De la tuberculose.

J'écarquillai les yeux à mon propre mensonge. *La tuberculose ? Et puis quoi encore ?*

— Les chiens peuvent l'attraper ? À Londres ? demanda Tina en me suivant jusqu'au studio.

Je lui tendis le schéma du maquillage que je comptais faire et refermai ma mallette. Elle n'était pas si mauvaise que ça. Pas vraiment. Mais un peu quand même.

— Est-ce que tu l'as aussi ?

Je la regardai comme si elle était stupide, avant de me souvenir que c'était moi qui avais menti sur mon chien inexistant, mort de la tuberculose.

— Non. Bref. Merci beaucoup. Je m'arrangerai pour que tu sois payée, bien sûr.

— Bien sûr, marmonna-t-elle, en regrettant clairement son élan de bonté. Je t'enverrai un e-mail.

— Merci encore, dis-je en tirant ma valise à moitié refermée derrière moi sur une seule roue.

Il fallait que je m'éloigne d'ici. J'ignorais ce que j'allais faire, mais il fallait que je parte. Malheureusement, pour ça, je devais avoir le destin de mon côté. À peine sortie du parking, j'attendais un taxi cachée derrière un escalier de service quand je vis Dan remonter la rue d'un pas rageur, un paquet de Monster Munch à la main.

— Qu'est-ce que tu fais ? dit-il en désignant ma valise. On est loin d'avoir fini et si on veut qu'elle sorte de sa pissotière, il va falloir que tu présentes des excuses !

— Je suis vraiment désolée, mais je dois y aller.

Je serrai mon téléphone dans ma main. Est-ce qu'un iPhone pouvait servir d'arme ? Quelque chose me disait qu'il n'y avait pas d'application « matraque ».

— Je ne peux pas y retourner.

— Rachel, c'est ton boulot, expliqua doucement Dan. Tu ne peux pas partir comme ça. Tu rends le mannequin jolie, je prends les photos et après on est tous payés.

— J'ai trouvé une remplaçante, dis-je sans prêter attention à son ton désopilant. Elle a mes instructions, elle s'en sortira. Toi aussi.

— Ce matin, tu m'as dit que tu allais bien, rétorqua-t-il, toujours aussi mécontent. Et maintenant, tu cries sur les modèles. Ce manque de professionnalisme ne te ressemble pas.

Ce fut la goutte d'eau qui fit déborder le vase. *Saleté de goutte !*

— La ferme ! hurlai-je en éclatant en sanglots. Je suis venue, j'ai fait de mon mieux et j'ai merdé, je sais, mais j'ai tout arrangé, d'accord ? Laisse-moi rentrer chez moi. Je ne peux pas rester ici.

— Heureusement que tu t'en vas ! cria Dan tandis que je le dépassais pour atteindre le véhicule noir brillant qui s'était arrêté près du trottoir. Je ne veux pas te voir sur mon plateau dans cet état. Reprends-toi, femme.

Je me retournai pour le dévisager, bouche bée. Je ne m'attendais pas à ça, même de sa part

— Tu es vraiment un connard !

Me rapprochant de lui, je lui arrachai des mains le paquet de Monster Munch et le jetai par terre pour le piétiner avec un regard plein de défi dans lequel il lisait sans doute, à ce stade-là, de la démence. Avant que je n'aie eu le temps de lui sortir la réplique du siècle, il repoussa les cheveux qui me tombaient devant les yeux.

— Est-ce qu'il t'a frappée ? demanda-t-il en me touchant la joue.

— Hein ?

Naturellement, j'étais un peu perdue. Qui m'avait frappée ? Et pourquoi est-ce qu'il me touchait ? Pourquoi est-ce que mes pommettes frémissaient ?

— Tu as un œil au beurre noir. Qui t'a frappée ?

Il libéra mon visage et serra les poings. Très viril.

— Ton ex ? reprit-il.

Si une telle chose était possible, Dan paraissait encore plus en colère que lorsque j'avais piétiné ses Monster Munch. Personnellement, je regrettais de ne pas les lui avoir volés pour les manger dans la voiture. Mon estomac réclamait de délicieuses chips au maïs.

— De quoi tu parles ?

J'étais vraiment en train de me demander si Dan n'avait pas perdu la boule quand je portai la main à mon visage humide et ramenai mes doigts couverts de Touche Éclat. *Ah, oui. L'œil au beurre noir.*

— Personne ne m'a frappée.

J'avais tellement fait attention à ne pas toucher mon maquillage que j'en avais oublié ma blessure. Apparemment, Yves Saint Laurent n'était pas waterproof. J'aurais pourtant dû le savoir.

— Je suis une quiche. Je me suis fait ça toute seule. Avec un sac.

Dan me dévisagea d'un air dubitatif.

— OK, tu en es tout à fait capable, concéda-t-il. Mais tu ne peux pas partir comme ça, putain ! Prends une minute pour te calmer et on boucle tout le plus vite possible. Après, toi et moi, on ira dans un pub pour se bourrer la gueule et… on parlera de tout ça, ajouta-t-il en me prenant la main.

— Je t'ai déjà dit que j'avais trouvé une remplaçante, déclarai-je en le repoussant et en fourrant ma mallette sur le siège arrière du taxi. Je n'ai pas besoin de me bourrer la gueule. J'ai simplement besoin de sommeil. Demain, ça ira mieux.

— Tu ne peux pas partir, Rachel, objecta-t-il en attrapant la portière tandis que je m'engouffrai dans la voiture. Ce que je veux dire, c'est que si tu t'en vas maintenant, je ne veux pas de toi sur le plateau demain.

— Bon, Dan, on peut s'y mettre ? dit Tina en ouvrant la porte d'un air boudeur. Je ne sais pas combien de temps je vais supporter de parler du *Loft* avec cette dinde écervelée.

Je secouai la tête. Ana se remettait vite.

Il ne se retourna même pas pour la regarder.

— C'est ça, ta remplaçante ? Myra Hindley ?

J'étais quasiment sûre qu'il faisait une référence maladroite à sa coupe de cheveux, alors je laissai couler.

— Elle t'a expliqué pour son chien mort ?

Tina essayait d'avoir l'air compatissant, mais elle portait tellement de maquillage qu'elle ressemblait juste à une version transsexuelle du clown triste.

— Sors de cette voiture ! m'ordonna Dan en donnant un coup d'Adidas Samba dans le pare-chocs.

— Je suis désolée. Ça ne se reproduira plus.

Les larmes menaçaient de couler de nouveau. Je ne savais pas trop si c'était à cause de la gueule de bois, de l'humiliation ou de la tête de Tina, mais il fallait que je parte d'ici.

— Je serai là demain matin.

— Non. Je ne veux plus de toi sur mon plateau ! hurla Dan en claquant la porte. Tu es virée.

— Quoi ? bafouillai-je par la fenêtre. Tu ne peux pas me virer !

— OK, peut-être que je ne peux pas te virer, mais je peux te jeter hors de mon plateau. Maintenant, si tu veux bien nous excuser, moi et Andy Warhol, ici présent, nous allons essayer de réparer tes erreurs.

Il se retourna et disparut à l'intérieur. Tina lui emboîta le pas en me faisant le signe de la victoire.

Chapitre 8

— Quel salaud ! Pourquoi tu ne m'as pas appelée ?

Ma mère fit tomber une part un peu molle de pizza Pollo ad Astra sur l'assiette en me regardant, bouche bée.

Ma mère et moi avions coutume de dîner chez *Pizza Express* tous les lundis soir. On changeait d'endroit de temps en temps pour varier, mais, comme sa fille, Sarah Summers avait du mal à se défaire de ses petites habitudes. Parfois, quelqu'un d'autre nous accompagnait : Simon, Matthew ou Emelie, en général. Une fois tous les trente-six du mois, mon frère venait aussi. D'ailleurs, avec ce qui s'était passé, il avait promis de nous rejoindre ce soir-là, mais on était installées depuis une heure et il n'avait toujours pas montré le bout de son nez.

— Parce que tu l'aurais traité de salaud et que tu aurais passé trois heures à me dire que tu savais qu'il n'était pas celui qu'il me fallait et que c'était un coup du destin pour faire de la place à mon âme sœur, répondis-je en trempant un morceau de pâte dans le beurre à l'ail.

Pizza Express était vraiment la solution à tout. J'avais choisi le restaurant de Kentish Town pour son côté chicos, histoire de rendre l'atmosphère plus classieuse. Ça ne marchait pas vraiment.

— Ce n'est pas mon genre, nia ma mère, catégorique.

Elle ne semblait pas encore prête à s'attaquer à sa pizza au poulet de riche.

— Ah oui ?

— J'aurais peut-être suggéré, à la rigueur, que rien n'arrive par hasard, admit-elle. Pour tout te dire, je sais que tu vas me demander de me taire, mais Saturne va bientôt faire son apparition dans ton ciel, donc c'était à prévoir. Elle indique un renouveau et te met face à des problèmes que tu dois résoudre. Saturne nous donne toujours des leçons de vie essentielles.

On m'avait toujours dit que j'étais le portrait craché de ma mère. Et c'était vrai… du moins, avant le relooking. On avait les mêmes cheveux blonds, les mêmes yeux bleus, et j'avais aussi hérité de sa petite taille, de sa petite poitrine et de son humour pince-sans-rire. En revanche, elle ne m'avait pas transmis sa capacité intangible à croire en la bonté des gens. Mon père et elle s'étaient rencontrés quand ils étaient ados, étaient tombés fous amoureux, s'étaient mariés en quelques mois, nous avaient conçus mon frère et moi dans la foulée. Après quinze ans de bonheur, mon père avait trouvé une nouvelle âme sœur – sa secrétaire – et avait foutu le camp pour fonder une nouvelle famille. Cinq ans plus tard, il avait recommencé. Deux semaines après, il était déjà passé à l'« âme soeur » version 4.0. Malgré tout, ma mère étant une éternelle optimiste, ils étaient restés les meilleurs amis du monde. Sans rire, il passait de temps en temps pour boire le thé, et il arrivait à ma mère de garder mes demi-frères et sœurs. Personnellement, je trouvais ça bizarre, mais ils avaient l'air heureux comme ça. Ça ne voulait pas dire qu'elle n'en avait pas pris un coup. Avant, ma mère était juste plus enthousiaste que la normale. Puis elle avait commencé à dire que « rien n'arrive par hasard » ou que « l'univers te donnera toujours ce que tu désires si tu es ouverte aux énergies ». Depuis deux ans, elle était passée aux choses sérieuses : l'astrologie. Ce n'était pas beau à voir, mais mon frère refusait d'intervenir. J'avais tenté de lui expliquer que la philosophie du « si ça lui plaît » la mènerait à des drogues plus dures comme le tarot, les planches de Ouija, les médiums… L'astrologie n'était que la première étape d'un cycle infernal.

— Pourtant, tu savais qu'il allait poser problème, reprit-elle au bout de quelques minutes de silence, voyant que je ne réagissais pas à son commentaire.

— Ah bon ?

Je le savais ?

— Tu ne te souviens pas de la fois où je vous ai fait votre thème astral ? Tu es Vierge et lui Scorpion, ça ne pouvait pas marcher. Vous êtes complètement opposés, un vrai cauchemar !

Elle prit enfin une bouchée de sa pizza, l'air plus enjoué. C'était l'équivalent astrologique de : « Je te l'avais bien dit ! »

— Si tu pouvais arrêter avec tes conneries à la Nostradamus, ça serait sympa, répondis-je sans réfléchir.

— Rachel Lulu Summers, rétorqua ma mère, on ne jure pas au restaurant !

J'avais souffert pendant vingt-huit ans du mauvais goût de ma mère en matière de musique. Les gens qui connaissaient mon deuxième prénom se comptaient sur les doigts d'une main et deux d'entre eux étaient morts. De façon naturelle, bien sûr : je n'avais rien fait d'extrême.

— Ce n'est pas un restaurant, c'est un *Pizza Express*, marmonnai-je.

Il ne me manquait qu'un tee-shirt de *South Park* et des Dr Martens pour revivre mes quinze ans. Si je ne faisais pas attention, elle risquait de me confisquer mon argent de poche. Ou de se mettre à pleurer. Ce que je ne supportais pas.

— Je suis désolée, dis-je en prenant une grande inspiration. J'ai dépassé les bornes. Tu as raison, c'est mieux comme ça.

Elle feignit un bâillement et se frotta les yeux. Comme si je ne me sentais pas déjà assez coupable.

— Et je ne jurerai pas si tu ne prononces pas le mot de quatre lettres qui commence par « L ».

Je poussai le plat de boulettes de pâte vers elle. Le plus grand sacrifice jamais consenti de mémoire d'homme.

— Comment tu te sens ? demanda-t-elle en se grattant le nez. Je sais que tu as Emelie et Matthew pour te soutenir, mais tu n'as pas à faire semblant devant moi.

— Je ne vais pas bien, admis-je doucement. Et c'est la première fois que ça m'arrive, alors c'est encore pire. Mais ça va s'arranger. Je n'ai pas le choix, pas vrai ?

— Je me demande d'où te vient cette attitude, s'extasia ma mère en se laissant aller contre son dossier avec un sourire. Tu as toujours été si rationnelle, si réfléchie !

— De ton éducation stellaire, bien sûr.

Je lui rendis son sourire et saisis une boulette de pâte.

— Bien sûr, dit-elle en haussant un sourcil.

— Et moi qui pensais être la seule personne sarcastique de la famille.

Après avoir avalé la boulette, je lui pris un morceau de pizza. J'avais toujours les pires envies.

— J'ai tout appris de toi, affirma-t-elle. C'est vraiment terminé, avec Simon ?

— Vraiment, vraiment.

J'observai les heureux couples autour de nous qui profitaient de la folle soirée du lundi à moitié prix.

Connards.

— Il est parti. Il m'a laissé un mot. On a discuté hier.

Pas la peine de lui parler des activités précédant la rédaction de la liste. Elle risquait de le traquer et de l'abattre comme un chien. C'était tentant, mais après, il faudrait que j'aille lui rendre visite en prison dans je ne sais quel trou paumé.

— Je n'arrive pas à croire qu'il ait été aussi cruel, se désola-t-elle en secouant la tête.

Ses cheveux blonds coupés court brillèrent sous la lumière artificielle.

— Mais, reprit-elle, tu sais comment sont les Scorpions : émotionnellement indépendants. Froids.

— Maman…

— Désolée.

Je regardai intensément la dernière boulette de pâte jusqu'à ce que ma mère soupire et pousse l'assiette de mon côté de la table.

— Je ne comprends pas pourquoi tu perds ton temps à commander autre chose. Tu n'as pas touché ta salade. (Oubliant ses bonnes manières, elle pointa le contenu de mon assiette de sa fourchette.) Tu manges bien, au moins ?

— Oui, répondis-je en essayant de me rappeler mon dernier repas qui n'avait pas été à base de pizza. Matthew et Emelie s'occupent de moi. Ils ne vont pas me laisser mourir de faim, m'endormir dans la baignoire ou d'autres bêtises dans le genre.

— Il n'y a qu'à regarder tes cheveux, rétorqua-t-elle en embrochant un gros morceau de thon dans mon assiette. Je n'arrive pas à croire que tu aies fait ça.

Je recoiffai mon carré de façon théâtrale pour plus d'effet.

— Tu n'aimes pas ? Tout le monde a adoré.

— Ça te va très bien, bien sûr, se rembrunit ma mère. Mais je doute que tes amis soient capables de t'empêcher de faire quelque chose de stupide. La preuve, tu viens juste de me dire que tu t'étais coupé les cheveux avec des ciseaux de cuisine. Tu avais de si beaux cheveux !

Elle soupira bruyamment et observa une minute de silence en l'honneur de ma queue-de-cheval massacrée.

— Avec des ciseaux de premiers secours, la corrigeai-je. Et ce n'est pas grave. C'était sur la liste.

— Toi et ta vie absurde…

Elle jeta un regard plein d'amour par-dessus la table. Pendant un moment d'égarement, je crus qu'il m'était adressé.

On me donna un coup derrière la tête.

— Tu t'es disputée avec ton coiffeur ? Freddy Krueger est de retour ? Il fait des heures de travaux d'intérêt général ?

— Paul…

J'accueillis mon frère avec le manque d'enthousiasme qu'il méritait. Étant donné qu'il avait quatre-vingt-dix-sept minutes de retard.

— Ça va, maman ?

Il se baissa pour embrasser notre mère rayonnante sur la joue. Si le cirque manquait de nains, ma mère et moi aurions facilement pu passer pour Timide et Prof, mais Paul, lui, était notre opposé total. Il était gigantesque, presque aussi grand que Matthew et, étant donné que ce dernier était quasiment un accident génétique, ce n'était pas rien. Mais sa taille était la seule chose qu'il avait héritée de notre père. À présent, deux paires d'yeux bleus me regardaient depuis l'autre côté de la table, et la coupe de Paul ressemblait beaucoup à celle de notre mère. Pour ne rien vous cacher, c'était assez bizarre.

— Alors, elle t'a dit qu'elle s'était fait lourder ?

Paul attrapa une fourchette et s'attaqua simultanément à ma salade et à la pizza de notre mère.

— Paul, essaie d'être plus délicat avec ta sœur, dit-elle en lui donnant une tape sur le bras tout en réprimant un sourire.

J'essayai de ne pas lui faire remarquer qu'elle s'était bien gardée de le reprendre pour avoir juré dans un restaurant. Je m'efforçai également de me rappeler que je n'avais plus quinze ans.

— Elle a le cœur brisé.

— Ouais, Paul, j'ai le cœur brisé, répétai-je en récupérant ma salade, même si je n'en voulais pas. Va te faire voir.

J'avais du mal à partager avec lui depuis un accident de Lego en 1989.

— Surveille ton langage, Rachel.

— Ouais, surveille ton langage, Rachel.

La dernière fois que j'avais vu Paul, il avait donné un coup de poing à Simon devant le *Phoenix*. Pourtant, malgré cet étalage néandertalien d'amour fraternel, il ne semblait pas d'humeur à me plaindre ce soir.

— Comment va ton amie ? demanda poliment notre mère.

Elle fit signe au serveur pour que Paul puisse commander à boire. « Ton amie » était un nom de code pour : « la fille dont j'ai entendu la voix la dernière fois au téléphone, mais dont tu ne m'as pas dit le nom parce que tu ne le connaissais sûrement pas ».

—Alors ?

— Euh… bien, dit-il en éludant la question avant de s'étirer en bâillant. Je suis claqué. Ces temps-ci, je n'arrête pas au boulot.

— Tu travailles dans un magasin qui vend des skateboards, objectai-je d'une voix impassible. Et il n'ouvre pas avant midi. Comment tu fais pour être claqué ?

— C'est la période de l'année où on travaille le plus.

Il adressa un grand sourire à la serveuse qui apportait sa bière. C'était effrayant de le voir en action. Jusqu'à ses vingt et un ans, Paul avait été un avorton, obsédé par les ordinateurs et le *Seigneur des anneaux*. Puis, une chose terrible lui était arrivée : la combinaison d'Angéla, une blonde bien gaulée et d'une montée de testostérone tardive. En dix ans, il avait collectionné les filles plus rapidement qu'il n'avait lu la série *Harry Potter*. Les deux activités s'étaient déroulées sous le couvert de l'obscurité, dans sa chambre, loin des regards curieux.

Maman sortit un portable qui vibrait de son sac et nous le montra.

— Excusez-moi, il faut que je réponde. Je me suis inscrite à un atelier « déesse » à Glastonbury, ce week-end. Ça doit être la responsable de l'ordre.

— De l'ordre ? répétai-je d'une voix forte et plutôt méfiante.

Paul me donna un coup de pied sous la table et secoua la tête, mais notre mère ne s'en rendit même pas compte. Elle était trop occupée à courir vers la porte, le téléphone à l'oreille et la main pressée contre l'autre.

— De l'ordre ? crachai-je à mon frère. Sérieux ? Et tu ne crois toujours pas qu'elle va trop loin ?

— Tu es trop dure avec elle, dit-il entre deux bouchées de thon. Je ne comprends pas pourquoi tu ne la laisses pas faire les trucs dans lesquels elle s'épanouit.

— Parce que ça ne la rend pas heureuse, ce n'est qu'une distraction ! répondis-je. Comment est-ce qu'elle peut être heureuse seule alors qu'elle est persuadée que papa va se réveiller un jour et dire : "Oooh, je crois que je suis encore amoureux de Sarah, adieu, femme actuelle !"

— Tu sais bien qu'il a agi sur un coup de tête, rétorqua Paul, l'air impassible.

— Bien vu, dis-je en tournant mon verre de vin. J'aimerais simplement qu'elle trouve quelqu'un d'autre. Je déteste la voir seule.

— Peut-être qu'elle ne veut pas se mettre en couple. C'est le cas de certaines personnes, répondit-il. Comme moi.

— Tu es toujours avec quelqu'un, le contredis-je. Je ne t'ai jamais vu sans une fille.

— C'est pas pareil, dit-il en reluquant la serveuse. J'aime avoir quelqu'un près de moi, mais pas question de me laisser passer la corde au cou. Je m'amuse. Quand ça manque de légèreté, je m'en vais.

— Et tu te demandes pourquoi je refuse de te laisser sortir avec Emelie ! m'écriai-je avec un regard sévère.

— Qui te dit que ça ne serait pas différent avec elle ?

Il s'amusait un peu trop de cette conversation.

— Je ne comprends vraiment pas comment on peut ne pas vouloir de relation stable. Ce n'est pas mieux d'avoir quelqu'un pour partager sa vie ? Quelqu'un que tu es heureux de retrouver le soir ? Quelqu'un qui fait de toi sa priorité ?

Je me penchai sur la table pour attraper une tomate cerise.

— Je suis ma propre priorité, dit Paul. Et je trouve toujours quelqu'un quand j'en ai besoin.

— Je ne parlais pas de la première fille qui répond à ton SMS du vendredi soir : « Qui a envie de baiser ? »

Il éclata de rire. Je grimaçai.

— Ce n'est pas toujours le vendredi, mais elles ont de la chance. Une sélection de la fine fleur de Londres, des filles triées sur le volet pour leur QI élevé et leur conversation de haut vol. Le tout livrable à domicile à toute heure de la nuit.

— Tu es écœurant, tu sais ?

Je récupérai ma salade. Au diable la maturité !

— Si tu le dis, marmonna-t-il en se jetant sur les restes de pizza de maman. J'essaie juste de te faire comprendre qu'on n'est pas tous comme toi. Tout le monde n'a pas besoin d'un copain ou d'une copine pour être heureux. On ne court pas tous après les 2,4 enfants et le pavillon en banlieue.

— J'aime avoir un petit ami, répondis-je sur la défensive. Il n'y a rien de mal à ça.

— Et il n'y a rien de mal à ce que maman veuille rester célibataire. Et il n'y a rien de mal à ce que je m'amuse jusqu'à ce que j'en décide autrement.

Après avoir fini la pizza, Paul s'essuya les mains sur son jean.

— Du moment que tu ne t'amuses pas avec ma meilleure amie, je m'en moque, décrétai-je en lui tendant une serviette. C'est cette attitude de : « Je reste tant que ce n'est pas compliqué » qui m'énerve. Une relation, ça ne marche pas comme ça, tu sais ?

Secouant la tête, Paul détourna son attention de la serveuse un instant. Il semblait sur le point de me donner une leçon de vie sur ce que lui avaient appris ses quelques années de flirt. Ou de roter.

— Je comprends, je te jure. On n'a pas eu le meilleur exemple parental, mais tu ne peux pas te promener en disant aux gens que ce qu'ils font est bien ou mal sous prétexte que toi, tu ne veux pas être seule.

— À t'entendre, je suis une extrémiste de la monogamie, me plaignis-je.

Il n'était pas question qu'il joue au psy avec moi. Ce n'était pas parce que je n'approuvais pas ses relations sensuelles et sans suite que j'avais un problème.

— C'est vrai que tu as tendance à marcher au pas, dit-il en se levant. Au moins, elle n'en est pas à son quatrième mariage. Tu y vas ?

— Bien obligée. Tu ne vas pas te défiler ?

On aurait dit que je l'avais pris la main dans le sac.

— Non, j'y vais. Tu as parlé avec Emelie ?

— Bien sûr que j'ai parlé avec Emelie, dis-je en plissant les yeux. Depuis quand est-ce que tu parles avec elle, toi ?

— Depuis la dernière fois, expliqua-t-il avec un geste d'apaisement. Tu te souviens, quand j'ai donné un coup de poing à ton copain ? On a discuté.

— Non, c'est parfait, dit maman en revenant à notre table. Oui, demain. Soyez bénie.

Elle me caressa les cheveux en s'asseyant, manquant de m'en arracher la moitié au passage. *Ouais, c'est ça, soyons tous bénis.*

Je vidai mon verre de vin et souris le plus sincèrement possible. Ce qui n'était sûrement pas génial.

— Tu as quelque chose à nous dire ? demanda notre mère.

— Paul a mangé toute ta pizza.

— Rachel pense que tu as besoin d'un petit ami.

— Les enfants ! soupira-t-elle en se massant les tempes. J'aurais dû avoir des chats.

— Je ne te le fais pas dire !

Paul leva son verre.

— Ou au moins t'arrêter après la première, renchéris-je. Ça aurait été beaucoup mieux.

Une fois que Paul eut fini de manger tous les desserts des autres et après avoir passé vingt minutes palpitantes dans le bus décidé à éviter tout contact visuel avec un clochard effrayant à chanter tous les morceaux de *La Petite Sirène*, j'arrivai enfin dans mon appartement vide. Emelie m'avait laissé un Post-it m'expliquant qu'elle était rentrée chez elle pour chercher des trucs dont elle avait besoin pour le boulot et qu'elle rentrerait tard. Le message de Matthew, plus difficile à déchiffrer, disait qu'il était rentré chez lui, mais que si j'avais besoin de lui, il me suffisait de l'appeler. En d'autres termes, il avait un rendez-vous, mais il ne savait pas comment me le dire. Il fallait bien que je me retrouve seule chez moi à un moment ou un autre.

Assise sur le canapé, je regardai l'écran noir de la télévision. Aussitôt, mon esprit se mit à vagabonder. Je me demandai ce que faisait Simon, comment j'étais censée payer le crédit toute seule, quand commençait mon prochain boulot, pourquoi je n'avais toujours pas acheté la carte d'anniversaire de Matthew pour samedi. Lorsque mon cerveau commençait à partir en vrille, il n'y avait qu'un seul moyen de l'arrêter. Ramassant mon sac du sol où je l'avais laissé tomber, je farfouillai à l'intérieur à la recherche de mon carnet de notes. Je devais à tout prix rédiger une nouvelle liste. J'avais tellement de choses à faire ! En fait, pas tant que ça. Sans petit ami, plus rien n'était obligatoire... à part ma liste de célibataire.

Comme je sentais arriver l'une des horribles baisses de moral annoncées par Emelie, avec une envie irrésistible d'appeler Simon pour le supplier de revenir, j'attrapai mon téléphone. Mes cheveux n'auraient pas supporté une deuxième folie. Après tout, il m'avait proposé de l'appeler en cas de besoin.

— Qu'est-ce qui se passe ?

Matthew répondit à la première sonnerie.

— Ma mère est une sorcière et mon frère un crétin.

— Tu ne devrais pas dire ça de ta mère.

— Elle va rejoindre un ordre, dis-je en tenant la liste devant moi. Mes doigts me démangeaient. Il fallait que je raye quelque chose.

— Je me suis fait virer aujourd'hui.

— Tu as enfin frappé Dan ?

— Non, j'ai traité le mannequin de garce nymphomane débile.

Je bâillai.

— Et c'est la vérité ?

J'entendis du mouvement derrière lui, des mots chuchotés qui ne m'étaient pas destinés.

— Oui, ce n'est pas le problème, répondis-je. C'est la faute de mes cheveux. Ils me poussent à faire des choses que je n'aurais jamais faites. Tu es avec quelqu'un ? Je te dérange ?

— Oui, mais c'est pas grave. Je peux parler.

Visiblement, il ne tenait pas à entrer dans les détails. Je n'insistai pas.

— Et tu oublies un point important, reprit-il. C'est bien toi qui as fait tout ça. Peut-être qu'au fond, tu as toujours été rousse. Tu as fait quelque chose de la liste aujourd'hui ?

— Non, avouai-je. Je voulais, mais entre le boulot et le dîner avec ma mère, je n'ai pas vu le temps passer.

— Il n'est pas encore trop tard. Va braquer le rayon alcool d'une supérette, plaisanta-t-il à moitié. Ça va ?

— Oui. Je vais peut-être faire un peu de shopping sur Internet, dis-je en sortant mon ordinateur portable que je posai sur mon ventre. Je n'ai toujours pas trouvé de robe pour le mariage de mon père. Et puis je ne dois porter que des robes à partir de maintenant. Et pas celles que j'avais jusque-là.

— C'est vrai que le tri de ton armoire a été radical, répondit-il. Mais vous, les femmes, vous n'avez absolument rien compris à Internet. Vous savez que ça a été créé pour le porno, pas vrai ?

— Et pour que ton petit ami t'humilie sur les réseaux sociaux.

— Aussi, admit-il. Rassure-moi, tu n'épies pas ses faits et gestes ? Fais confiance à un expert, ça n'en vaut pas la peine.

Les premières semaines après la rupture, Matthew n'avait pas détaché les yeux de son téléphone.

Il observait tous les changements de statut, les nouvelles photos, les commentaires laissés à des amis. Tout ce qui pouvait lui donner un indice de ce qui se passait dans la vie de Stephen dont il ne faisait plus partie. Il se faisait du mal par écran interposé. Ce n'était que maintenant que je comprenais cette attraction.

J'ouvris ma page Facebook, je plaçai le curseur dans la barre de recherche et saisis un nom.

— Tu sais ce qu'on pourrait faire ? Rechercher mon premier béguin.

À l'autre bout de la ligne, Matthew parut soudain plus enthousiaste.

— Oh oui ! Ce serait à la fois drôle et non violent.

— J'avais seize ans, me rappelai-je. Il s'appelait Ethan, il était beau et moi complètement dingue de lui. C'était à la fin des années 1990. Il jouait de la trompette dans cet orchestre auquel je participais pendant l'été.

Je l'entendis réprimer un gloussement. J'espérais que c'était moi qui le faisais rire et qu'il ne réagissait pas à autre chose qui se passait dans son appartement.

— Tu étais dans un orchestre ? Tu jouais de quoi ?

— Du violon. Très mal.

— Est-ce que ça dérangeait Ethan ?

— Ça ne m'a sûrement pas fait marquer de points. On aurait dit que j'égorgeais un cochon d'Inde. Je n'ai pas l'oreille musicale.

— Je sais, je t'ai déjà entendue chanter, rappela Matthew en bâillant derechef. Parle-moi de cet

Ethan. Je suis déterminé à te faire de nouveau rougir devant un garçon.

— Je suis censée rougir devant un type que je n'ai pas revu depuis douze ans ?

— Ça ne coûte rien d'essayer. Prends de ses nouvelles, flirte peut-être un peu avec lui en ligne. Facebook est fait pour ça.

— Je croyais que c'était fait pour que ton copain dise au monde entier que tu es une vieille sorcière et qu'il ne te cracherait même pas dessus si tu étais en feu ?

— Son nom de famille ?

— Harrison. Ethan Harrison, précisai-je en tapant son nom dans la petite fenêtre en haut de la page. Il était blond. Super beau.

— Comme moi.

Je ne répondis pas.

— Tu l'as embrassé ? Il t'a pelotée derrière le local à vélo ?

Je refusai de regarder la somme qui augmentait dans mon panier virtuel.

— Malheureusement non. Il ne s'intéressait pas à moi. Il pensait sûrement que j'étais un garçon. Pour être franche, j'en avais vraiment l'air. Ça a été assez traumatisant : je lui adressais des regards brûlants à travers les pupitres et j'écrivais son nom dans mes cahiers de musique.

— J'ai trouvé soixante-quinze mille Ethan Harrison, geignit Matthew. Tu ne peux pas être plus précise ?

— Ah oui, acquiesçai-je en observant la même page de recherche. Il est allé dans une autre école pour passer son bac et après j'ai entendu dire qu'il avait déménagé avec sa famille au Canada. Essaie ça. Quand il est parti, j'ai pleuré pendant un mois entier, allongée sur mon lit, à écouter « Eternal Flame » en boucle.

— Moi, c'était Ryan Smith, répondit Matthew. Un vrai voyou. Je n'arrive plus à écouter « My Heart will go on » depuis. Ça me brise le cœur. Tu cherches toujours ?

— Oui.

Il ne me restait que cinq possibilités. C'était plus excitant que je ne l'aurais pensé.

— Alors, c'est lequel ?

— Le plus beau, dis-je en cliquant sur la photo de mon béguin d'ado devenu adulte. C'est le plus sexy. Cheveux blond foncé, un labrador derrière lui, père de mes futurs enfants.

Il siffla dans le téléphone.

— Dis donc, tu avais bon goût quand tu étais ado. Il est canon ! D'habitude, je ne suis jamais d'accord avec toi.

— Qu'est-ce que je fais ? Qu'est-ce que je fais ? répétai-je tout en caressant l'écran.

— J'en sais rien, admit Matthew. Si tu étais gay, une photo obscène aurait suffi, en espérant qu'il t'envoie la sienne en retour.

Pas question de le laisser gâcher ce moment avec l'amour de ma vie.

— Tu es un vrai cliché ! Bon, partons du principe que je ne peux pas lui envoyer une photo de mes parties génitales. Qu'est-ce que je fais ?

— Une douche froide et au lit ?

Compte tenu des circonstances, ce n'était pas une mauvaise idée. Je me rendis compte que les points les plus vagues de la liste se révéleraient probablement décevants. Il fallait toujours définir clairement ses objectifs.

— Je lui envoie un message ?

À part cette photo, je ne pouvais rien voir de son profil, mais je lui avais déjà imaginé une vie. Comme il n'y avait que son chien et lui, j'avais décidé qu'il était célibataire et que le chien voulait dire qu'il était affectueux et aimait les activités de plein air. Aucun problème, je savais m'adapter. La tenue short/tee-shirt n'était pas très parlante et il s'était coupé les cheveux, étant donné que les cheveux devant les yeux n'étaient plus à la mode au XXIe siècle. Mais ses yeux étaient les mêmes. Son sourire aussi. J'eus une envie soudaine de griffonner « Rachel + Ethan » dans mon cahier et d'écouter « Hit Me Baby (One More Time) ». Je n'avais jamais acheté le single, bien sûr. Ni l'album. Hum hum.

— Tu as envie de lui envoyer un message ? demanda Matthew.

— Non, j'ai envie de l'épouser, répondis-je.

— Tu devrais peut-être attendre le deuxième message pour le lui dire, me conseilla-t-il.

J'étais encore en train de lui raconter les détails de la vie d'Ethan lorsque j'entendis une clé dans la serrure.

— Voilà Emelie, lui dis-je. Je ferais mieux d'aller mettre la bouilloire sur le feu.

— Je sais reconnaître quand on ne veut plus de moi, répondit-il. Tu te sers de moi, puis, dès que ta femme rentre à la maison, tu me jettes comme une vieille chaussette.

— Oh, retourne au scénario sordide sur lequel tu travaillais avant que je t'appelle, dis-je en riant. Salut, Matthew. Salut, inconnu sans nom et sans visage.

— Tu ne crois pas si bien dire. Mes amitiés à ta femme.

Il raccrocha.

Je refermai mon ordi et sortis la serviette en papier. Il fallait que j'en prenne soin. En deux jours, elle avait déjà l'air mal en point. En même temps, j'avais déjà accompli deux missions. Ma transformation était en bonne voie et j'avais retrouvé mon béguin.

— Em ? criai-je depuis le canapé. Qu'est-ce que tu fais demain matin ?

— Je dors, répondit-elle en se tenant au chambranle comme si elle allait s'effondrer. J'ai dû assister à cette réunion sur Kitty Kitty cet après-midi. J'ai cru que j'allais mourir. J'aurais accepté de créer des bombes Kitty Kitty s'ils les avaient peintes en Pantone 264 et avaient collé un chat dessus. Et toi ?

— J'ai traité un top model de garce nymphomane débile et j'ai été virée du plateau, dis-je en me plaçant de façon à mieux la voir.

Elle se retourna et disparut dans la chambre d'amis.

— Bon d'accord. Tu gagnes.

Chapitre 9

— Je n'arrive pas à y croire ! grogna Emelie, la tête entre les genoux tandis qu'elle s'étirait dans Regent's Park. Le sport est sur ta liste, pas sur la mienne.

— Tu es là pour me soutenir, lui rappelai-je. Et puis j'ai accepté de venir à ton gala de charité moisi demain soir, alors tais-toi et cours.

Elle me fit une grimace répugnante avant de me dépasser.

— Il n'est même pas encore 9 heures, tortionnaire ! Pourquoi la course à pied ? Tu n'aurais pas pu choisir un truc sympa et relaxant comme le yoga ?

— Au cas où tu l'aurais oublié, on a détruit ma réputation auprès de ma banque en moins de deux heures dimanche dernier, répondis-je. Et il a fallu que le charmant monsieur de Topshop appelle ma banque pour leur confirmer que c'était bien moi qui vidais mes comptes.

— Je n'ai jamais été aussi fière de toi qu'à ce moment-là, dit-elle en hochant la tête.

— Sois fière que j'aie déjà une paire de baskets et que ça ne nous coûte rien.

Elle secoua la tête.

— Très bien.

L'idée de courir ne m'avait pas emballée, mais je devais suivre la liste et c'était le seul sport qui ne coûtait pas une fortune et ne nécessitait pas de maillot de bain.

En définitive, cette course matinale dans Regent's Park se révéla très agréable. En règle générale, je n'étais pas du matin. Ni très sportive. Mais il fallait reconnaître que c'était assez plaisant. Tout Londres s'étendait devant nous, se réveillant pour une nouvelle journée d'été ensoleillée. C'était la troisième d'affilée : un vrai miracle. Évidemment, la météo prévoyait de la pluie la semaine suivante. Ma mère m'avait appelée pour me prévenir. Elle l'avait appris de la BBC et de son chaman.

Non, Rachel, ce n'est pas le moment de te demander si ta mère va finir dans les mines d'un culte comme celui du Temple maudit. *Il faut que tu te concentres sur le nouveau toi. Sur cette course merveilleuse. Dépoussière tout ça et fais circuler le sang.*

Le parc était vraiment magnifique : arbres, pelouse, le type loufoque qui promenait son chien auquel il fallait dire bonjour en chemin. Super. Si seulement tous les matins commençaient comme ça ! Désormais, ce serait le cas. La nouvelle Rachel était une adepte du jogging. Une rousse qui ne se laissait pas marcher sur les pieds et qui faisait des rêves pas très catholiques sur Ethan et elle dans la salle de musique.

— Au fait, mon frère m'a dit un truc bizarre, hier soir.

Je courus un peu plus vite pour rattraper Em. Pourquoi est-ce qu'elle était plus grande et plus sportive que moi ?

— On parlait du mariage de mon père, repris-je, et il m'a demandé si on en avait discuté toutes les deux.

— Bizarre, répondit-elle en accélérant un peu la cadence.

C'était marrant de courir. Bon OK, « marrant » n'était peut-être pas le bon mot.

— Peut-être qu'il croyait que tu avais oublié et que je t'y ferais penser, suggéra-t-elle.

— Peut-être.

Je commençais à avoir le souffle court. *Parfait. Il faut souffrir pour être belle.*

— J'ai simplement pensé que vous en aviez peut-être parlé vendredi soir, ajoutai-je.

— Ce serait plus logique, hein ? dit-elle en regardant droit devant elle, le visage dissimulé par sa queue-de-cheval qui valdinguait. Parce que tu ne risques pas d'oublier le mariage de ton père, si ?

— Pourquoi est-ce que tu te comportes bizarrement ?

Oooh, ça tire un peu trop. Pas d'inquiétude, ça partira en courant.

— Je ne me comporte pas bizarrement, répondit-elle en amorçant un sprint. Tais-toi et cours.

— Alors pourquoi est-ce que ta voix est si aiguë que le chien là-bas se bouche les oreilles ?

Mes mollets me brûlaient, mais je ne comptais pas abandonner. Ni la course ni cette discussion.

Em ralentit un peu jusqu'à ce qu'on soit côte à côte.

— C'est rien. Paul a simplement suggéré que je vienne au mariage.

— Pour *me* tenir compagnie ?

— Euh… c'est ça.

— Et est-ce qu'il a étendu l'invitation à Matthew ?

— Euh… non.

Je courus lentement en silence pendant quelques minutes. Mes muscles commençaient à se détendre. Em ralentit et se plaça derrière moi sans rien dire.

— Qu'est-ce que tu as répondu ? demandai-je après avoir été dépassée par un couple de retraités (pas du tout embarrassant…).

— J'ai répondu que j'irais, dit-elle calmement.

— Et tu y assisteras en tant que… ?

Je me concentrai sur le chemin devant moi. Tout à coup, les muscles qui s'étaient détendus me parurent un peu raides. Rien d'anormal, en somme.

— En tant que cavalière de Paul, répondit-elle. Il n'avait pas encore eu le temps de demander à qui que ce soit, alors j'ai dit oui.

J'ignorais si c'était à cause de la boule au ventre qui était soudain apparue ou de la douleur atroce d'une crampe, mais je me retrouvai assise par terre, sur le bord du chemin. Je saisis mon mollet gonflé en émettant des sons terrifiants. Ça, au moins, je savais que c'était dû à la crampe.

— Oh, merde ! s'exclama Em, qui se mit aussitôt à genoux devant moi. Masse-toi le mollet. C'est juste de l'acide lactique. Tu ne t'es sûrement pas assez échauffée.

— Tu vas vraiment au mariage de mon père avec mon frère ? demandai-je en pleurant. Tu as pourtant eu l'occasion de le rencontrer plusieurs fois.

— Sauf si tu me demandes de ne pas y aller. (Elle se prit la tête dans les mains.) Je n'ai pas réfléchi. Ça s'est passé après la bagarre avec Simon, il m'a demandé et j'ai dit oui. Je ne savais pas comment te le dire… Je ne suis pas douée pour ces choses-là, tu le sais. Je ne suis jamais tombée amoureuse, mais lui, je l'aime beaucoup. Et c'est une catastrophe parce que c'est Paul, mais… Je ne sais pas comment t'expliquer…

— C'est mon petit frère, gémis-je. Il est écœurant !

— Je sais, gémit-elle à son tour. Je vais annuler.

Tandis que la douleur commençait à se dissiper, je dévisageai ma meilleure amie. Elle semblait déçue alors que mon frère était un petit con. Pourquoi la vie me mettait-elle à l'épreuve ? Ça ne suffisait pas que mon ex m'ait déclarée ennuyeuse et m'ait larguée après une partie de jambes en l'air quelconque en subtilisant mon tube de dentifrice ? Il fallait en plus que mon frère me pique ma meilleure amie ? Je m'allongeai sur l'herbe, évitant de justesse une merde de chien soigneusement dissimulée. *Beurk*. Finalement, peut-être que courir n'était pas une idée si lumineuse que ça. Je me relevai et secouai la tête. Après tout, Em et Paul étaient adultes. Je ne pouvais pas leur interdire de se voir. Doux Jésus, ce mariage s'annonçait déjà assez barbant sans qu'en plus mon frère pelote ma meilleure amie sous mes yeux toute la journée. Tante Beverley allait adorer.

— C'est bon, n'annule pas, dis-je en faisant la moue. Je n'arrive pas à croire que tu aies un cavalier pour le mariage de mon père alors que moi, je suis seule. Tu n'as pas intérêt à dire : "Demande à Matthew." Ce serait pathétique.

Elle se jeta sur moi pour me serrer dans ses bras, folle de joie.

— Il y a des millions de personnes à qui tu pourrais demander !

— Il va bien falloir que je me décide rapidement, répondis-je.

Je me relevai en essayant de ne pas vomir. La crampe, les nausées causées à l'idée de voir mon frère avec ma meilleure amie : je m'en débarrasserais en courant… jusqu'au *Starbucks* pour noyer mon chagrin dans des muffins.

— Tu as une idée ?

— Des tonnes, répondit Em en me faisant signe de marcher.

Putains de jambes. Putain de sport. Putain de liste.

— Et si je t'emmenais dans un bar ce soir pour boire un verre ? Tu pourrais rentrer avec l'homme que tu veux. Ce n'est pas difficile de draguer, il faut juste être sûr de soi à cent pour cent. Évidemment, approcher un inconnu en lui disant : "Dis donc, tu veux être mon cavalier au mariage de mon père dans deux semaines ?" ne risque pas de l'emballer. Sauf si tu pimentes le tout avec des bas, un porte-jarretelles et quelques bons pour des pipes gratuites. Et même comme ça...

— Mais je l'ai écrit sur la liste ! gémis-je. Il faut que je le fasse.

— Comment ça se passe au fait ? demanda-t-elle. Pour la liste ? On en est où ?

Grimaçant, j'essayai d'accélérer un peu. Non. Finalement, je n'avais pas ça dans le sang. *Merde.*

— C'était génial dimanche dernier, répondis-je. Avec la nouvelle coupe, les vêtements et tout, je me sentais belle. Chaque fois que je mets mes nouvelles tenues, j'ai l'impression que oui, je suis capable de faire n'importe quoi. Je sais que ça peut avoir l'air stupide, mais je ne pense pas que j'aurais pu dire ses quatre vérités à Dan autrement. Oh, et j'ai retrouvé Ethan sur Facebook hier soir, c'était marrant.

— Il ne peut pas venir au mariage ?

— Ça va faire un peu loin pour lui, il habite à Toronto.

— Ah, un compatriote ! s'exclama-t-elle en resserrant son immense queue-de-cheval. Tu lui as envoyé un message ?

Je secouai la tête.

— Pour quoi faire ? La liste dit seulement que je dois le chercher. Et, pour tout te dire, un seul regard à sa photo m'a suffi pour retomber dans mon béguin d'adolescente. Je ne crois pas que je serais capable de lui parler. Et puis ce n'est pas comme si on était les meilleurs amis du monde. Ça ne serait pas bizarre ?

— Pas du tout ! Une petite romance virtuelle, c'est peut-être ce qu'il te faut, proposa-t-elle. Tu fais table rase sur le plan émotionnel et tu t'entraînes à flirter.

— Peut-être. (Je devenais douée pour rester évasive.) J'ai plein d'autres choses en tête, de toute façon. Il ne nous reste que dix jours pour me faire tatouer, sauter à l'élastique, enfreindre la loi, trouver un vrai cavalier pour le mariage de mon père, écrire une lettre à Simon pour lui dire que c'est une tête de nœud, acheter un truc hyper cher sans argent et visiter un pays dans lequel je ne suis jamais allée.

— Rien de radical, donc, dit-elle en piquant un sprint. On ferait mieux de s'y mettre.

Au bout de sept minutes de course, Emelie déclara qu'elle en avait assez. Nous quittâmes Regent's Park pour nous diriger vers l'arrêt de bus. Je n'avais rien contre cette idée ; je n'étais pas vraiment la coureuse-née que j'avais espéré devenir. Et puis la journée s'annonçait chargée. Il fallait s'occuper de la liste. Depuis que Matthew avait purgé l'appartement de la présence de Simon, il me paraissait incroyablement vide, mais, au moins, ça signifiait que je pouvais m'asseoir au bureau de la chambre d'amis sans trébucher sur ses baskets, une bouteille de vodka vide ou, pire encore, un caleçon sale. Pourquoi les hommes étaient-ils incapables de se servir d'un lave-linge ? J'avais entendu dire qu'à New York ils n'avaient même pas de machines à laver dans leur appartement. Je plaignais les pauvres filles qui sortaient avec des types qui allaient laver leurs caleçons au Lavomatic. Ils rampaient sûrement dans la rue tout seuls.

Ouvrant le rideau pour voir le soleil estival à l'extérieur, je posai ma liste, mon ordinateur et une tasse de thé fumante sur le bureau. Bon, je ne plaisantais plus. J'avais envie de m'attacher les cheveux et de mettre des lunettes… sauf que j'avais dix sur dix à chaque œil et que mes cheveux étaient trop courts pour les attacher.

— Alors, j'en suis où ?

J'examinai attentivement la liste. Non, pas de changement. En sirotant mon thé, je fis ma meilleure imitation de Carrie Bradshaw qui réfléchit et jetai un coup d'œil dans le jardin. Le but de cette liste était de me faire rattraper tout ce que j'avais manqué et de me prouver que le célibat avait du bon et pouvait m'ouvrir de nouveaux horizons. Pour le moment, ces dix commandements avaient vidé mon compte en banque, taché de rouge trois de mes oreillers et réveillé mon inconscient. Il s'agissait sans doute d'étapes importantes sur la route de la célibataire accomplie. J'ignorais ce qu'être virée pour la première fois de ma vie venait faire là-dedans, mais je pouvais sûrement en tirer une bonne leçon. Je voulais croire que ça voulait dire : « Ne te laisse pas marcher sur les pieds », mais en réalité, c'était plus probablement : « Ferme-la si tu ne veux pas finir ruinée et à la rue en six mois, pauvre folle. »

J'attrapai mon téléphone pour vérifier les appels manqués. Un de ma mère avec un gentil message vocal ; un de ma banque qui voulait sûrement me demander si je pensais que c'était une bonne idée de dépenser tout mon fric en une journée ; et trois de mon agent, le premier datant d'une heure après le scandale « AnaGate ». Je pouvais gérer la situation. J'étais une grande fille. J'avais ma vie bien en main. J'étais seule maîtresse de ma destinée. J'étais prête. Je pris une grande inspiration, une gorgée de thé, me promenai sur le site d'Asos, repris une grande inspiration et une gorgée de thé pour la route, avant d'appuyer sur « rappeler ».

Je raccrochai aussitôt et ouvris Facebook.

Le profil d'Ethan n'avait absolument pas changé en douze heures, mais, étant donné que je ne pouvais voir qu'une photo et qu'il vivait à Toronto, ce n'était pas très surprenant. L'icône « message » en haut à droite me faisait de l'œil.

— Vas-y, me murmurait-elle. De quoi est-ce que tu as peur ? Au pire des cas, il ne répondra pas. Au mieux, c'est l'homme de ta vie.

J'avais le doigt en suspens au-dessus de la souris sans fil. Un message. C'était juste un message. Combien en avais-je reçu d'anciens camarades de classe ? De camarades d'école primaire ? OK, je les avais jugés sans intérêt, mais je n'avais pas partagé un Twix avec eux lors du voyage pour aller voir l'orchestre philarmonique de Londres le 14 août, douze ans auparavant. C'était quelque chose d'important. Il s'en souviendrait sûrement. Il se rappellerait que j'étais assise de l'autre côté de bus, deux rangs derrière lui. Il ne penserait pas que j'étais cinglée. Mais, juste au cas où, je jetai un coup d'œil à mes photos sur Facebook et retirai tout ce qui n'était pas joli à voir. Adieu les photos d'Halloween où j'étais déguisée en Muppet. Adieu les photos où Matthew me portait sur son épaule. Adieu les photos de moi en bikini – il se ferait sa propre opinion en temps et en heure. Juste un message.

J'ouvris une fenêtre de discussion et tapai « Salut » en guise de sujet. Salut. C'était bien, non ? Ça n'avait rien de tordu. On ne pouvait pas m'accuser de harcèlement pour un simple bonjour.

Bon, passons au message.

« Salut, Ethan, commençai-je. Je ne sais pas si tu te souviens de moi, mais on faisait tous les deux partie de l'orchestre quand on était petits. »

— Pfff…

Efface, efface, efface. « Quand on était petits ? » « Parce que maintenant je suis une vieille bique dont personne ne veut, et j'en suis réduite à te traquer vu que tu es peut-être ma dernière chance. À part ça, ça va ? »

— Ils n'arrêtent pas de dire que Facebook brise des mariages dans le *Daily Mail*, me plaignis-je à voix haute. Pourquoi est-ce si difficile ?

Matthew avait peut-être raison ; des photos compromettantes étaient sans doute la solution la plus directe. « Salut, Ethan, mate un peu ça, c'est mes nichons. Bisous, Rachel. » C'était trop dur. Pas moyen d'envoyer un message sans passer pour une névrosée ou une moins que rien. En attendant d'avoir choisi mon camp, je ne quittai pas sa photo des yeux. Puis je fis défiler des photos de moi à côté pour voir. On allait bien ensemble. Ce serait une histoire marrante à raconter à nos petits-enfants, non ? Tu sais, avant que papi et mamie se marient, mamie s'est découpée dans une photo de mariage de son père où sa robe de demoiselle d'honneur ressemblait à une robe de mariée et s'est collée sur une photo de papi. Un jour, Simon m'avait dit que des tonnes de gars se servaient de Facebook comme site porno quand ils avaient « cinq minutes à eux ». Je ne savais pas ce qui était le pire : se masturber en regardant les photos de vacances d'une fille ou trafiquer des photos de mariage ?

Profondément honteuse, je décidai que c'était l'heure de la punition et m'emparai de mon téléphone.

— Veronica Mantle, répondit-elle aussitôt. En quoi puis-je vous aider ?

Oh, oh.

Je savais très bien que Veronica connaissait mon numéro. En six ans, son unique réponse à la vue de son écran d'affichage avait été : « Qu'est-ce que tu veux encore ? » ou : « Chérie, j'ai de très bonnes nouvelles ! » Alors, soit elle avait souffert d'un traumatisme crânien qui lui avait fait développer une nouvelle personnalité, soit c'était une farce. Dont j'étais le dindon.

— Veronica ? C'est Rachel.

Aucune réaction.

— Rachel Summers ?

— C'est impossible, répondit-elle. Elle est morte.

Je dirais même plus : *Oh, oh.*

— Euh, non, je ne suis pas morte du tout, rétorquai-je en m'efforçant de rire malgré ma nervosité. Mais, hier, j'en ai eu l'impression.

Mon rire avait des allures de gémissement.

— OK, dit Veronica, faisant fi de mon cri de détresse. Mais si Rachel n'était pas morte, elle m'aurait rappelée, depuis le temps. Ou elle aurait quitté le pays avant que je ne vienne la tuer.

Elle avait articulé si soigneusement les deux derniers mots que je me retournai sur mon siège pour vérifier qu'il n'y avait pas de tueur à gages à la Tarantino devant ma porte.

— Ouais, marmonnai-je en prenant une gorgée de thé pour me requinquer. Pas morte. On m'a juste laissée tomber.

— Je ne t'ai pas encore laissée tomber, rectifia-t-elle d'une voix un peu trop enjouée. Ah, ça, non ! Si je parle bien à Rachel et qu'elle n'est pas morte, je ne la laisserai pas tomber avant de l'avoir engueulée bien comme il faut, l'avoir fait pleurer comme un bébé et l'avoir vue me supplier de lui pardonner. Après, si elle a de la chance, je la laisserai tomber comme une vieille chaussette, et elle sera au chômage pour le restant de sa misérable vie, en espérant que la mort ne se fera pas attendre. Tu as une idée des moyens que j'ai dû employer pour limiter la casse après ton putain de pétage de plombs ? Du nombre de culs que j'ai dû lécher ? À un moment, j'ai même cru que j'allais devoir sucer la queue d'Ana pour la calmer ! Or elle n'en a pas, Rachel. Alors comment j'aurais fait, hein ? Dis-le-moi !

Veronica n'avait jamais mâché ses mots.

— Je n'en sais rien ?

— Alors, non, je ne t'ai pas encore laissée tomber et je te conseille de commencer à t'excuser tout de suite. Je te dirai quand tu peux t'arrêter, sale morveuse.

— Je voulais dire que Simon m'avait laissée tomber, murmurai-je. Et je suis désolée, vraiment, vraiment, vraiment, vraiment, vraiment…

— Quoi ?

Est-ce que m'interrompre dans mes excuses signifiait que je pouvais arrêter ?

— Rachel, qu'est-ce que tu viens de dire ?

— Que Simon m'a quittée ?

— Quand ?

— Samedi ?

— Et tu es allée travailler lundi ?

— Oui.

— Alors que tu savais que tu allais devoir travailler avec quelqu'un d'aussi con ?

De qui parlait-elle ? Dan ou Ana ?

— Oui.

— Dans ce cas, qu'est-ce que je peux faire pour toi aujourd'hui, ma belle ?

J'éloignai le téléphone de mon oreille pour vérifier le numéro. Avais-je rappelé ma mère par erreur ?

— Tu es sérieuse ?

Je ne jouais pas avec le feu, je voulais juste m'assurer qu'on ne m'avait pas tapé sur la tête et que je ne me retrouvais pas dans une sorte de paradis où tout devenait facile.

— Tu aurais dû m'appeler avant ! s'exclama-t-elle en baissant son volume sonore de onze à environ huit et demi, ce qui était bon signe. Et tu n'aurais pas dû aller travailler du tout. Mais comme c'est la première fois que tu fous en l'air une mission et qu'à partir de maintenant tu vas m'obéir au doigt et à l'œil, je veux bien fermer les yeux. Tu savais qu'elle se tapait Dan ?

J'arrêtai d'attendre que le canon d'un flingue apparaisse dans la boîte aux lettres et reportai mon attention sur mon thé.

— Oui. À eux deux, ils vont créer une nouvelle MST qu'ils pourront se refiler.

— En tout cas, tu peux le remercier, répondit Veronica. Il a réussi à la calmer. En temps normal, je te dirais d'envoyer des fleurs, mais dans son cas une boîte de capotes serait plus appropriée. Avec du fil barbelé pour plus de plaisir.

— Sympa.

Je frissonnai et croisai les jambes.

— Il faut aussi que tu te serves de ton coupon : « Allons nous bourrer la gueule, c'est moi qui régale. » Tu es libre aujourd'hui ?

J'avais vraiment un agent du tonnerre. Si elle n'avait pas conseillé à ma mère d'aller s'envoyer en l'air lors de la soirée d'anniversaire de mes vingt-cinq ans avant de chanter « I Touch Myself » au karaoké, je l'aurais même qualifiée d'amie.

Il était encore trop tôt pour recommencer à boire.

— Je ne me suis pas encore remise de ma cuite de samedi. Ni de celle de dimanche. Mais tu peux m'aider autrement.

— Aucun problème, tu sais que je peux faire assassiner n'importe qui, dit-elle en baissant la voix. Ça reste entre nous, bien sûr.

— J'étais persuadée que les gens se suicidaient à ta demande, dis-je en effleurant la liste pour qu'elle me porte chance. En fait, j'espérais que tu pourrais me trouver du boulot à l'étranger. J'ai vraiment envie de voyager un peu.

J'entendis les touches de son clavier cliqueter.

— Hmm… Ce n'est pas comme si je pondais les offres, tu sais ? Tu n'es pas très réputée à l'étranger. Et c'est rien que ta putain de faute.

— Je sais, répondis-je, en activant mon filtre à insanités. Mais j'ai vraiment envie de prendre le large. Peu importe qu'il s'agisse d'émissions, de photo, en studio ou à l'extérieur. Je m'en fous.

— Ça fait des années que tu n'as pas travaillé à l'extérieur.

Si elle n'avait pas été agent, Veronica aurait fait un mécano d'enfer. Elle était à deux doigts de me dire : « Et je n'aime pas l'allure de ce joint de culasse. »

— Dan a bien un boulot à Sydney dans deux semaines, mais il te fait la gueule. J'aurais pu tirer quelques ficelles et te mettre dessus, s'il t'avait choisie. Les monteurs l'adorent.

Oh, putain de merde.

— Donne-moi quelques jours, d'accord ?

Elle paraissait assez optimiste.

— Et en attendant, ajouta-t-elle, détends-toi. Sors, bourre-toi la gueule, baise avec n'importe quel mec ridiculement canon et trop demeuré pour te suivre jusque chez toi. Tu as choisi le bon moment pour être célibataire, Rachel. Les femmes ont des couilles, maintenant. Nous sommes les nouveaux hommes. Nous décidons quand, où, comment et avec qui. Pourquoi tu aurais besoin d'un copain si tu as bien plus de couilles que lui ?

Après avoir pris congé, je bus mon thé froid cul sec et passai le reste de l'après-midi à essayer de ne pas penser à la taille des couilles de Veronica Mantle.

Chapitre 10

Je sentis une main me taper sur la tête.

— Raaacheeel ! Debouuuut là-dedaaaans !

Aussi longtemps que je vivrais, je ne pardonnerai jamais à Matthew de m'avoir réveillée au milieu d'un rêve avec Ethan Harrison, un pupitre et des scènes qui auraient horrifié l'adolescente que j'étais, convaincue par sa mère que seules les femmes légères s'adonnaient à ces pratiques. Et à l'époque, « femme légère » voulait dire « un peu dévergondée ». Rien à voir avec Courtney Love ou les filles Hilton.

Je n'avais vraiment pas envie de me lever. Après avoir parlé à Veronica, j'avais passé le reste de la journée à m'activer : j'avais nettoyé mes placards et emporté tout mon bazar chez Emmaüs. Avec l'argent, je m'étais acheté trois pots de peinture et une variété de pinceaux et rouleaux au magasin de bricolage. Une fois à la maison, après avoir mis du scotch sur le chambranle de la porte, j'avais été trop fatiguée pour continuer. C'était la faute de la course à pied. Un vrai marathon.

— Il est quelle heure ?

— Presque 10 heures.

Il me prit mon oreiller des mains et s'en servit pour m'assener un coup sur la tête.

— Bouge ton cul. On doit y être à 11 h 30. C'était le seul horaire possible.

Au moins, Matthew m'avait apporté du café pour compenser sa violence. Je me redressai tant bien que mal et tendis les mains pour recevoir ma dose de caféine avant même d'avoir ouvert les yeux correctement.

— Très bon travail sur la dose de sucre, marmonnai-je en l'avalant.

— Comme c'est encore les premiers jours, tu as le droit de faire la grasse mat', dit-il en me traînant par le bras. Mais, je ne plaisante pas, on a vraiment rendez-vous.

— Il ne s'agit pas de me faire poser un horrible moyen de contraception, j'espère ? demandai-je en frottant mes yeux endormis. Où est-ce qu'on va ?

— Si je te le dis, ce ne sera plus une surprise, pas vrai ?

Il me prit mon café des mains et le leva au-dessus de sa tête.

Tricheur.

S'il y avait bien une chose que Matthew adorait, à part coucher avec des garçons, c'étaient les surprises. Il m'avait sortie du lit et avait arraché Emelie à son ordinateur, mais il refusait toujours de nous donner le moindre détail sur notre destination. Tout ce qu'on savait, c'était qu'il fallait marcher vingt minutes pour s'y rendre. Quand on s'arrêta devant de grandes portes en bois noir, j'étais tellement crevée que j'aurais tout accepté à condition de pouvoir m'asseoir.

Le hasard faisait bien les choses.

On se tenait devant une enseigne spécialisée dans l'art du tatouage.

— Vous plaisantez ? demandai-je en les regardant l'un après l'autre. Je dois le faire pour de vrai ?

— Bien sûr ! confirma Matthew en hochant la tête. Mais tu ne seras pas toute seule, on va se faire tatouer, nous aussi. J'ai réfléchi à cette liste et tu as tout à fait raison. Ça ne sert à rien de pleurer sur son sort. Alors, j'ai voulu t'aider. C'était la seule chose que je pouvais organiser aussi rapidement. Pour le saut à l'élastique, il faudra attendre quelques jours.

Je me jetai sur lui pour le serrer fort dans mes bras.

Je sentais toute l'excitation liée à mes cheveux refaire surface. Multipliée par un million.

— Si j'oublie que je vais sauter d'un pont avec une corde attachée aux chevilles, je suis super contente ! Je n'arrive pas à croire qu'on va se faire tatouer !

— Pourquoi est-ce qu'on doit y passer, nous aussi ? intervint Emelie, les mains fourrées dans les poches de son cardigan. Je ne supporte pas les aiguilles.

— Parce que c'est quelque chose qu'on doit faire ensemble, déclara Matthew en la forçant à se joindre à notre étreinte. Et parce que tu en as déjà un, de toute façon.

Elle lui répondit avec un doigt d'honneur.

— Alors, qu'est-ce qu'on se fait tatouer ? demandai-je.

D'un côté, je trépignais à l'idée d'entrer et de passer à l'action avant de me dégonfler, et de l'autre, j'étais terrifiée. Si Em réagissait comme ça alors qu'elle avait déjà un tatouage, ça devait vraiment être douloureux.

— On aurait dû choisir un truc vachement profond, un symbole fort, proposa Matthew. Comme le visage de James Franco. Mais mes talents artistiques se sont limités à ça.

Il sortit une feuille de papier sur laquelle étaient dessinées trois étoiles à cinq branches entrelacées avec de petits traits ondulés. Je ne trouvais pas de mot pour les décrire, mais c'était magnifique.

— Où ? demandai-je.

— Sur le torse, dit Matthew en posant sa main juste au-dessus de son cœur.

— Sur l'épaule, je suppose, soupira Em.

— Ah bon ?

J'essayai d'imaginer le dessin sur ma peau nue. L'épaule ne me plaisait pas.

— C'est moins aguicheur que le « Prends-moi » tatoué au bas des reins, dit Matthew en soulevant le tee-shirt d'Emelie pour révéler les lignes complexes d'un tatouage au bas de son dos. Tu vois ?

Elle tira d'un coup sec sur son haut jusqu'à ce qu'il recouvre l'espèce de culotte en jean qui lui servait de short.

— Va te faire foutre. J'avais dix-sept ans quand je l'ai fait. C'était la mode.

— C'est avec cette logique que les nazis sont arrivés au pouvoir, tu sais ? lança Matthew tout en détournant le regard. Allons-y.

— Ça fait mal ! gémit-il dix minutes plus tard. Je n'y arriverai pas.

Assise sur un tabouret dans un coin au fond de la pièce, Emelie ne disait rien. Tatoueur baraqué numéro un entamait sa troisième étoile. Matthew, lui, était allongé sur un lit au milieu, loin d'être silencieux.

— Ça fait vraiment très mal, se plaignit-il encore.

Tatoueur baraqué numéro deux soupira et retira son aiguille.

— Je t'avais bien dit que c'était une zone sensible. J'ai presque terminé. Laisse-moi finir, sinon je te tatoue « tapette » sur le front.

Serrant les dents, Matthew hocha la tête en bon soldat pour lui faire signe de continuer.

Je restai assise sur le lit sans rien dire, le laissant me broyer la main pendant que j'attendais qu'un des deux artistes termine. Pourquoi les boutiques de tatoueurs étaient-elles toujours peintes en rouge ? Et pourquoi les artistes avaient-ils toujours des coupes agressives ? Les murs étaient couverts de leurs œuvres. Apparemment, les tatoués de Londres affectionnaient les croix, les roses et les seins. Où se cachaient les mignons petits tatouages qu'on voyait sur les stars ? Est-ce que les murs étaient une sorte de test pour les gens qui voulaient un Titi sur la cheville ?

— Voilà, c'est fini, annonça Tatoueur baraqué numéro un à Emelie. À toi, maintenant.

— Lâche-moi, sifflai-je en essayant de me libérer de la poigne de Matthew avant de me diriger courageusement vers le tabouret.

Em se décala sur un siège vide à côté. Elle était un peu pâle, mais, au moins, elle n'avait pas hurlé de douleur. Contrairement à certains.

— C'est supportable, dit-elle en tressaillant tandis que le tatoueur pansait sa plaie à vif. Je m'attendais à pire.

Je lui expliquai alors ce que je voulais : le même dessin qu'Emelie et Matthew à l'intérieur de mon poignet gauche. Puis, je fermai les yeux quand je le vis saisir un rasoir jetable. Il l'aspergea d'antiseptique dessus et déballa ses outils. Aiguilles neuves. Encre neuve. Un énorme engin électrique vrombissant qui allait me marquer à vie.

Malgré sa boule à zéro et ses tatouages de femmes nues et de têtes de morts, il avait l'air très gentil.

— Respire ; ça va prendre une minute, me rassura-t-il avec un sourire. Promis, ce n'est pas si terrible que ça, à peine une égratignure.

— Ça va, répondis-je en essayant de ne pas prêter attention à mon cœur qui battait la chamade.

Je fermai les yeux très fort. Pour être franche, le rasoir me faisait plus peur que les aiguilles. Jusqu'à ce qu'il mette sa machine en route. J'avais l'impression d'être chez le dentiste. Il allait passer une fraise sur la peau délicate de mon poignet.

— Ça va aller.

Ce fut le cas pendant quelques secondes. Puis je sentis la piqûre, cette sensation indéniable qu'une aiguille me transperçait la peau. C'était donc vrai. Les tatouages n'apparaissaient pas sous la piqûre d'une défense de licorne. Merde.

— Comment tu te sens ? demanda Matthew.

Je n'entendais plus aucun gémissement de sa part. Il avait sûrement terminé.

Je hochai de la tête, incapable de parler. Ce n'était pas aussi agréable que de rester assise tout l'après-midi dans un salon de coiffure avec tout le personnel aux petits soins pour moi, mais j'étais en train de me faire tatouer. Moi. Il ne me restait plus qu'à répondre aux profs et à fumer en cachette aux toilettes.

— Bien, je vais profiter du fait que tu ne puisses pas bouger pour t'annoncer une super bonne nouvelle.

Oh, mon Dieu. Qu'est-ce que ça pouvait bien être ? Il déménageait à Mexico avec José. Il allait participer à *X Factor*. Il était enceint.

— Tu sais qu'Emelie et moi, on connaît ton mot de passe pour Facebook ?

— Laisse-moi en dehors de ça ! cria-t-elle à l'autre bout de la pièce.

Tatoueur baraqué numéro un n'eut pas l'air d'apprécier ces chamailleries dans sa boutique. Contrairement aux apparences, c'était un être délicat.

— Non, Matthew, je ne le savais pas.

Serrant les dents, je me préparai au pire. J'avais un mauvais pressentiment, qui n'avait rien à voir avec les aiguilles plantées dans ma peau. Je savais déjà ce qu'il allait me dire.

— Je n'ai pas fait grand-chose, promis. Rien qui ne serait arrivé de toute façon. J'ai juste accéléré le processus. Il se pourrait que j'aie envoyé un message à Ethan, lâcha-t-il en reculant pour rester hors de portée. En me faisant passer pour toi.

— Pour moi ? demandai-je d'une voix anormalement aiguë.

Après tout, se faire enfoncer des aiguilles dans la peau n'avait rien de normal.

— Qu'est-ce que tu as fait ? repris-je, furieuse.

— Rien. Je lui ai juste envoyé un message pour lui demander s'il était bien le Ethan Harrison avec qui tu allais à l'orchestre. Et, tu sais… « Salut ». C'est tout.

Je n'avais pas besoin de voir son visage pour deviner qu'il mentait.

— Quoi d'autre ?

— Rien. Je te jure !

— Matthew ?

— Rien. Mais, euh… il m'a répondu.

Tatoueur baraqué numéro un acheva son œuvre avec un sourire.

— C'est fini, dit-il en essuyant une goutte de sang et l'excès d'encre. Gardez-le propre, appliquez de la pommade antiseptique plusieurs fois par jour et tout ira bien. Maintenant, vous pouvez aller lui donner un coup de pied dans les couilles. Il l'a bien cherché.

Je le serrai dans mes bras pour le remercier. D'accord, c'était un peu exagéré, mais un trop-plein d'endorphines post-tatouage coulait dans mes veines. Si je m'étais sentie mieux avec une nouvelle coupe, avec un tatouage, j'avais une pêche d'enfer. Je comprenais pourquoi certaines personnes devenaient accro.

Après, je n'arrêtai pas de regarder la bande blanche à mon poignet. Matthew avait l'air très content de lui. Emelie, elle, semblait sur le point de vomir.

— Allez, viens, dis-je en passant un bras autour de sa taille pour la guider vers la porte.

— Ne vous inquiétez pas, je vais payer ! nous lança Matthew.

— Ah, ça, oui, tu vas payer, lui promis-je. Inutile de t'inquiéter sur ce point.

Quand Matthew nous rejoignit, on partit à la recherche de l'air le plus frais du coin pour ranimer Em. Je conduisis les grands invalides de guerre jusqu'à deux bancs libres devant le Tate dans le silence le plus total. Je n'avais aucune idée de quoi dire à Matthew. Je savais parfaitement ce que je voulais lui faire, mais lui dire ? Les trois tatouages avaient pris un peu plus d'une heure, et, le temps que nous atteignions South

Bank, le soleil était déjà haut dans le ciel derrière les monuments de Londres.

— Je n'arrive pas à croire que tu aies fait ça.

Les poings refermés sur mon pansement, je me concentrai sur l'excitation provoquée par le tatouage pour réprimer l'envie de meurtre que je sentais sourdre en moi.

— À quoi est-ce que tu pensais ?

Il haussa les épaules et s'assit près de moi tandis qu'Em s'installait toute seule sur le banc voisin.

— Tu sais bien que je ne réfléchis jamais quand il est question d'hommes. J'ai pensé que ça te ferait du bien. Il est mignon, tu le connais déjà, il habite à l'étranger. Tu peux flirter avec lui sans risque.

— Répète-moi exactement ce que tu lui as dit.

Je soupirai.

Il passa les jambes de l'autre côté du banc, manquant d'assommer Em au passage.

— Pas grand-chose. Les trucs habituels : ravie d'avoir de tes nouvelles, qu'est-ce que tu deviens, moi je fais ça, bla bla bla.

Il nous distribua des canettes de Pepsi light qu'il avait achetées en chemin.

— Tu n'as pas le droit aux « bla bla bla » quand tu pirates mon compte Facebook pour contacter des mecs, dis-je en plaquant la canette froide contre mon bandage. Qu'est-ce que tu lui as dit exactement ? Mot pour mot.

— Ce ne serait pas plus simple si tu le lisais ? suggéra Matthew. Je ne m'en souviens pas. Tu as un iPhone.

— Non. C'est toi qui vas le lire à voix haute. Comme ça, j'aurai les mains libres pour te frapper là où bon me semblera. J'en serai incapable si je tiens un téléphone et une canette. Et dépêche-toi, il ne fait pas chaud.

J'allai me blottir contre Emelie, toujours assise en silence sa canette sur les genoux.

— OK, dit-il en sortant son téléphone de la poche de son jean. Mais, avant de t'énerver, souviens-toi que j'ai fait tout ça pour toi.

— Oui, oui. Contente-toi de lire, lui ordonnai-je en serrant Em un peu plus fort.

Je jetai un coup d'œil de l'autre côté de la rive pour observer les allées et venues des bus sur fond de cathédrale Saint-Paul. Joli.

— « Salut ! Je ne suis pas sûre de m'adresser au bon Ethan Harrison, ça fait tellement longtemps ! Mais, si c'est bien toi, je suis Rachel Summers. On faisait tous les deux partie d'un orchestre quand on était ados. J'étais sur Facebook quand j'ai pensé à chercher ton nom. Si c'est bien toi, fais-moi signe. Ça me ferait plaisir d'avoir de tes nouvelles. Rachel. Bisous bisous. »

Matthew se fit un devoir de lire avec une voix de fille hilarante. Et l'effet fut, bien sûr, hilarant.

— Et il a répondu ?

— Oui. Tout de suite.

Il troqua sa voix de fausset pour un horrible accent canadien alors que :

1) il était assis à côté d'une vraie Canadienne ;

2) il savait parfaitement qu'Ethan avait grandi au beau milieu du comté de Surrey.

— « Salut, Rachel ! Oui, c'est bien moi ! C'est trop sympa d'avoir de tes nouvelles. »

— Pas la peine de marquer autant les points d'exclamation.

J'avais le cœur qui battait la chamade, je ne pouvais pas le nier. C'était Ethan Harrison, quoi ! Mon message avait fait plaisir à Ethan Harrison. Du moins, celui d'un gay de vingt-neuf ans qui se faisait passer pour moi.

— Comme tu veux. Je n'ai jamais vu un hétéro aussi excité par la vie. « Salut Rachel. Oui, c'est bien moi. C'est trop sympa d'avoir de tes nouvelles. Comment va ? J'ai essayé de te chercher une fois, mais je ne t'ai pas trouvée. Apparemment, il y a une tonne de Rachel Summers en Grande-Bretagne. Alors, qu'est-ce que tu deviens ? Mariée ? Des enfants ? Toujours dans le Surrey ? J'ai déménagé à Toronto après le bac à cause du boulot de mon père. La vie ici est géniale. Je suis prof de musique au lycée. Qui l'aurait cru alors que j'étais si nul à l'orchestre ? Lol ! »

— Lol ?

— Lol.

Hmm. Je n'étais pas sûre de vouloir que le père de mes enfants « lole ».

— Et il finit juste avec « Réponds-moi. Ça me ferait plaisir d'avoir de tes nouvelles. » C'est gentil.

— Je devrais jeter ton téléphone dans ce foutu fleuve.

Idéalement, il aurait fallu que j'arrête de sourire d'un air béat, mais on ne pouvait pas tout avoir.

— Vas-y, il faut que j'achète le dernier modèle, de toute façon, répondit-il en me donnant un léger coup de pied.

— Tu mérites d'être fusillé, lançai-je en soulevant le bord de mon pansement. Vous croyez que je peux déjà l'enlever ?

— Mais oui, ça fait longtemps, maintenant.

Ça ne faisait même pas une heure.

Matthew tira sur le col de sa chemise et ouvrit deux boutons stratégiques pour regarder le sien.

— Beurk ! Il a saigné.

— Femmelette !

Je tentai de ne pas frissonner en retirant mes propres bandelettes. Trois petites étoiles noires contrastaient contre ma peau blanche.

— J'arrive pas à croire qu'on a des tatouages ! m'exclamai-je.

— Ne m'en parle pas, répondit Matthew en replaçant son pansement. On devrait aller acheter du cidre et le boire dans le parc en fumant un paquet de Marlboro.

— Attention, les gars, je peux déjà barrer quatre points sur la liste ! Ça a été deux jours de folie.

— Trinquons, déclara Matthew en faisant claquer sa canette de Pepsi light contre la mienne. Tu te sens différente ? Maintenant que tu n'es plus qu'à deux tiers de la véritable célibataire ?

— Pour tout te dire, je me sens super bien ! lui dis-je. J'ai l'impression de pouvoir faire n'importe quoi.

J'avais mal au poignet. La tête qui bourdonnait. Je voulais regarder mon tatouage. J'avais un tatouage.

— Tu peux, répondit-il en me frottant le dos. C'est le but de cette liste, pas vrai ? Te faire ouvrir les yeux ?

— Oui, dis-je en hochant doucement la tête. Pour une fois que mes TOC remportent tous les suffrages, tu ne peux pas savoir à quel point ça me fait plaisir.

— Je ne pense pas que ce soit une bonne idée d'essayer de sauter à l'élastique du Westminster Bridge. Deux par jour, ça suffit, non ?

Matthew laissa son bras autour de mes épaules.

— Simon détestait les tatouages, dis-je. Il serait furax s'il voyait ça.

— Tu ne l'as pas fait pour lui, me rappela-t-il. Tu l'as fait pour toi. Parce que tu en avais envie. À partir de maintenant, tu prendras toutes tes décisions de cette façon. Souviens-t'en chaque fois que tu le regardes.

— Encore un truc à rayer de la liste !

J'étais folle de joie. En faisant très attention à mon poignet, je sortis la serviette abîmée, trouvai mon stylo noir et rayai soigneusement la mention « se faire tatouer ».

— Tu as aussi déjà retrouvé ton béguin, subi un relooking, et Emelie m'a dit que tu avais essayé le sport, dit-il en me décoiffant. Tu t'en sors pas mal.

— Toi aussi, lui répondis-je avec un petit coup dans les côtes. C'était qui, au juste, ton invité d'hier soir ?

Depuis l'affaire StephenGate, Matthew n'avait autorisé aucun homme à passer sa porte. Il était allé dans les appartements des autres, mais, psychologiquement parlant, il était incapable d'inviter quelqu'un chez Stephen et lui. Je le comprenais à présent.

— Juste un ami, dit-il en esquivant ma question. On s'occupera de mon cas quand on en aura fini avec toi.

— Eh bien, je suis 33,3 % plus célibataire que samedi, donc j'ai 33,3 % de temps supplémentaire pour m'inquiéter à ton sujet, rétorquai-je avec une certaine fierté. Mais on arrive aux plus durs. Il va falloir attendre demain. Em et moi, on sort ce soir pour un gala de charité. Elle m'a dit que je devais bien m'habiller. Ça prendra sûrement pas mal de temps.

— Ça m'a l'air difficile, répondit-il. T'habiller en fille, tu veux dire ?

— En fille. Et pas simplement enfiler une robe : ce soir, c'est la totale, confirmai-je en rangeant soigneusement la serviette dans mon sac. Em, tu es prête à rentrer ? Je sens qu'une tablette de Cadbury… Oh, putain, Matthew !

Sur l'autre banc, Em était avachie en avant, la tête entre les genoux et une flaque de vomi peu ragoûtante à ses pieds.

— Emelie ? Ça va ? m'écriai-je en bondissant à ses côtés. Em ?

Je m'agenouillai en prenant mille précautions pour éviter la flaque. Nouvelles chaussures en daim.

— J'ai vomi.

— Oui. C'est pas grave.

Je repoussai les cheveux de devant son visage. Il n'y avait aucune trace de vomi. C'était déjà ça.

— Baaah ! murmura-t-elle. Du vomi !

— Matthew ! criai-je en me retournant vers l'autre banc.

Un grand homme qui portait un short treillis m'avait remplacée. Il minaudait et essayait de donner un bout de papier à Matthew. Oh, mon Dieu. Ça aurait été très mignon si notre amie n'était pas en train de dégueuler devant le Tate.

— MATTHEW !

Gloussements, échange de papier et poignée de main gênée, suivis d'un regard assassin et de pas lourds dans ma direction.

— Quoi ? s'exclama-t-il en observant Emelie d'un air sceptique. Qu'est-ce qu'elle a ?

— Elle est malade, répondis-je en lui caressant les cheveux, une façon testée et approuvée dans le monde entier pour consoler une amie pleine de vomi. Il faut la ramener.

— Elle choisit bien son moment.

Il se baissa, la souleva et la balança par-dessus son épaule. Elle lui vomit aussitôt dans le dos.

— Génial !

Je lui emboîtai consciencieusement le pas, trottant derrière pour coiffer les cheveux d'Em en chignon.

— Et dire qu'elle n'est même pas bourrée !

Chapitre 11

— Je n'arrive pas à croire que tu m'aies entraînée là-dedans, dis-je en vacillant légèrement sur mes talons hauts. J'ai l'air ridicule.

— Tu es canon, rectifia Emelie. Maintenant, ferme-la, redresse le menton, gonfle la poitrine et suis-moi. Je vais te montrer comment on fait.

Après sa galette en public, Emelie avait passé deux heures dans ma salle de bains dont elle était ressortie toute fraîche, comme après une longue nuit de sommeil. C'était vraiment écœurant. Elle avait les cheveux soyeux et bouclés, la peau douce et parfumée et, une fois passée sous mes pinceaux experts, elle ressemblait à une déesse. Moi, j'avais fait de mon mieux. Mes cheveux roux étaient lisses et brillants. Je m'étais lâchée sur le maquillage… Enfin, j'en portais, quoi. Et j'avais enfilé mes chaussures à plateformes noires pour me sentir plus femme. Ça avait l'air de marcher. Il fallait admettre qu'on était jolies.

Elle battit des cils et força son accent pour s'adresser à un groupe de fumeurs élégamment vêtus qui se tenaient à l'extérieur du *Savoy*.

— Bonsoir. Vous avez du feu ?

Les trois hommes fouillèrent frénétiquement leurs poches sans quitter des yeux la robe rouge moulante d'Emelie. Quand l'un d'eux trouva enfin son briquet, il le brandit fièrement et poussa les deux autres hors de son chemin.

Elle plaça la cigarette entre ses lèvres et lui fit signe de l'allumer. La flamme révéla son maquillage parfait et il fut pris au piège. Ensorcelé.

— C'est la folie à l'intérieur, pas vrai ? Il fallait qu'on sorte prendre l'air. À force de transpirer, on est toutes… mouillées.

Je ne savais plus où me mettre. Elle n'avait pas froid aux yeux. Mais, au moins, ça marchait. C'était une sorte de gala de charité, une vente aux enchères d'œuvres d'art au profit d'une cause déprimante. Em avait fait don d'un dessin original de Kitty Kitty. N'ayant plus onze ans, j'oubliais parfois l'existence de Kitty Kitty. Pour moi, c'était le chat qu'elle dessinait au lieu de suivre les cours et que Matthew copiait dans des positions obscènes. Pour les adolescentes prépubères de Grande-Bretagne, des Pays-Bas, du Brésil et d'Allemagne, c'était la marque la plus en vogue. Plutôt impressionnant. Et avec tout l'argent qu'elle engrangeait, je pouvais lui piquer des robes de créateur pour des occasions comme celle-ci. Après avoir décidé que cette soirée était une mission, elle avait sorti les deux robes les plus moulantes de sa penderie et déclaré la chasse ouverte. On allait me trouver un cavalier pour le mariage de mon père au péril de nos vies. C'était un gala de charité, après tout ; un homme bien intentionné avec trop de temps et d'argent sur les bras aurait bien pitié de moi.

— Sortir ne m'a pas vraiment rafraîchie, en fait, annonça Em au groupe d'hommes. Ça vous dérangerait d'aller nous chercher un verre ?

Elle écrasa sa cigarette par terre avec un grand sourire. En partie parce qu'elle ne fumait pas, et aussi parce que, comme elle me l'avait expliqué en chemin, elle comptait simplement m'apprendre l'art de flirter. Son rôle était de faire du gringue à des proies potentielles. Le mien de me taire, d'être belle et de faire ce qu'elle me disait. D'après Meatloaf, le groupe de métal, c'est déjà pas mal de répondre à deux critères sur trois... La robe qu'elle avait choisie pour moi était vraiment magnifique. Quand elle me l'avait montrée, j'en avais eu le souffle coupé. De fines bretelles noires laissaient place à un décolleté plongeant qui devait être indécent sur Emelie. Comme je manquais d'arguments à ce niveau-là, je m'étais convaincue que cela me donnait une allure élégante. En tout cas, grâce au scotch double face, j'évitais de tomber dans le porno. La jupe, elle, était formée de drapés, juste assez courts pour éviter que je ne me prenne les pieds dedans avec mes chaussures compensées. Je devais éviter de boire trop. Ou pas assez. Je ne m'étais pas encore décidée. J'avais choisi un rouge à lèvres neutre et je m'étais soigneusement dessiné des yeux de biche à l'eyeliner – un maximum d'effet pour un minimum de retouches. Élégante, sans aucun doute.

Em, en revanche, n'avait rien d'élégant. Elle était à tomber par terre. Sa robe rouge sans bretelles épousait les formes de son corps comme si elle avait été créée pour elle. La jupe tombait jusqu'au sol en une cascade de plis délicats et suivait le moindre de ses mouvements. Une longue fente à l'avant révélait des kilomètres de jambes. Une touche de rouge à lèvres « Russian Red » de MAC illuminait son visage et elle avait réussi à dompter ses cheveux bouclés façon Veronica Lake. C'était ridicule. Si je ne risquais pas de la vexer, j'aurais dit qu'elle ressemblait à Julia Roberts dans *Pretty Woman* quand elle va à l'opéra, sauf qu'elle était deux fois plus belle et qu'elle donnait l'impression bien plus torride au pieu que les pros. C'était assez impressionnant.

Le propriétaire du briquet gagnant offrit son bras à Emelie.

— J'adorerais vous offrir ce verre.

Il rayonnait comme s'il avait remporté le gros lot. Ses amis acceptèrent leur défaite, se regardèrent, puis l'un d'eux s'approcha de moi.

— Enchantée, marmonnai-je, acceptant son offre que ça lui plaise ou non.

Après cinq minutes passées à fendre la foule à travers les portes de la salle de bal de l'hôtel, ayant perdu nos cavaliers, nous sommes allées vider quelques coupes de champagne à l'*open bar*.

— C'est incroyable, dis-je en regardant tout autour de moi avec de grands yeux. Pourquoi tu ne vas pas à ces réceptions tous les soirs ?

— D'habitude, on s'ennuie à mourir, dit-elle en acceptant un canapé à l'aspect douteux de la part d'un très beau serveur. Mais on devrait faire ça plus souvent. Des sorties entre filles. Tu ne risques pas de trouver l'homme de ta vie dans une *back room* de Vauxhall.

— Ne m'en parle pas.

Je frissonnai. C'était la première et la dernière fois que j'étais allée au *Fire Nightclub* avec Matthew. Surtout, je répète, surtout ne vous trompez pas de porte là-bas. C'est terrifiant.

— Je ne sais même plus à quand remonte notre dernière sortie de filles.

Em sirotait délicatement son champagne. J'essayai de ne pas siffler le contenu de ma flûte d'un coup. Même si c'était drôle, je ne me sentais pas du tout à ma place, et le meilleur remède, bien sûr, c'était l'alcool. Je suis certaine que Shakespeare avait dit quelque chose comme ça. Sûrement avec plus de mots.

— La dernière fois qu'on est vraiment sorties un samedi soir, c'était à Noël.

Elle caressa une mèche de mes cheveux qui dépassait et sourit avant d'ajouter :

— À cette soirée avec Matthew et Stephen.

Je lui rendis la pareille en effaçant une trace de fard à paupières sous son œil. J'étais perfectionniste.

— C'est pas possible ? Ça fait des mois ! On est allées au *Phoenix* depuis. Des tonnes de fois !

— Deux heures dans le sous-sol d'un pub une fois par mois, ça ne compte pas pour une sortie, expliqua-t-elle. Je ne me plains pas. Je sais que, quand on est en couple, on n'a pas envie de parcourir Londres de long en large en talons aiguilles alors qu'on pourrait être chez soi avec son copain en train de regarder une émission de télé-réalité. Mais, égoïstement, je suis contente que tu sois là. Tu m'as manqué.

Je n'aimais pas trop le tableau que me peignait Em. Je l'avais peut-être un peu mise de côté depuis quelques mois. Au début de ma relation avec Simon, on sortait très souvent, mais, dès qu'on a acheté l'appartement, j'ai commencé à hiberner. Sa présence constante, ces derniers jours, m'avait paru tellement naturelle. J'avais considéré son amitié comme acquise.

— J'ai été lamentable, gémis-je. Je ne te mérite vraiment pas. Je suis désolée.

Elle me prit dans ses bras et fit taire mes excuses.

— La ferme. Je serai toujours là pour toi. C'est vrai qu'on ne s'est pas vues autant que d'habitude, mais c'est la vie. Tu m'as toujours soutenue quand j'ai eu besoin de toi. C'est le plus important.

— Toi aussi, tu m'as manqué, répondis-je en l'étreignant à mon tour, un peu maladroitement. Je n'ai pas vu le temps passer, voilà tout. Mais, maintenant, tout a changé. J'ai l'impression d'avoir vécu comme une somnambule pendant deux ans. Si j'avais ouvert les yeux plus tôt, je n'en serais probablement pas là aujourd'hui.

— C'est bien de prendre du recul.

Emelie désigna deux types en costard au bar.

— Et eux, reprit-elle, ils ne sont pas mal non plus. Tu préfères quoi ? Blond ou brun ?

Je réfléchis. Ils étaient tous les deux séduisants ; le blond était grand et avait un visage taillé à la serpe, rasé de près. Le brun avait l'air du prof de géographie dont tout le monde tombait amoureux au collège.

J'avais la gorge sèche. Mes aisselles transpiraient. La combinaison parfaite pour draguer.

— Brun. Rappelle-moi ce qu'on fait ici, au cas où le sujet viendrait sur le tapis.

— C'est un gala de charité, toujours la même chose.

Elle hoqueta en vidant son verre de champagne avant d'en accepter un autre aussitôt. Je voulais lui dire de ralentir la cadence ; il était hors de question qu'elle dégobille dans le bus de nuit dans cette tenue.

— Pour les enfants, j'ai envie de dire.

— Tu es une grande philanthrope.

Je ne pouvais pas m'empêcher de regarder tous ces hommes séduisants autour de nous. Bon OK, le costard y était pour beaucoup. Ça rendait n'importe qui plus sexy. C'était un fait. Tout comme l'homme qui s'approchait de nous était indéniablement charmant. Le blond.

— Mesdames.

Il nous salua toutes les deux, mais avant même qu'il ait ouvert la bouche, je savais à qui il était venu parler. Je n'étais même pas blessée. À ce stade, j'en étais presque à ajouter un nouveau point à ma liste : « devenir lesbienne avec Emelie ».

— Vous voulez danser ?

En bonne amie qu'elle est, Emelie se tourna d'abord vers moi pour que je lui donne la permission avant d'accepter le bras tendu et de se diriger vers la piste de danse. J'attendis que le prof de géographie m'aborde, mais, au lieu de ça, il resta à quelques pas, le regard perdu à ma gauche. Et puis merde, qu'est-ce que j'avais à perdre ?

Je lui tendis la main en priant pour qu'il la serre. Il s'exécuta après quelques secondes de supplice.

— Salut ! Je m'appelle Rachel.

Il ne souriait pas, mais il ne m'envoyait pas non plus balader.

— Asher. Je suis désolé. Je déteste ce genre de soirées. Tim m'a forcé à venir ; sa femme est enceinte et elle ne se sentait pas très bien. Il ne voulait pas venir seul et j'ai horreur de porter un costume, d'autant que la journée a été longue et… enfin. Bref.

Comme par hasard, on était asociaux tous les deux. Rien de mieux qu'un peu de diarrhée verbale pour partir du bon pied.

— Qu'est-ce que tu fais dans la vie ? demandai-je en observant Tim marié et bientôt papa faire tourner mon amie sur la piste de danse.

C'est marrant, il ne portait pas d'alliance pour danser avec la plus jolie fille de la salle.

— Je suis prof de yoga. Ma tenue de travail habituel n'est pas un costard.

Il avait l'air bien plus à l'aise sur son terrain.

Je lui adressai un sourire encourageant en tâchant de ne pas l'imaginer dans la posture du chien. Le champagne me montait à la tête.

— Je suppose que non. Où est-ce que tu enseignes ?

— Oh, partout dans Londres, dit-il en attrapant une coupe de champagne sur le bar, dont il but la moitié en une gorgée. (*Bon garçon.*) Tu en fais ?

J'avais assisté une fois à un cours, et je n'avais pas voulu croire que les flexions étaient difficiles. Du coup, je m'étais coincé le dos.

— Ça m'arrive, mais je préfère la course à pied.

Je lui avouerais mon mensonge quand il me demanderait en mariage.

— Tu devrais venir à un de mes cours, suggéra-t-il en rougissant légèrement sous ses lourdes lunettes. (*Trop mignon.*) Un cours et tu ne pourras plus t'en passer.

Ma raison me dicta de glousser et d'accepter. Au lieu de ça, j'émis une sorte de grognement, rougis des pieds à la tête et vidai une flûte de champagne.

— Tu veux bien m'excuser un instant ? demanda Asher en reculant doucement. Je reviens dans une minute.

Mais bien sûr. Je le regardai qui courait presque vers la sortie. *Mais bien sûr.*

Au bout d'une minute, je commençai à me sentir un peu seule au bord de la piste de danse. Frottant mes bras nus, j'acceptai qu'on remplisse mon verre et décidai de faire le tour du proprio. Mon expérience des bals se limitait à ceux auxquels se rendaient Meg et Jo des *Quatre Filles du Docteur March* et aux adaptations de Jane Austen. Elles faisaient toujours un tour dans la salle. Évidemment, cette soirée n'avait rien à voir avec ce que je connaissais : pas de duel ni de Keira Knightley en vue.

Suivant un panneau portant l'inscription « Enchères silencieuses », je traversai un couloir sombre, mes talons s'enfonçant dans une moquette bien trop ordinaire. Comme j'avais déjà vidé trois verres de champagne gratos et soutiré un cours gratuit à un invité, je me sentais forcée de donner quelque chose. Mais ce n'était pas le genre de manifestation où je pouvais jeter un billet dans un panier à la fin de la soirée et j'étais à peu près sûre que personne ne vendait de billets de tombola.

La salle des enchères était presque vide ; seuls quelques participants à la fête jetaient un coup d'œil aux tableaux et aux photos, s'arrêtant de temps en temps pour écrire sur des morceaux de papier qu'ils glissaient dans des enveloppes à côté de chaque œuvre. Je m'arrêtai devant une photo en noir et blanc. Elle était magnifique. Un grand ciel nuageux au-dessus d'un désert avec une silhouette agenouillée dans l'angle gauche, le visage dans l'ombre. C'était l'un de ces moments rares où l'on est pris par surprise et qu'on ne joue pas la comédie. L'image était brute, franche, simplement unique. D'après le guide des prix, ils espéraient en tirer au moins 5 000 livres. Pas étonnant qu'il s'agisse d'enchères par écrit, pensai-je. Cette estimation avait sûrement pour but de m'empêcher de crier : « Putain, combien ? »

— Ça te plaît ?

J'étais tellement estomaquée par le prix de la photo que je ne l'avais pas vu arriver. Et de toute façon, quand bien même je l'aurais vu, je n'aurais sans doute pas reconnu Dan en costume. Waouh ! Je ne l'avais jamais vu autrement qu'en jean et tee-shirt. La transformation était saisissante. Le noir intense du costume contrastait avec le blanc étincelant de sa chemise, faisant ressortir son léger hâle, et sa tenue, parfaitement coupée, détonnait avec ses cheveux bruns frisés un peu trop longs. Il n'était pas si mal que ça. Grand, carré, avec de beaux yeux bruns…

— Je l'adore.

Si quelque chose pouvait détourner mon attention de la photo, c'était bien lui. Je sentais des palpitations au creux de mon ventre. Pourtant, c'était Dan. Ça ne pouvait pas être des papillons… plutôt des mites.

— Qu'est-ce que tu fais ici ?

— Bonsoir à toi aussi, répondit-il. Je travaille avec l'association. Je suppose que tu es venue avec Emelie ?

Bon, d'accord, ça n'avait pas été très poli de ma part, mais il m'avait prise par surprise.

— Oui, comment tu le sais ?

— Parce que c'est moi qui l'ai mise en rapport avec l'association. Je la lui avais fait connaître après ton anniversaire, il y a deux ans.

Aucune réaction.

— Au karaoké, tu te rappelles ?

Aucune réaction.

— *Karaoke Box* ? Smithfield ?

— Aaaah !

Ça avait enfin fait tilt. Il avait une très bonne mémoire.

— Quoi qu'il en soit, ajoutai-je, c'est une belle photo.

— C'est une de mes préférées. Tu étais là quand je l'ai prise, tu ne t'en souviens pas ?

Il me tendit un programme sur une petite carte rigide. « Série Désert numéro 4, Daniel Fraser ». C'était sa photo.

— Oh mon Dieu, si !

Je la regardai de nouveau. Et dire que le photographe n'était autre que Dan !

— Au Maroc, c'est ça ? Il y a quoi ? Quatre ou cinq ans ?

— Quatre ans, confirma-t-il en hochant la tête. Tu es très belle ce soir, soit dit en passant. Je n'étais pas sûr de t'avoir reconnue.

— Pareil.

Je ne savais pas quoi faire. La dernière fois qu'on s'était vus, on s'était engueulés. Et il y avait eu le crime effroyable des Monster Munch. Je m'en voulais encore.

— Bon…

— Bon…, répéta-t-il en me prenant par le bras. On va se dégourdir les jambes ?

C'était la deuxième fois en deux jours que j'étais persuadée qu'on allait me tuer. Quand j'avais un copain, il pouvait se passer des semaines voire des mois sans que je redoute un homicide. J'espérais qu'il s'agissait de cafouillages liés à cette période transitoire et que ça ne faisait pas partie intégrante de la vie de célibataire. Nous avons quitté la galerie en silence, monté un escalier gigantesque et nous sommes arrêtés au niveau d'un balcon qui surplombait la salle de bal. Ouf, des témoins ! Je repérai aussitôt Emelie avec sa robe rouge. J'étais tellement fière d'elle ; elle avait l'air de s'amuser comme une folle.

— On a le droit d'être ici ?

Mal à l'aise, j'observai les alentours. J'avais une peur compulsive de m'attirer des ennuis et le balcon était plongé dans l'obscurité, la seule lumière provenant de la salle en contrebas. Nous n'avions sans doute pas le droit de nous trouver à cet endroit.

— Moi, oui, mais toi, c'est moins sûr.

Heureusement, au son de sa voix, je compris qu'il plaisantait.

— Je ne me souviens pas d'avoir vu ton nom sur la liste des invités, ajouta-t-il.

— Je suis avec Emelie, lui rappelai-je. J'y suis, mais sous mon autre nom : et invité.

— Donc, tu n'hésites pas à te faire passer pour une lesbienne pour t'incruster dans des soirées et me voir, mais tu es incapable de finir un boulot ?

Je supposai qu'il n'était plus en colère contre moi.

— J'aimerais m'excuser pour lundi.

Respire profondément, fais-lui des excuses sincères, supplie-le de t'emmener avec lui à Sydney et reprends un peu de champagne. Tu peux le faire, Summers.

— Je n'ai pas compris ce qui se passait. Quand elle a ouvert la bouche, j'ai vu rouge.

— C'est ce que j'ai cru comprendre, répondit-il en attrapant une mèche de mes cheveux qu'il fit glisser entre ses doigts jusqu'aux pointes. Ce sont les cheveux roux qui t'ont rendue folle ou la folie qui t'a rendue rousse ?

Quand ils retombèrent dans mon cou, un frisson me parcourut l'échine avant de remonter.

— Les dix commandements de la célibataire m'ont rendue rousse.

Parfois, j'avais envie de me mettre des claques. Dan ne me faisait aucun effet. Dan Fraser faisait de l'effet aux mannequins et aux petites connes. Je ne correspondais à aucune de ces catégories. Normalement.

— Comme tu t'en es sûrement déjà aperçu, j'ai du mal à me remettre sur pied, alors Emelie et Matthew ont établi une liste pour… Mon Dieu, ça paraît vraiment débile quand je le dis à voix haute.

Il se tourna pour s'accouder à la rampe et haussa un sourcil, très Roger Moore. Ça allait bien avec le costume.

— C'est une liste pour m'aider à découvrir les joies du célibat, avouai-je avant que je n'aie pu m'en empêcher.

C'était donc pour ça que James Bond séduisait autant de femmes ! Tout était dans le costard.

— Explique-moi, s'il te plaît.

Aucun problème. J'allais le laisser se moquer de moi pendant cinq minutes, puis il me proposerait le boulot à Sydney et tout rentrerait dans l'ordre. La dignité, c'est surfait de toute façon.

J'observai ma manucure faite à la va-vite en parlant, et résistai à l'envie de gratter mon vernis déjà écaillé.

— Je n'ai jamais joué à la fille seule en ville. Je ne savais pas trop quoi faire quand Simon… quand Simon m'a larguée, quoi.

J'avais encore beaucoup de mal à le dire.

— Et je passe mon temps à rédiger toutes sortes de listes, ajoutai-je. D'où l'idée d'en faire une pour me faciliter le célibat.

— Et qu'est-ce qu'il y a sur cette liste miraculeuse ? me demanda-t-il très sérieusement. À part un changement de coupe radical et un abandon de poste ?

— En fait, l'abandon de poste n'était pas sur la liste.

Je la sortis de mon petit sac de soirée brodé de perles. Je ne pensais pas que j'en aurais besoin, mais, à cause d'un nouveau TOC, je me sentais forcée de l'emmener partout. C'était mon doudou, tout petit, très fragile, et sur le point de tomber en lambeaux.

— Tu vois ? Relooking, sport, saut à l'élastique ou quelque chose dans le genre, tatouage, cavalier pour le mariage de mon père, acheter un truc égoïste à un prix exorbitant, écrire une lettre à mon ex, retrouver mon premier béguin, enfreindre la loi.

Il me prit la serviette des mains pour l'examiner un instant. Pendant ce temps, mon cœur sembla s'arrêter de battre. Puis il me la rendit.

— Tu comptes vraiment sauter à l'élastique ? demanda Dan, l'air peu convaincu.

Ou mourir.

— Ou un truc dans le genre.

Je rangeai la liste en lieu sûr avant de reporter mon attention sur James Bond que je m'apprêtais à supplier.

— Je discutais avec Veronica et elle m'a dit que tu partais pour Sydney, commençai-je.

— Oui, le week-end prochain. C'est vraiment terminé avec Simon ? Ce n'est pas une pause, vous n'allez pas vous remettre ensemble ?

Dan avait les yeux plongés dans l'obscurité au-delà du balcon.

Me demander jusqu'à quel point j'avais été larguée n'aidait pas mes tentatives pour être plus gentille avec lui.

— Absolument, confirmai-je. Merci de t'en assurer.

— Mais tu n'es jamais célibataire, murmura-t-il. Je te connais depuis six ans. Tu n'as *jamais* été célibataire.

Sans la lumière de la salle de bal pour l'éclairer, je n'arrivais pas à distinguer son expression sans le dévisager. C'est ce que je fis.

— Il y a un début à tout, répondis-je. C'est toi, le célibataire professionnel. J'aurais peut-être dû venir te demander conseil ? D'après toi, c'est quoi la clé pour survivre au célibat ?

— Je te déconseille vivement le célibat, rétorqua-t-il aussitôt.

Silence gêné.

— J'ai peut-être besoin d'être seule pendant quelque temps, répondis-je, dix fois plus mal à l'aise qu'au bar. Puisque je ne l'ai jamais été.

Il se tourna pour me faire face. Son sourire légèrement moqueur était de retour.

— Je te donne une semaine. Je te connais. Tu n'es pas le genre de fille capable de rester seule très longtemps.

— Merci pour la confiance ! m'exclamai-je en frottant mon tatouage. Je me suis déjà fait rembarrer ce soir et je dois absolument trouver quelqu'un pour m'accompagner au mariage de mon père. Je ne suis pas censée fuir les gens cool avec toi.

— On n'est pas cool, nous ? demanda-t-il en prenant mon poignet dans ses mains. Je n'arrive pas à croire que tu te sois fait tatouer ! Tu en es où dans cette liste ?

— Hmm… Relooking, sport, tatouage, béguin, c'est fait.

Je comptais dans ma tête avant d'ajouter :

— Quatre en moins. Il en reste six.

— Béguin ?

Il traça les contours de l'encre sur mon poignet. Encore un frisson. *Oh, putain, non. Pas question de ressentir des trucs de fille pour Dan, même après trois verres de champagne et quelques légères caresses.*

J'avais la voix qui tremblait sans le vouloir. Satanés ovaires qui ne me demandaient pas mon avis.

— C'est un ancien camarade de classe. Je l'ai retrouvé sur Facebook. Il habite au Canada.

— Ah, d'accord.

J'essayai de nouveau de repérer Emelie dans la foule, mais elle n'était plus sur la piste de danse.

Et son Tim, l'homme-marié-bientôt-papa non plus. Pas idéal.

— Ton père ne s'est pas déjà marié l'année dernière ? demanda Dan en s'accoudant au balcon à côté de moi.

Il était si près que je pouvais sentir son shampooing. C'était bien de sa part de s'être lavé exprès… pas que je pense à lui sous la douche !

— Ou l'année d'avant ?

Je lui donnai cinq points pour s'en être souvenu.

— L'année d'avant. C'est régulier, comme les années bissextiles.

— Tu n'as pas pensé à me le proposer ?

Je souris en secouant la tête.

— Si.

— Mais ?

Il dégageait de la chaleur. Comment était-ce possible ? Je gelais sur ce balcon !

— Mais tu sors avec Ana.

En six ans, c'était la première fois que je voyais Dan ne pas savoir quoi dire. Ça devait être la pleine lune. Ou la Saint-Glinglin. Ou l'apocalypse.

— Je sors avec Ana, répéta-t-il au bout d'un moment. Donc, bien sûr, tu n'as pas osé me le demander.

— Et aussi parce que, la dernière fois qu'on s'est vus, tu m'as virée et que j'ai piétiné tes Monster Munch, dis-je en penchant la tête sur le côté. Et c'est un euphémisme.

— Mais tu m'aurais proposé si on n'était pas ensemble ?

— En dernier recours, oui.

— Va te faire foutre.

Il ferma les yeux et sourit. *Espèce de petit prétentieux.*

— Un vrai séducteur.

En dessous, j'aperçus Emelie retourner sur la piste en dansant, sans le type marié qui l'accompagnait tout à l'heure.

— Je suis Lion, dit-il en levant les bras. Pas ma faute.

— Je suis Vierge, renchéris-je. Pas ma faute.

— Le plus beau signe du zodiaque.

Pour la première fois de la soirée, Dan se tourna vers moi pour me regarder droit dans les yeux. Il replaça une mèche de cheveux derrière mon oreille et posa la main sur ma joue.

— Cette couleur te va très bien.

— Je suis maquilleuse, non ? Je suis censée me soucier des couleurs.

J'essayais de me moquer de ses compliments à la noix, mais je n'arrivais pas à penser à autre chose qu'à sa main sur ma joue. Il avait la peau chaude, mais la mienne brûlait.

— J'aurais fait un très bon maquilleur.

Il laissa retomber sa main. Finalement, j'aurais peut-être préféré qu'il ne bouge pas.

— Ce n'est pas comme si tu étais un mauvais photographe.

Revenons à nos moutons. J'essayai de parvenir à mes fins et ce n'était sûrement pas dans le lit de Dan.

— Mais le maquillage est la seule profession qui t'aurait permis de rencontrer plus de femmes.

Il m'observa intensément à travers ses mèches bouclées. Son sourire avait disparu.

— Tu me prends pour un gros obsédé, c'est ça ?

Je voulais répondre « non », parce que c'était ce qu'il attendait. Vraiment. Même si ça me faisait un peu culpabiliser.

— Je ne te prends pas pour un *gros* obsédé.

Après tout, la diplomatie était le nom qu'on donnait aux mensonges acceptables en société.

— Juste pour un obsédé normal ?

— Je pense surtout que tu dragues tous les mannequins et que tu es « sorti » avec un paquet de femmes passées derrière ton objectif.

Je mimai les guillemets avec mes doigts, ce qui me valut un regard assassin.

— Lion, comme je le disais. Je ne peux pas m'en empêcher.

J'essayai de m'adosser contre le balcon à côté de lui sans exhiber ma petite culotte au parterre de danseurs.

— Je suis à peu près sûre qu'on ne peut plus mettre son comportement sur le compte de son signe astrologique après trente ans. Tu es ce que tu es.

— Et toi, qu'est-ce que tu es ? demanda Dan. À part une garce pleine de TOC qui n'arrête pas de juger les autres ?

Nous revoilà sur les rails. Génial.

— À part ça ?

— Oui, à part ça.

Je regardai Emelie danser quelques mètres plus bas et rigoler en passant de bras en bras. Je n'arrivais pas à comprendre comment personne n'avait réussi à la convaincre de se mettre en couple jusqu'à présent. Elle avait l'air de s'accommoder parfaitement de son célibat. Ça avait peut-être vraiment des avantages, après tout.

— Je ne sais pas ce que je suis. Je suis douée pour mon boulot. Contrairement à ce que tu pourrais croire, je suis une bonne médiatrice. Je connais les paroles de toutes les chansons des Destiny's Child.

Je frottai mes bras nus. Tout comme la lumière, quelqu'un avait oublié d'allumer le chauffage.

— Je veux fonder une famille, ajoutai-je. Je veux un chien. J'ai toujours froid. Quand je bois plus de trois verres de whisky, je peux réciter tous les dialogues de *Qui veut la peau de Roger Rabbit.* Qu'est-ce que tu veux savoir de plus ?

Il retira sa veste pour la poser sur mes épaules.

— On oublie trop souvent *Qui veut la peau de Roger Rabbit.* C'est mieux comme ça ?

Je nageais dans sa veste qui était encore chaude, mais, pour être franche, j'étais plus réchauffée par le geste que par la veste en elle-même.

Je passai les bras dans les manches et regardai mes doigts en dépasser avant de les laisser retomber.

— Beaucoup mieux. Merci.

— De rien.

La musique, si forte au rez-de-chaussée, ressemblait à un écho sur le balcon, un tempo qui comptait les secondes de silence entre nous.

— C'est vraiment une belle photo, dis-je pour meubler. Dans la galerie.

Il accepta le compliment avec un signe de la tête plein de grâce.

— J'aime mon métier. Les photos de magazines paient les factures, mais c'est ça qui me plaît vraiment.

— Ouais, moi aussi, j'adore travailler pour l'édition, acquiesçai-je. Je vais commencer à me tourner davantage dans cette direction.

Sydney. Je dois le convaincre de m'emmener à Sydney.

— En parlant de ça, pour le boulot de Sydney…

J'étais prête à disserter sur toutes les raisons pour lesquelles il devait m'embarquer avec lui en Australie, quand je sentis ses doigts effleurer mon épaule. Je regardai d'abord sa main, puis son visage, puis de nouveau sa main, et encore son visage. Il ne souriait plus. Il avait les lèvres légèrement entrouvertes et les yeux rivés aux miens, comme pour me demander ma permission. Ne sachant pas quoi dire, je me mordis les lèvres et restai complètement immobile. Prenant mon silence pour un « oui », il me saisit la main. Je m'agrippai à la balustrade tandis que son autre main se posait sur ma joue. C'était très bizarre. Quand il se pencha vers moi, je reculai d'un pas, rompant tout contact avec lui. Les yeux baissés, il pressa ses mains sur ses cuisses.

— Qu'est-ce que tu fais ? demandai-je, après avoir mis suffisamment de distance entre nous.

Il frappa le poing contre la solide balustrade en chêne.

— Rien, répondit-il, reculant à son tour. C'est tout moi. Je ne peux pas m'en empêcher, tu sais ?

Je retirai sa veste et la jetai dans sa direction avant de me retourner et de courir vers l'escalier. Je ne pouvais pas rester là. Je pouvais tout faire. Peu importe de quoi il s'agissait. *Adieu, Sydney,* pensai-je en dévalant les marches jusqu'en bas.

Quel connard! Et moi qui pensais avoir tout gâché en lui criant dessus! Tu parles.

— Ah, tu es là! m'accueillit une Emelie complètement bourrée.

Elle n'avait pas les yeux en face des trous, mais, grâce à la télépathie des meilleures amies, elle comprit que je n'étais pas dans mon état normal.

— Qu'est-ce qui ne va pas? Tu veux partir?

J'attrapai une dernière coupe de champagne et la bus d'un trait.

— Oui, je te raconterai plus tard. Il faut juste que je passe aux toilettes.

Hochant la tête, Em me désigna le couloir.

— Je vais appeler un taxi, dit-elle en fouillant dans son sac à la recherche de son téléphone. On ne sortira pas vivantes du bus de nuit dans cet accoutrement.

— Ou on se ferait beaucoup de fric, dis-je en essayant de me calmer. Mais je ne tiens pas vraiment à écrire « pute de luxe » sur ma déclaration d'impôts l'année prochaine.

— Complètement dépassé! acquiesça Em.

Après m'être assurée qu'elle plaisantait, je me précipitai vers les toilettes, impatiente de me débarrasser de cette robe et d'enfiler mon pyjama pour me mettre au lit, me réveiller le lendemain matin et faire comme si cette soirée n'avait jamais eu lieu. Mais, évidemment, ça aurait été trop facile.

— Raq... Rachel?

Ana me dévisageait devant la porte des toilettes. Elle me dépassait d'une tête, mais elle avait manifestement peur de moi, ça faisait bizarre. Elle était ici ? Elle avait été là pendant la scène de drague avec Dan ? Quel minable ! Dès qu'il s'engageait un peu sérieusement, il se sentait obligé de tout gâcher en se ruant sur la première fille célibataire venue. Non, en fait, je lui attribuais trop de mérite. Il se ruait sur la première fille venue, peu importait si elle était en couple.

— Bon, très bien, dis-je, plus pour moi-même que pour Ana. Je m'excuse pour l'autre jour ; j'ai complètement dépassé les bornes. Maintenant, il faut vraiment que je fasse pipi. Je peux passer, s'il te plaît ?

Elle se plaqua contre le mur pour me laisser de la place. Un tank et un bus à étage auraient pu se croiser sans problème.

— Merci, marmonnai-je. Dan est à l'étage.

— Je sais que tu es jalouse, dit-elle quand je fus à quelques mètres. De Dan et moi. Avec ton histoire à deux balles de : « Plaignez-moi, on vient de me larguer. »

Je m'arrêtai net et me retournai lentement.

— Tu es sérieuse ? Tu crois vraiment que je suis jalouse de Dan et toi ?

Les deux filles près des lavabos arrêtèrent de parler et se mirent à se laver les mains au ralenti.

— Je le sais ! s'exclama-t-elle en faisant la moue. Il est tout le temps en train de parler de toi. Il t'obsède. C'est triste.

— Il est tout le temps en train de parler de moi et c'est moi qui suis obsédée ?

Même pour Ana, ce n'était pas logique.

— Ana… Dan et moi, on est amis, expliquai-je patiemment.

Veronica m'avait pardonné une fois ; ça ne se reproduirait pas. Je ne pouvais pas me permettre de perdre mon sang-froid.

— On est amis depuis des années, repris-je. Lundi, j'étais à fleur de peau parce que je venais de rompre avec mon petit ami et que j'avais un peu la gueule de bois. Je suis désolée. J'étais complètement à côté de la plaque, mais, crois-moi, Dan ne m'obsède pas du tout.

En attendant, ça t'a plu quand il t'a caressé le bras, sale garce ! me rappela une petite voix peu coopérative.

— Mouais, dit-elle d'un air dédaigneux en se redressant. C'est quand même triste, tu ne trouves pas ? Ton copain te largue, alors tu fais n'importe quoi avec tes cheveux et tu dragues le mec d'une autre ?

Finalement, je préférais quand elle avait peur.

— Je ne pensais pas que tu étais ce genre de fille.

Ana recoiffa ses cheveux blonds pour qu'ils tombent sur ses épaules dénudées. À côté de sa robe bandage moulante et dorée Hervé Léger, ma petite robe noire formelle semblait sortir tout droit du placard de la reine.

— Tu es chiante.

— Chiante ?

Ne pas la frapper, ne pas la frapper, ne pas la frapper.

— Oui, chiante à mourir, même. Pas étonnant que ton copain t'ait larguée. Je parie que ta grand-mère est un meilleur coup !

Je ne pouvais pas la frapper, au risque d'être virée, et comme elle était de Bas Vegas, le Las Vegas anglais, elle savait sans doute se battre. Et ces deux garces qui se lavaient les mains plus longtemps que Lady Macbeth ne risquaient pas de m'aider.

— Sûrement, acquiesçai-je en tendant le bras vers elle.

Je pris plaisir à la voir tressaillir.

— Un tatouage, Raquel ? remarqua-t-elle en s'esclaffant. Tu te prends pour qui ? Angelina Jolie ?

— Pas du tout.

Je frappai de toutes mes forces le bouton d'alarme à côté de son visage. La sirène et les asperseurs se mirent aussitôt en route.

— Je ne pique pas le mec des autres.

Au moins, ça vida rapidement les toilettes. Ana courut vers la sortie en hurlant, suivie par les deux témoins. De retour sur la piste de danse, je me rendis compte qu'ils faisaient évacuer tout le bâtiment. Hum… j'aurais peut-être mieux fait de réfléchir avant d'agir.

Emelie m'attrapa par le bras pour me tirer vers la porte.

— Rachel, dépêche-toi, c'est l'alarme incendie ! C'est dingue ! Tu as vu Ana ? Et Dan ?

— Et toi ?

Paniquée, je regardai autour de moi. Comme je m'y attendais, Ana pleurait contre l'épaule de Dan et se plaignait à un homme qui portait un gilet de sécurité orange. *Oh, putain.* Avant que je n'aie eu le temps de m'échapper, elle pointa un doigt vers moi et se mit à hurler comme une hystérique. Quand je croisai brièvement le regard de Dan, je compris qu'il se retenait pour ne pas éclater de rire. Je sentis un léger sourire naître sur mes lèvres. Il fallait que j'arrête de boire. Et de me faire tatouer. Et de me teindre les cheveux en roux. En fait, pendant un certain temps, il valait mieux que je sois assignée à domicile.

— Excusez-moi, mademoiselle.

Une voix autoritaire attira mon attention à côté de moi tandis que l'eau arrêtait de couler. La salle était presque vide, à l'exception de moi, Emelie, Dan, Ana et quelques pompiers. Et un policier.

— La jeune femme là-bas m'a dit que vous aviez déclenché l'alarme.

— Ah oui ?

Je regardais toujours Dan. Cet enfoiré avait l'air de bien s'amuser.

— C'est elle qui l'a fait ! brailla Ana d'une voix suraiguë. Je vous dis que c'est elle, bordel !

Toute trace d'accent slave avait disparu. L'Essex avait repris le dessus.

J'étais ravie de voir que la personne qui l'avait maquillée n'avait pas utilisé de produits waterproof. Elle ressemblait à un Joker blond mal fagoté.

— Vous ne seriez pas Anastasia Smith ? demanda Emelie en s'approchant d'elle, l'air émerveillé. Le mannequin ?

— Si. C'est moi.

Elle revêtit son masque à la perfection. Une seconde trop tard.

— Cette vieille garce sans talent, surpayée, incapable de se souvenir du nom de quelqu'un ?

Oh, Emelie !

— OK, ça suffit !

Ana repoussa Dan et se jeta sur Emelie. En un battement de faux cils, je me retrouvai au milieu de la plus sexy des bastons. Dommage qu'elle n'ait pas été diffusée à la télévision. On se serait fait un paquet de fric. Ana se servait de ses griffes en acrylique, mais Emelie ne se laissait pas faire et distribuait les coups. Je misais tout mon argent sur la rousse. Tant que ce n'était pas moi.

— Et merde ! criai-je en prenant un coup au visage.

Je tombai à genoux.

— Dommage collatéral ! Désolée ! haleta Em tandis que le policier la tirait en arrière et que Dan retenait Ana par la taille.

Et c'est comme ça que, trempée jusqu'aux os, la robe déchirée, arborant mon deuxième œil au beurre noir de la semaine, je me retrouvai dans une voiture de police en route pour le commissariat.

— Em ? murmurai-je, partagée entre l'espoir que ma mère n'entende jamais parler de cette histoire et l'envie qu'ils allument la sirène.

— Rachel ?

— Tu crois que ça compte pour « enfreindre la loi » ?

Avec un soupir, elle appuya sa tête mouillée contre le siège arrière.

Elle leva ses menottes et me montra les miennes.

— Ouais, Rach. Ça fera l'affaire.

Chapitre 12

Matthew se moqua de nous quand on l'appela du commissariat, mais il rigola un peu moins lorsqu'on lui demanda de nous apporter nos papiers d'identité. Le problème des pochettes de soirée, c'était qu'elles n'étaient pas pratiques pour contenir un passeport. Et puis, on n'avait pas prévu de se faire arrêter.

— Tu sais, « enfreindre la loi », ça voulait dire : abîme quelque chose, dépasse la vitesse autorisée, jette un chat dans une poubelle. Pas : déclenche l'alarme incendie au *Savoy* et fous une torgnole à un mannequin.

Dans le taxi, sur le chemin du retour, Matthew bâilla. Il aurait pu éviter de rester en pyjama, mais je lui étais tout de même reconnaissante d'être venu nous chercher.

— C'est Emelie qui a foutu la torgnole au mannequin, clarifiai-je. Et je n'ai pas déclenché l'alarme incendie au *Savoy*. Il n'y a pas de témoin. C'est la parole d'Ana contre la mienne. Et, comme le charmant policier l'a fait remarquer, elle est un peu dérangée. C'était un accident.

Em était assise entre nous et ne disait pas un mot. Elle regardait droit devant elle, l'air perdu et hagard.

— Je suis content que tu prennes cette transformation au sérieux, répondit-il, mais, quand tu écriras à Simon, évite le sang de vierge, OK ?

Ça me paraissait être un bon compromis.

— OK. Oh, et Dan a essayé de m'embrasser.

— Quoi ? s'écria Emelie en sortant de sa catatonie.

Matthew recracha quant à lui son café sur le siège du conducteur.

Il se tourna vers moi façon *L'Exorciste*.

— Désolé. Dan a essayé de t'embrasser ? Avant ou après ton remake d'*Ocean's Eleven* ?

Je me frottai l'épaule en repensant au frisson qui m'avait parcourue quand il m'avait touchée.

— Avant. On était en train de discuter et il s'est penché vers moi sans prévenir. Il a tenté sa chance. Et Ana m'a dit qu'il était persuadé que je l'idolâtrais ?

— Tu parles, il s'idolâtre lui-même, railla Matthew. Mignon ou pas, c'est un sale égocentrique.

Je hochai la tête d'un air pensif.

— Je sais. Elle m'a dit qu'il parlait tout le temps de moi.

— Bah, intervint Em, c'est super bizarre. Mais est-ce qu'il embrasse bien ? C'est tout ce qui nous intéresse, tu sais.

— Il ne m'a pas embrassée. Je l'en ai empêché.

Et je ne le regrettais pas le moins du monde, dus-je me rappeler.

— Oh ! s'exclama-t-elle.

La déception se lisait sur son visage.

Puis elle reprit, étonnamment enthousiaste :

— Au fait, le type du bar te cherchait ! Il m'a dit qu'il était allé aux toilettes et que, quand il est revenu, tu n'étais plus là. Il m'a donné son numéro. Ashley ou quelque chose comme ça ?

Elle alluma l'écran de son portable pour fouiller son sac.

— Asher, répondis-je en prenant le morceau de papier.

Waouh. Il était vraiment allé aux toilettes. J'avais laissé tomber un prof de yoga super mignon qui disait la vérité et j'avais failli me faire embrasser par un photographe arrogant qui n'arrêtait pas de raconter des conneries.

— Waouh.

— Le miracle de la liste. Appelle-le demain, sinon je le fais à ta place ! ordonna Em en agitant les mains et en faisant des bruits bizarres.

— Je crois que vous avez suffisamment parlé à ma place, tous les deux, dis-je en posant la tête sur l'épaule d'Emelie. Je vais l'appeler.

Je regardai défiler les lumières de Londres. J'étais épuisée. Étrange.

Le jeudi matin arriva bien trop rapidement. Quand j'émergeai enfin vers 11 heures, je restai au lit pendant une heure à essayer de comprendre ce qui m'était passé par la tête la nuit précédente, ce qui était passé par la tête de Dan, et si je continuerais à avoir du boulot. Au moins, j'avais reçu une bonne surprise pour penser à autre chose : une invitation d'Ethan sur Facebook. Allongée, je parcourais ses photos sur mon téléphone, me réjouissant de l'absence évidente de petite amie. En fait, s'il n'avait pas spécifié dans son profil qu'il aimait les filles, je me serais inquiétée. Au lieu de ça, j'examinai les différentes pauses : Ethan escaladant, Ethan courant, Ethan promenant son chien sur la plage. Merci, Mark Zuckerberg, je te pardonne.

Je lui écrivis un petit message, ravie par le sentiment d'excitation qui m'animait.

> « Salut, Ethan ! Moi aussi, je suis contente d'avoir de tes nouvelles. Je n'arrive pas à croire que tu sois au Canada, mais ça ne m'étonne pas que tu sois devenu prof de musique. Tu as toujours été le meilleur de l'orchestre. »

Exagéré ? Naan, décidai-je en roulant sur le ventre. Je laissai. C'était la vérité, et les garçons aimaient qu'on flatte leur ego, non ?

> « Comme tu t'en doutes, je n'ai pas fait de la musique mon métier. Je suis maquilleuse. J'habite à Londres. Je partage un appartement avec ma meilleure amie à Islington. C'est sympa. »

Techniquement, c'était aussi la vérité. Emelie avait son propre appartement, mais elle n'y avait pas dormi depuis que Simon avait rompu et il valait mieux éviter le : « Je vis toute seule parce que mon petit ami m'a quittée, mais ma meilleure amie vit avec moi pendant quelque temps pour s'assurer que je ne me suicide pas. »

« Tu as toujours de la famille par ici ? »

Ce qui signifiait en langage crypté : « Tu viens souvent ? »

« J'adore les photos de ton chien. Je pense souvent à en avoir un. Bon, je dois y aller – journée chargée. À très vite. »

Seulement trois mensonges qui n'en étaient pas vraiment. Parfait.

Après avoir encore fouillé sa vie pendant cinq minutes, je roulai de l'autre côté du lit pour attraper mon sac et en sortis un cahier et un stylo. Ma liste de célibataire était en bonne voie, mais, aujourd'hui, je devais en établir une un peu plus terre à terre. C'était très étrange ; j'avais écrit une liste tous les jours depuis 1998. Même en vacances, juste pour dire que j'allais à la plage et boire des cocktails aux couleurs criardes jusqu'à rouler sous la table. En fait, elles faisaient partie de mes préférées, même si Em me gâchait mon plaisir en affirmant que prévoir une cuite dans mon agenda ne la rendait pas moins douloureuse. Persuadée que ça calmerait les ardeurs de mon cerveau qui se voyait déjà déménager à Toronto et faire des enfants magnifiques qui joueraient au hockey sur glace avec un accent canadien, j'établis une nouvelle liste. L'anniversaire de Matthew avait lieu ce samedi-là. Il fallait que je lui organise une fête. D'habitude, on passait la soirée dans un pub parce que je n'étais pas l'hôtesse idéale et que Simon n'aimait pas retrouver des crevettes rescapées du plateau de la mer derrière le canapé une semaine plus tard.

Mais pas cette année. Cette année, j'allais lui organiser la plus belle de toutes les fêtes et il n'y aurait pas de plateau de la mer. Non, cette année, je ferais appel au traiteur de *Marks & Spencer* du début à la fin. Des petits-fours et assez d'alcool pour faire tomber Mel Gibson par terre. Ou cette fille de Girls Aloud qui aimait boire. Je ne me rappelais jamais son nom.

Commençons par le début : inviter les gens par Internet. On ne pouvait vraiment pas y échapper. Aucune fête n'avait lieu sans passer par Facebook. Il ne restait que deux jours avant la soirée ? Et alors ? Personne n'avait rien de mieux à faire, si ? On avait vingt-huit ans. On ne s'amusait plus le samedi. On regardait *X Factor* ou on se rendait à des réunions de famille qu'on aurait préféré éviter. Après avoir supplié les contacts de Matthew, je continuai de réfléchir à la vraie liste. Après tout, j'avais été emprisonnée par erreur la nuit précédente, je méritais bien un remontant… Et pas n'importe lequel ! Liste des courses pour la nourriture et l'alcool, liste des cadeaux. Et j'avais encore à acheter une robe pour le mariage de mon père. La petite robe en soie violette achetée en soldes que je portais à la moindre occasion ne passerait plus, cette fois. Si seulement j'avais décroché ce boulot à Sydney grassement payé et bien en vue…

Pour la première fois depuis une éternité, je réfléchis à ce que j'allais mettre. Toutes mes nouvelles tenues étaient sur des cintres accrochés à ma tringle de rideaux, où je pouvais les voir et où elles bloquaient cette satanée lumière du soleil. On aurait dit une branche glamour d'Oxfam. Que porter aujourd'hui ? Bon, est-ce que le jeudi se prêtait aux robes à fines bretelles ou plutôt aux robes à fleurs des années 1950 ? Je choisis l'imprimé floral et me dirigeai vers le salon sur la pointe des pieds pour me regarder dans la glace. Comme j'étais naine, je dus monter sur le canapé pour me voir en entier. Ça ne rendait pas si mal. Mes cheveux caressaient mes épaules que la jolie robe aux manches bouffantes rendait plus carrées. Mais le plus gros miracle, c'était qu'elle m'avait dessiné une taille alors que je n'en avais pas. Sur quelqu'un d'autre, elle aurait été dangereusement courte, mais, pour une fois, ma taille mini jouait en ma faveur. Elle était très jolie. Pas moi. À moins que le teint cireux soit à la mode. Et, étant professionnelle, j'étais pratiquement certaine que ce n'était pas le cas. Jamais.

M'asseyant sur le canapé, j'ouvris ma mallette de maquillage et m'amusai. Un peu de fond de teint, beaucoup de blush, une touche de mascara, peut-être un trait d'eyeliner bleu ? Je ne savais pas si c'était parce que la fille dans le miroir devenait de plus en plus humaine ou parce que je n'avais pas travaillé depuis trois jours, mais je pris plaisir à me maquiller. Je couvai du regard mes pots d'ombres à paupières MAC, caressai l'emballage caoutchouté de mon blush Nars et souris délicatement à mon gloss Lancôme. Il fallait que j'arrête de considérer le maquillage comme une corvée, le reste aussi. Si je mettais un peu mes talents en pratique sur mon visage, j'obtiendrais peut-être plus de contrats dans l'édition. Je n'avais pas besoin que Dan m'emmène à Sydney ; j'étais douée, bordel ! Veronica pouvait simplement me recommander. Les organisateurs décideraient avec mon book. Rachel la rousse avait parlé.

Avant de quitter la maison, je réfléchis quelques minutes au cadeau d'anniversaire de Matthew. D'habitude, je n'avais aucun problème pour choisir des cadeaux à de vieux amis, mais lui, c'était toujours difficile. Il n'aimait pas faire de shopping, mais il détestait qu'on lui offre des vêtements. Lui offrir des soins pour la peau revenait à le traiter de vieux. Il adorait manger, mais il était allergique aux noix. Il aimait les friandises, mais si on lui donnait du chocolat, il prétendait qu'on voulait l'engraisser. Et même s'il aimait la musique, ses goûts étaient incroyablement snobs. Pas question de lui acheter un CD. Peut-être un vinyle d'époque ? Quelque chose en parfait état, bien sûr. Rien d'ironique. C'était une idée. Sinon, le seul truc qu'il aimerait à coup sûr, c'était un clone de lui-même. Si je ne trouvais pas, je pouvais toujours me rabattre sur ce qu'il demandait chaque année : une bouteille de whisky et un porno gay. Un cadeau renouvelable à perpétuité.

Vinyle.

Le vinyle de Simon.

Je bondis hors du canapé et me précipitai vers le pupitre à musique dans le coin de la pièce. Deux ans auparavant, Simon avait à tout prix voulu acheter un tourne-disque, puis avait commencé à collectionner des vinyles rares pour se la jouer devant mon frère ou ses potes musicos. Il leur avait raconté qu'il se spécialisait dans les années 1960. En réalité, je savais que tout ce qu'il avait dans son iPod, c'était le premier album de Lady Gaga et le dernier de Coldplay. Même pas *Parachutes*. Ah, le voilà ! Son précieux disque introuvable des Beatles. Celui pour lequel il avait fait un caprice comme un gamin jusqu'à ce que sa mère le lui donne. Après tout, il n'y avait rien de mal à le faire évaluer, pas vrai ? Je lui ferais sûrement une faveur. Et puis, s'il avait de la valeur, on risquait de me cambrioler. Il s'en voudrait à mort si je me faisais assassiner parce qu'il m'avait laissée seule avec un disque des Beatles super rare. Mieux valait le faire évaluer. J'allais du côté de Soho de toute façon. Je le glissai entre deux magazines people pour le protéger, les mis dans mon sac et sortis de chez moi tout excitée.

À mes yeux, le quartier de Soho avait toujours été un mystère au cœur de Londres. Suffisamment près d'Oxford Street pour que les touristes y entrent par erreur, investi massivement par les classes moyennes, pas assez prospères pour déménager vers l'est, et bien sûr des gays entassés les uns sur les autres. Enfin, pas littéralement. Du moins, pas pendant la journée. J'arpentais les rues pavées de ce quartier pour me rendre à une séance photo dans un hôtel de luxe ou pour sortir dans la société *gay friendly* avec Stephen et Matthew quand tout allait bien. Après ça, c'était le *O Bar*, jusqu'à ce qu'il disparaisse avec quelqu'un, puis je recommençais avec Emelie au *Floridita* avant de rejoindre Simon au resto asiatique du coin. OK, j'étais peut-être un peu chiante. Mais, aujourd'hui, j'allais à Soho pour une seule chose : un cadeau d'anniversaire. J'étais déterminée à me faire pardonner le désastre de l'année précédente : boxer et bière. J'avais été à la fois très occupée et très fainéante. J'entrai chez *Vinyl Junkies* pour dégoter le cadeau du siècle.

Les boutiques de disques n'étaient pas conçues pour les filles. C'était un fait. Comme les magasins de comics, les conventions *Donjons et Dragons* et la lecture aux toilettes, les boutiques de disques – surtout celles spécialisées dans les vinyles – étaient la propriété du chromosome Y. À la seconde où j'entrais, je me sentis mal à l'aise et regrettai d'avoir opté pour la petite robe et l'eyeliner au détriment de la formule jean/baskets. Les deux hommes d'âge moyen, l'un chauve, l'autre incroyablement hirsute, m'avaient cataloguée comme débile avant même que j'aie ouvert la bouche.

— Bonjour.

Je leur adressai mon sourire : « Ne vous moquez pas de moi et ne me foutez pas dehors. »

Ils me répondirent par un hochement de tête qui signifiait : « Tu as de la chance de tomber sur nous, petite. »

— Je cherche un disque, couinai-je. Pour l'anniversaire de mon meilleur ami.

Ils se regardèrent.

— Évidemment, répondit le vendeur chauve. Mais on en a beaucoup, vous savez ? Quelque chose en particulier ?

Génial. Ils me prenaient pour une conne. Pourquoi n'avais-je pas demandé à mon frère, Paul, de venir avec moi ? Ces pauvres types étaient sûrement ses meilleurs amis.

— Mon meilleur ami est un musicos, expliquai-je en examinant les vitrines derrière le comptoir. Il aime beaucoup…

Oh, mon Dieu, j'ai un trou. Pourquoi ? Pourquoi ? Tu n'as pas intérêt à dire ça à voix haute, Rachel, sans quoi tu ne vas pas arranger ton cas !

— Il aime beaucoup la musique.

Le vendeur chauve et son copain hirsute restèrent bouche bée. Bon, il n'y avait qu'une seule façon de reprendre la situation en main. Plongeant dans mon sac, j'en sortis la pochette en magazines.

— Je ne crois pas qu'on ait quoi que ce soit de répertorié là-dedans, chérie, dit le vendeur hirsute.

Apparemment, le vendeur chauve n'avait jamais rien entendu d'aussi drôle.

Penchant la tête sur le côté avec un léger sourire, je retirai la une sur Kate Moss et révélai mon trésor. Voyez-vous ça... Tout à coup, j'avais l'attention des deux musicos.

— Tant que je suis ici, je me demandais si vous pourriez jeter un coup d'œil à ceci pour moi.

Je posais soigneusement la pochette sur le comptoir. John, Paul, George et Ringo me regardaient en souriant.

Comme ils étaient manifestement incapables de communiquer autrement qu'avec des commentaires sarcastiques, je pris leur silence pour un « oui ».

— Il est à ma mère, mentis-je sans raison. J'aimerais le faire évaluer pour elle. Bien sûr, j'ai déjà jeté un coup d'œil sur Internet.

Je n'avais rien regardé du tout.

— Euh, eh bien...

Le vendeur chauve tendit la main pour prendre le vinyle, mais il interrompit son geste et me regarda pour me demander mon autorisation. Je hochai la tête, enivrée par la sensation de pouvoir.

— Je ne sais pas. Il est rare.

Le vendeur hirsute l'inspecta machinalement.

— La pochette est en bon état. Vinyle miroir, import canadien. Superbe.

C'est peut-être un signe, pensai-je pendant qu'il émettait des « hmm » et des « aaah » : *toutes les routes mènent au Canada*. J'étais peut-être censée vendre ce disque et me servir de l'argent pour aller retrouver Ethan. On tomberait amoureux et on se marierait dans la foulée. Ça paraissait logique, non ?

— On pourrait vous en donner environ 500 livres, dit-il sans lâcher le disque.

Je n'avais jamais été aussi fière de moi depuis que j'avais reçu les clés de mon appartement. Ou cette fois où j'avais résisté à l'envie de sauter sur James Franco qui était assis dans ma chaise de maquillage. Mon exploit du moment consistait à ne pas arracher l'argent des mains du musicos avant de m'échapper en courant. Cinq cents livres ? Vraiment ?

— Oh, dis-je en haussant les épaules, prête à récupérer le disque. Je peux sûrement en tirer plus sur eBay. Merci quand même.

— Huit cents, renchérit aussitôt le chauve.

— Hmm.

— Huit cent cinquante. Je ne peux pas faire mieux.

Je m'efforçai d'avoir l'air de douter pendant que je pesais le pour et le contre. D'un côté, c'était une sorte de vol, mais, en même temps, Simon était un connard de première qui m'avait lâchement abandonnée avec ce disque, autrement dit, il voulait que je le vende. Pas vrai ? Et je ne cracherais pas sur ces 850 livres.

Hirsute et Crâne d'œuf étaient pendus à mes lèvres. J'époussetai ma robe d'été à fines bretelles et remontai l'anse de mon sac avant de hausser les épaules.

— C'est d'accord.

De retour au soleil, je me sentis un peu sonnée. J'avais presque 900 livres dans mon sac. Je sortis mon carnet de notes pour lire ma liste des courses et essayer de redescendre de mon petit nuage, mais je ne voyais rien d'autre que 850 £, écrit au moins dix-sept fois. Le pire, c'était que ma conscience ne me jouait pas de tours. Pas le moindre remords. Il n'avait pas touché ce disque depuis qu'il l'avait rapporté à la maison deux ans auparavant ; il ne saurait même pas qu'il avait disparu. Du moins, je l'espérais.

Évitant un stand de fruits et légumes installé dans la rue, je repris Berwick Street, manquant d'entrer en collision avec un homme ridiculement canon. On dansa l'un autour de l'autre pendant un instant avant qu'il fasse un pas de côté en riant.

— Désolée, m'excusai-je.

Je détestais me balancer à droite et à gauche comme ça. Pourquoi on ne décidait pas que tout le monde devait marcher à gauche, comme dans les escalators du métro ?

— Pas de souci, mon ange ! répondit-il en souriant.

Pourquoi les gens ne pouvaient-ils pas tous être aussi gentils qu'un gay qui se promenait dans Soho un jeudi matin, me demandai-je après m'être retrouvée dans la même situation avec un type ronchon en costard. Les gays étaient charmants.

Sauf quand on oubliait de leur acheter un cadeau d'anniversaire. Oh, merde ! Pas question que je retourne chez le disquaire alors que j'avais gagné ! Ça ne me laissait qu'une seule solution. Relevant la tête, je compris d'où était sorti l'homme en short. Pervers. Vive les supermarchés gays de Soho !

Dix minutes plus tard, j'étais de nouveau dehors, serrant contre moi la version porno gay de *Big Brother* et un pack de différentes capotes, pour changer un peu. Matthew allait adorer. J'en avais fini avec Soho pour la journée. Je me préparai, moi et mes 850 livres, à courir jusqu'à Tottenham Court Road pour prendre la Northern Line. Et je vous le jure, j'étais sur le point de partir quand la vitrine d'un magasin à ma gauche m'arrêta. À l'intérieur, il y avait deux mannequins qui ne portaient rien d'autre que des bijoux de seins et des hauts-de-forme. À Soho, ça n'avait rien de choquant, mais ça m'interpella. Ce n'était pas une boutique comme les autres. C'était Agent Provocateur.

Emelie était une adepte de la lingerie de luxe depuis qu'elle avait mis le pied dedans en deuxième année de fac avec La Senza. Depuis, elle s'était émancipée de Elle Macpherson Intimates, Cosabella et Calvin Klein et était passée aux choses sérieuses. La Perla, Coco de Mer et, bien sûr, Agent Provocateur. Ce n'était pas que je n'aimais pas les jolies choses, au contraire, mais Em gagnait beaucoup plus d'argent que moi. Dépenser 200 livres pour un soutif? Impossible. Elle avait essayé de me convertir pendant des années, insistant sur le fait qu'un produit spécialement créé pour rendre ultra-sexy était forcément bon pour moi, mais je pouvais penser à au moins cinq autres façons d'utiliser une somme pareille. Pourtant, pour la première fois depuis des années, la Rachel fraîchement célibataire allait devoir le faire avec quelqu'un de nouveau. Et, cette fois, je n'avais pas vingt-trois ans. OK, la nouvelle Rachel avait prouvé qu'elle était sûre d'elle et potentiellement dérangée… mais sexy? On n'y était pas encore. Alors un petit coup de pouce ne pouvait pas me faire de mal, pas vrai? Je n'étais pas obligée de dépenser 200 livres. Je pouvais juste regarder. Sûrement.

— Bonjour! Je peux vous aider? me demanda une pin-up à la beauté fatale quand j'entrai dans le magasin.

Moulée dans une robe rose courte et des collants noirs, elle m'adressa un sourire rouge vif. D'un point de vue professionnel, c'était un très bon maquillage. Mais, pour une fille lambda, il n'y avait rien de plus intimidant.

— Je regarde, merci.

Mon plan était de faire un tour du magasin, sortir deux ou trois choses, jeter un coup d'œil au prix, puis opérer un repli tactique vers la porte. Jusqu'à ce que je le voie. De la soie rose recouverte de dentelle noire, tout simplement magnifique. La seule vision de ce soutien-gorge me donnait envie de m'envoyer en l'air ; je n'imaginais même pas l'effet qu'il pouvait avoir une fois porté.

— Le Françoise. Mon préféré.

La pin-up parlait d'une voix douce. Pourquoi tant de cérémonie ?

— Vous voulez l'essayer ? demanda-t-elle.

— Oui, s'il vous plaît.

Me regarder dans le miroir de la cabine d'essayage fut une expérience extraordinaire. Mes seins n'avaient pas grossi, mes cuisses n'avaient pas maigri, et je n'avais pas les formes de Jessica Rabbit, mais, tout à coup, je me sentais sexy. Je portais 500 livres de dentelles et d'élastiques, et je ne m'étais jamais sentie aussi belle. Même si je ne réussirais probablement pas à enfiler les bas et le porte-jarretelles sans l'aide de la vendeuse. *Mais à quelle occasion vais-je dévoiler cette parure ?* me demandai-je en tournant pour me regarder de dos en me relevant les cheveux. Ça ne servait absolument à rien. Je pouvais avoir la même chose chez Marks & Spencer. Sûrement. Ce n'était pas parce que je venais en quelque sorte de voler presque 1 000 livres à mon ex que je devais jeter l'argent par la fenêtre. C'était ridicule. C'était…

J'arrêtai de prendre des poses ridicules devant le miroir pour sortir la liste de mon sac. Acheter quelque chose. Arrêtez-moi si je me trompe, mais on avait décrété que ce devait être un achat égoïste et hors de prix. Comme de la lingerie de luxe à 500 livres. En utilisant l'argent de la vente du vinyle super rare des Beatles de mon ex. Enfin, celui de sa mère, mais ça lui faisait les pieds aussi. Cette garce avait toujours refusé de me donner la recette de son cheesecake au chocolat alors que je n'avais pas arrêté de la lui demander. Peut-être qu'elle savait qu'on n'allait jamais se marier et préférait que le secret reste dans la famille. *Garce.*

— Tout va bien ? demanda la pin-up de l'autre côté de la cabine. Je peux vous apporter autre chose ?

— Vous avez d'autres culottes en réserve ? demandai-je en laissant Rachel la rousse prendre le dessus.

C'était juste plus facile que ce soit elle qui se charge de prendre ce genre de décisions.

— Bien sûr, confirma-t-elle à travers la porte. Seulement la culotte ?

— L'ensemble, répondit Rachel la rousse. Je prends l'ensemble.

À cet instant, prenant Dita von Reese pour témoin, je jurai de ne plus jamais porter de soutien-gorge gris sans élastique et avec la baleine en plastique qui sortait.

Après avoir passé la matinée à acheter des sous-vêtements de luxe, à me promener dans des sex-shops gays et à vendre des disques super rares qui ne m'appartenaient pas, je ressentis le besoin de faire des choses que ma mère aurait approuvées durant l'après-midi. Cachant mes biens mal acquis dans ma chambre, je retirai ma robe pour enfiler un tee-shirt et commençai à peindre. Plus de gens que je ne l'aurais cru avaient répondu à mon invitation Facebook pour la soirée de samedi, sûrement par pitié, puisqu'ils avaient tous constaté que j'étais devenue célibataire. Ça m'était égal. Mieux valait inspirer la pitié que l'indifférence. Du coup, ça signifiait que je ne pouvais pas décemment laisser le salon dans son état actuel. Le scotch autour des prises n'avait rien d'avant-gardiste, ça faisait juste débile. C'était Em qui m'en avait fait la remarque. Et étrangement, quand je les avais appelés, ni Matthew ni elle n'étaient libres pour me prêter main-forte. Emelie avait une bonne excuse : elle travaillait. En revanche, ce n'était pas le cas de Matthew le rentier. Il avait littéralement disparu, ce qu'il faisait beaucoup depuis quelques jours. Et il refusait de me dire où il allait. Repoussant l'idée que son père millionnaire n'était pas mort et qu'il taillait des pipes dans le sud de Londres, je me remis au boulot. Les mains sur les hanches, je toisai les pots de peinture dans le coin de la pièce.

— C'est entre vous et moi, dis-je à voix haute en posant mon iPod sur son socle et en le mettant en mode « shuffle ».

Je zappai aussitôt « Love me do ». Un peu de Madonna ferait l'affaire. Moi, Madonna et deux pots d'émulsion satin rose sexy de Dulux. Bref, le bonheur !

Environ un mois après notre emménagement, Simon et moi avions englouti des spaghettis à la bolognaise sur le canapé devant une émission sur l'immobilier. Laura, la journaliste, cherchait un endroit où s'installer à Londres et le présentateur avait fini par lui trouver un joli studio à Clapham. À l'intérieur de ce studio, il y avait un mur rose vif et un canapé en cuir rouge. Mon regard s'était illuminé de cette façon qui flanquait la frousse à Simon. Je n'avais pas encore ouvert la bouche qu'il avait prononcé un « non » catégorique, avant d'aller faire bouillir de l'eau sans écouter mes supplications. J'avais réussi à obtenir mon canapé en cuir rouge, mais il rejetait en bloc le mur rose vif. *Eh bien, tu peux aller te faire foutre, Simon.* À présent, c'était mon salon à moi, et j'allais peindre un mur en rose vif. En écoutant du Madonna. En tee-shirt et culotte. Parce qu'il faisait chaud et que je n'avais rien à prouver à personne. Qui savait combien de temps il me restait dans cet appartement avant qu'il décide de vendre ? En attendant, je voulais me sentir chez moi. M'assurant que le canapé et tous les meubles étaient bien couverts, je reculai, bac de peinture à la main, et vérifiai que j'étais prête à commencer. Je me sentais fière. Mettre du ruban adhésif autour des portes me donnait envie d'appeler mon père pour me vanter. Ça se prêtait aussi parfaitement aux statuts Facebook.

Chantant à tue-tête, je commençai par éclabousser de la peinture, en commençant sur les côtés puis en bougeant de façon à créer des motifs expérimentaux. Comme écrire « Simon est un connard » en lettres de cinquante centimètres de haut au milieu du mur. Je pris rapidement mon chef-d'œuvre en photo avec mon téléphone avant de le recouvrir. Concentrée sur mon œuvre, je laissai mon esprit vagabonder. Je pourrais peut-être étendre mes compétences de maquilleuse à celles de décoratrice d'intérieur ? J'étais visiblement douée. Et si je mettais de la couleur dans la chambre ? Du rouge. Ou du bleu. Entre la redécoration de l'appartement et une réinterprétation dynamique de « *La Isla bonita* », je me rendis compte qu'on sonnait à la porte. Comme rater quelque chose d'important était l'une de mes phobies, j'éteignis Madonna, me précipitai vers la porte et appuyai sur le bouton pour les laisser monter. C'est alors que je me souvins que je ne portais pas de pantalon. *Oh, ça ne dérangera pas les témoins de Jéhovah*, pensai-je. Sauf que j'avançais déjà en terrain miné avec les dix commandements, alors si un représentant du paradis me voyait à moitié nue, ça risquait de me valoir un mauvais point fatal. En définitive, j'aurais préféré qu'il s'agisse d'un témoin de Jéhovah. Ou même d'un vendeur de fenêtres. Voire même d'Hitler en personne. N'importe qui sauf Dan Fraser.

Chapitre 13

— Salut !

Dan se tenait devant moi, vêtu de nouveau de ses habituels jean, tee-shirt et baskets, l'air beaucoup trop sûr de lui.

— Je peux entrer ?

Je jetai un œil par l'embrasure de la porte et essayai de lui faire baisser les yeux. C'était beaucoup plus facile avec les pots de peinture.

— Pourquoi ?

— Parce que.

Il se passa la main derrière la tête, rabattant ses mèches bouclées devant ses yeux. Pas que je regardais ses yeux. Ni ses cheveux. Ni la façon dont ses biceps tendaient le tissu blanc de son tee-shirt quand il pliait les bras.

— Rachel, laisse-moi entrer.

Je songeai à lui claquer la porte au nez, puis me repris et ouvris la porte en grand. Rachel la rousse allait la mettre en veilleuse pendant dix minutes.

— Je ne comprends vraiment pas ce que tu fais ici, dis-je en refermant la porte derrière lui. Ana t'a envoyé me flanquer une raclée ?

— Elle n'a pas besoin de moi pour ça. Par contre avec Emelie… Tu peins ? Ou c'est juste des graffitis ?

Il se dirigea vers le salon où il examina mon travail.

Je regardai l'énorme insulte écrite sur le mur et haussai les épaules.

— C'est un connard.

— C'est définitivement terminé, alors ? demanda-t-il.

— Tu m'as déjà posé la question. Si ma mémoire est bonne, c'était juste avant que ta copine pète un câble dans les chiottes d'un gala très huppé.

Je m'assis sur l'accoudoir d'un fauteuil, laissant suffisamment d'espace entre nous au cas où il y aurait une nouvelle crise d'embrassade aiguë. Embrasser Dan serait affreux. Épouvantable, même. Je n'y avais plus pensé du tout. Et je n'avais sûrement pas passé la nuit à me rappeler ce baiser raté, mon cœur qui s'était emballé et mes lèvres qui picotaient.

— Apparemment, je suis chiante.

— J'ai trois choses à te dire.

Il me tournait toujours le dos. Il ramassa un pinceau et commença à peindre autour de mon éloquent message avant d'énumérer :

— Un : elle n'est pas ma copine. Deux : c'est toi qui as été emmenée dans une voiture de flics. Et trois : tu es loin d'être ennuyeuse, comme le prouve mon deuxième point.

Pourquoi ne m'avait-il pas fait remarquer que je ne portais pas de pantalon ? Pourquoi ne reconnaissait-il pas qu'il avait essayé de m'embrasser ? Ana n'était pas sa copine ? Quelle culotte avais-je mis, déjà ? Qu'est-ce qu'il faisait là ?

— Je n'étais pas vraiment moi-même, admis-je en attrapant le deuxième pinceau pour peindre de l'autre côté. Je nage un peu en ce moment. Et elle s'est comportée comme une vraie…

— Une vraie connasse ? intervint-il.

— Oui, c'est ça.

Je m'arrêtai pour le regarder peindre, tout sourires. En même temps, ça aurait été une honte de ne pas mettre de tels biceps à contribution alors qu'ils étaient dans le quartier. Ainsi que les très beaux muscles de son dos qui roulaient sous son tee-shirt trop serré quand il levait les bras. Je ne savais pas trop ce qu'avait à voir son dos là-dedans, mais il me mettait en transe chaque fois qu'il se penchait pour tremper son rouleau.

— Je suis désolée. Je sais que vous êtes… bref. Mais j'en ai marre. C'est une imbécile, Dan !

Visiblement, je ne parvenais pas à coordonner le tact et le vice.

— Oui, un peu, acquiesça Dan en recouvrant rapidement le mur blanc. Je ne sais pas à quoi je pensais.

— Tu n'as pas pensé du tout ? Comme d'habitude ? suggérai-je, ravie qu'il ne soit pas parti avant d'avoir fini cette partie difficile près du plafond.

Je détestais les escabeaux.

— Et la liste ? Ça avance ?

Il se retourna soudain, me prenant en flagrant délit de reluquage. Le rouge aux joues, je me retournai pour peindre mon mur, en espérant qu'il ne pourrait pas voir mon visage en entier.

— Ça va.

Je ne tenais pas à lui parler de mon achat de lingerie. Il n'en saurait pas plus sur mes sous-vêtements que ce qu'il avait sous les yeux.

— Cool.

On continua de peindre avec « Crazy for you » en fond sonore jusqu'à ce que je décide que ça suffisait. On n'allait pas parler du fait qu'il avait essayé de m'embrasser la nuit précédente ? Je reposai le rouleau sur le plateau et vérifiai que je portais une culotte convenable, parfaitement opaque. Je m'éclaircis la voix.

— Dan ?

— Rachel ?

— Sans vouloir paraître ingrate, peux-tu me dire ce qui t'amène ?

Il s'arrêta de peindre et se retourna en grimaçant.

— Très bonne question, dit-il alors que de la peinture rose gouttait sur ses baskets blanches. J'étais dans un magasin d'appareils photo sur Old Street. Je retournais vers Angel quand tout à coup je me suis retrouvé ici.

— OK…

J'aperçus une trace de peinture sur sa joue et dus me faire violence pour ne pas l'enlever. Rachel la rousse était visiblement folle à lier et n'aimait pas être mise sur la touche.

Dan se rendit compte qu'il avait de la peinture sur les chaussures et s'assit en tailleur sur le plancher pour l'enlever.

— Je voulais vérifier qu'ils t'avaient relâchée. Je voulais simplement prendre des nouvelles, voir si tu allais bien.

C'était gentil de sa part. Très gentil, même.

— Tu aurais pu appeler, suggérai-je. Ou m'envoyer un message.

— J'aurais pu, admit-il.

Bon, il fallait que j'enfile un pantalon. Apparemment, me balader en culotte me donnait envie de renverser Dan sur le dos pour savoir ce que ça aurait fait de l'embrasser.

— Je reviens tout de suite.

Je lâchai mon pinceau sur une housse de protection et me précipitai dans ma chambre. J'avais juste besoin d'un pantalon ou d'un short, n'importe quoi. Un jean coupé qui avait réussi à survivre à la rafle remporta la course. Je l'enfilai en me faisant la morale. C'était Dan ! Mon ami, Dan.

Bon, d'accord, quand tu l'as rencontré tu l'as trouvé plutôt pas mal, mais dès qu'il a compris que tu faisais partie du personnel et que tu n'étais pas mannequin, il a arrêté d'être charmant et s'est mis à dire des conneries. C'est alors que tu as renoncé à toute idée de relation avec tes collaborateurs.

Je lui faisais sûrement pitié parce qu'on m'avait larguée. Ou peut-être que Veronica lui avait dit que je voulais le boulot de Sydney et qu'il venait m'annoncer en douceur que je ne serais pas du voyage. Dans tous les cas, se balader comme ça dans mon appartement et me donner un coup de main pour la peinture… Ce n'était pas un crime, mais il fallait qu'il parte. C'était trop bizarre.

— Tu sais, je ne suis jamais vraiment entré dans ton appart en fait, dit-il depuis le salon. Il te ressemble.

— Merci, répondis-je en le rejoignant d'un pas décidé… qui se fit hésitant quand je vis que Dan avait retiré son tee-shirt.

— *Oh, mon Dieu !*

— Je ne voulais pas le tacher, expliqua-t-il en désignant le vêtement sur la chaise d'un air innocent.

Voir son charmant collègue de travail dans un jean trop moulant pour un homme hétéro passe encore, se rendre compte qu'il était canon dans un costume, à la rigueur, mais le laisser se balader à moitié à poil dans son salon, c'était encore une autre histoire. Avait-il toujours eu ce corps-là ? Les bras, je pouvais comprendre, il trimballait son équipement photo toute la journée, mais les tablettes de chocolat ? Des muscles que je pouvais voir et compter ? Il ne ressemblait pas à un bodybuilder pour autant. Il était joliment dessiné et bronzé. Et moi qui croyais préférer les torses imberbes comme celui de Simon, je n'avais rien contre ses poils frisés qui s'accordaient parfaitement à ses cheveux. Rien à voir avec Tarzan ou un singe, juste un petit duvet qui recouvrait son large torse.

Et meeerde !

Je pris son tee-shirt.

— Bon, OK. Je me suis rhabillée ; à ton tour. Il faut que tu partes. J'ai plein de choses à faire.

— D'accord, mais tu ferais mieux d'appliquer une seconde couche si tu ne veux pas que les gens jouent au Taboo sur ton mur.

Il posa son pinceau et enfila son tee-shirt, le tachant aussitôt de peinture rose.

— Joue plutôt à « Appelons un chat un chat », Dan, dis-je en ouvrant la porte d'entrée. À plus.

Il s'arrêta sur le palier.

— Attends. Qu'est-ce que tu fais samedi ?

— La journée ?

— Non, le soir.

Oh, putain, oh, putain.

— J'organise une fête d'anniversaire pour Matthew, bégayai-je. Ici.

— Oh, dit-il en grattant la peinture sur son tee-shirt. Ça a l'air sympa.

— Tu peux venir, si tu veux.

Les mots avaient franchi mes lèvres avant que je n'aie eu le temps d'y réfléchir. *Je te déteste, Rachel la rousse.* Il fallait que je sois prudente. Cette histoire de double personnalité commençait à ressembler un peu trop à *Black Swan*. Sauf que je n'étais pas Natalie

Portman et que personne n'allait m'offrir un oscar parce que j'étais cinglée.

— Vers 21 heures ?

— OK. À samedi, Summers.

Tout sourires, il disparut dans l'escalier.

Je ne savais pas ce qui m'inquiétait le plus : le voir le samedi suivant ou être transportée à cette idée ? Je devais prendre des mesures préventives.

De retour au salon, je m'assis pendant une seconde et observai mon mur rose fraîchement peint. Que venait-il de se passer, au juste ? Complètement déboussolée, je tirai mon sac jusqu'à moi et en sortis mon portable. Le bout de papier sur lequel était inscrit le numéro d'Asher apparut. Ah oui. J'étais censée l'appeler. Peut-être qu'un rendez-vous purifiant avec le sosie de Clark Kent était exactement ce dont j'avais besoin. Parce que Dan ne m'avait pas invitée à sortir. Et, s'il l'avait fait, je n'aurais pas dit « oui ». Enfin, je crois. Je composai rapidement les chiffres avant de pouvoir m'appesantir sur la question.

— Bonjour, Asher à l'appareil, répondit-il aussitôt.

C'était une bonne chose.

Je n'étais pas douée au téléphone ; ce n'était pas pour rien qu'on avait inventé les SMS.

— Salut, Asher, c'est Rachel. On s'est rencontrés à cette soirée au…

Où avais-je déclenché les asperseurs, causé des milliers de livres de dégâts et regardé ma meilleure amie mettre son poing dans la figure d'un mannequin, déjà ? Ah, oui.

— Au *Savoy*, hier soir, bégayai-je.

— Oh, salut ! Je ne pensais pas que tu appellerais.

Il n'avait pas raccroché ! Il avait même l'air content ! Il ne savait pas que j'étais la folle qui lui avait coûté la caution de son costume de location !

Oh.

— … Mais je suis content que tu l'aies fait.

Oh !

— Tu es bien rentrée ? Je n'en reviens pas, c'est dingue cette histoire d'évacuation.

Heureusement qu'il ne voyait pas mon visage.

— Ouaaais. Dingue. Carrément dingue.

— Je me disais… Tu as quelque chose de prévu demain soir ? me demanda-t-il direct.

Waouh ! Un rencard ! Le genre de choses qui arrivait tout le temps à Emelie.

— Non, répondis-je en m'efforçant de prendre un air de séductrice.

Après tout, c'était le père potentiel de mes enfants. Mon Dieu, ma mère mourrait de joie si je lui apprenais que j'épousais un prof de yoga. Enfin, comme on n'avait même pas eu de premier rendez-vous, je mettais peut-être un peu la charrue avant les bœufs.

— Génial.

Pas de doute, il avait l'air content.

— Je donne un cours à Islington, reprit-il. J'ai pensé que ça te plairait d'y participer.

Pas possible ! Il s'était embêté à donner mon numéro à Emelie pour m'enrôler dans une putain de classe de yoga ? Désolée, maman.

— Et après on pourrait aller boire un verre ?

Le mariage était de nouveau d'actualité.

— Ça m'a l'air parfait, mentis-je sans remords. J'ai hâte.

Un verre, génial ! Du yoga ? une vraie torture !

Il me donna l'heure et l'adresse du cours et je raccrochai après l'avoir salué. Un rendez-vous yoga. C'était soit une idée de génie qui me permettrait de raconter des histoires hilarantes à mes enfants, soit une très mauvaise idée : j'allais devoir prendre des cachets antidouleur et on finirait par avoir des enfants parce qu'on continuerait à se voir par obligation puisqu'il m'avait blessée et que moi, j'étais gênée. Mais je m'emballais encore.

Comme j'étais lancée, je vérifiai mes messages sur Facebook et gloussai comme une gamine en voyant une réponse d'Ethan.

« Re-salut, disait-il. Je n'arrive pas à croire que tu sois célibataire. »

Je jetai un coup d'œil au « Simon est un connard » bien lisible sur le mur du salon. Je ne voyais pas ce qu'il y avait de si compliqué.

« Tu es toujours aussi mignonne. Rappelle-moi pourquoi on n'est jamais sortis ensemble ?

Tu aurais pu être mon premier baiser, au lieu de Victory Smith. Tu l'as vue sur Facebook ? C'est pas joli joli… »

Quoi ? Toujours aussi mignonne ? Il me trouvait déjà mignonne à l'époque ?

« Désolé, c'est horrible. Mais, ouais, dommage que tu ne sois pas avec quelqu'un de bien. Si j'étais chez toi ou si tu étais ici, je t'aurais invitée à sortir sans hésiter. Tu n'as jamais pensé à partir à l'étranger ? Toronto est une ville géniale ! »

Évidemment, avant cet instant, je n'avais jamais pensé à émigrer à Toronto. Mais je faisais déjà mes bagages dans ma tête. J'aurais pu vivre au Canada. Il faisait certes un peu froid et je ne connaissais personne là-bas, à part l'homme de ma vie. Mais c'était suffisamment près de New York pour y trouver du boulot et je pouvais aussi travailler au Canada. J'étais quasiment certaine que les Canadiennes lisaient des magazines féminins et se maquillaient. Du moins, c'était le cas d'Emelie et elle était canadienne. Plus ou moins.

Abandonnant la peinture, je me fis couler un bain et réfléchis à ce qui restait sur la liste. On avait dépassé la moitié. Ça commençait à devenir compliqué. J'espérais toujours que Veronica me dégoterait le job à Sydney qui me permettrait de barrer le voyage à l'étranger. Pour écrire une lettre à Simon, il fallait que je sois un peu plus stable sur le plan émotionnel. Ou un peu moins. Soit l'un, soit l'autre. Il ne restait plus qu'à trouver un cavalier pour le mariage de mon père et à sauter à l'élastique. Ou un truc dans le genre. Je ne savais pas ce qui m'inquiétait le plus. Non, le pire, dans tout ça, c'était que je pensais toujours au torse poilu de Dan. Plongeant dans le bain plein de mousse, je fermai les yeux et essayai de ne pas revoir son cul quand il s'était baissé pour ramasser le pinceau. Sauter à l'élastique me paraissait moins dangereux.

On était vendredi. Il pouvait s'en passer, des choses, en sept jours. Il semblait que je ne vivais pas exactement dans une chanson de Craig David même si j'espérais vraiment me la couler douce dimanche. Sans employer cette expression, parce que ce n'était pas du tout mon style. J'avais vingt-huit ans, la peau blanche et je faisais partie de la classe moyenne. Pour ne pas penser à la perspective de mon premier rendez-vous galant en cinq ans, j'avais commencé la journée par une séance de course à pied. Ça s'était un peu mieux passé que la fois précédente, puisque je ne m'étais pas effondrée ; ensuite, j'avais passé une deuxième couche de peinture sur le mur du salon et j'étais sortie acheter à manger et à boire pour la soirée de samedi. J'avais même fait un cheesecake au chocolat au lieu de la génoise pleine de glaçage que Matthew avait bannie à tout jamais. Personne n'était passé à l'improviste ; personne n'avait vomi ; personne ne m'avait plaquée. Pour l'instant, c'était le meilleur vendredi que je passais depuis longtemps.

Emelie et Matthew étaient finalement passés me souhaiter bonne chance pour mon rendez-vous. C'est-à-dire qu'elle avait envoyé des SMS à Paul en mangeant une énorme part de poulet Vindaloo et Matthew avait envoyé des SMS à Personne après avoir passé une heure à essayer de prendre une photo sexy de son tatouage pour la mettre en ligne sur Facebook. Plutôt Grindr[1], si vous voulez mon avis. Bizarrement, aucun des deux ne tenait à m'accompagner au cours de yoga. Je ne leur demandais pas de venir au rendez-vous, mais j'aurais bien eu besoin d'un soutien moral pour le cours. Aussi, à 18 h 30 pile, je me trouvais devant la porte avec un pantalon de sport moulant d'Emelie, un gilet rose vif qui ne couvrait pas la moitié de ce que j'aurais voulu et le tapis de yoga de Matthew entre les mains. Toute seule.

— Mais j'ai pas envie !

C'était mon dernier recours : geindre.

— Et si Asher était ton âme sœur ? demanda Emelie entre deux bouchées de naan.

— J'en doute, gémis-je.

1. Cette application permet aux gays de discuter et d'échanger des photos avec des hommes géolocalisés aux alentours. (*NdT.*)

— Em m'a dit qu'il était mignon, intervint Matthew sans lever la tête de son téléphone. Casse-toi.

— Amuse-toi bien !

Em me fit un vague signe de la main. Elle était concentrée sur la rediffusion des auditions de *X Factor*. Elle faisait de son mieux pour remplir le décodeur d'émissions que Simon haïssait.

— Je vous déteste, dis-je en ouvrant la porte d'un air vexé. Bon, j'y vais, non ?

— Tu vas finir par être en retard, répondit Matthew. Dégage.

— Je laisserai des capotes à côté du lit ! cria Em.

Me retournant, je sortis d'un pas furieux et claquai la porte. Avec des ballerines, ce n'était pas facile, mais en y mettant du sien…

Bien sûr, le bus était en retard et j'arrivai pile à l'heure au cours de yoga. Assis à l'avant de la pièce, Asher m'adressa un sourire soulagé et un léger signe de la main pendant que je me dépêchais d'entrer. Je déroulai mon tapis et cognai par inadvertance deux élèves à la tête avec les accessoires en mousse. Heureusement que je n'avais pas choisi ceux en bois.

— Bonsoir, tout le monde ! commença Asher.

Je m'assis en tailleur en essayant d'avoir l'air le plus serein possible. Sans son costard, Asher était toujours aussi mignon, mais ses lunettes d'intello me manquaient. Avec un peu de chance, elles réapparaîtraient pour le verre. Sa tenue de yoga n'était pas en Spandex. C'était peut-être lui, le bon ?

On habiterait peut-être dans un ashram avec nos enfants beaux et souples, Trèfle et Tabasco. Ah non, ça, c'était la sauce.

— Commençons l'entraînement avec trois *ohm* pour faire le vide dans notre esprit, dit Asher avec un calme inquiétant.

Peut-être avait-il compris que je voulais donner le nom d'une sauce piquante à l'un de nos enfants.

Fermant les yeux, je pris une grande inspiration. Mais mon esprit refusa de jouer le jeu. Au lieu de se concentrer sur l'*ohm*, il se rebella et murmura quelque chose qui ressemblait beaucoup à : « *Mon Dieu ! Vraiment ?* »

Oui, cerveau, répondis-je sans joie. *Vraiment.*

— Alors, qu'est-ce que tu en as pensé ? me demanda Asher à la fin du cours.

J'étais assise par terre, le visage rouge, ruisselant de sueur. Je roulai mon tapis en espérant ne plus jamais avoir à m'en servir. Je levai la tête vers lui. J'avais du mal à croire qu'il puisse me poser la question. J'avais passé la moitié du cours dans la position du mort à pleurer en silence et l'autre moitié à me déchirer les tendons à l'arrière des jambes en pleurant plus fort.

— C'était stimulant, répondis-je après avoir cherché une alternative à : « C'était horrible, putain », sans tomber dans le mensonge.

— N'est-ce pas ? dit-il avec un grand sourire. Qu'est-ce que tu as envie de faire, maintenant ?

Assise ainsi sur le sol, en regardant son visage joyeux, j'eus soudain une vision : Asher et moi en position du guerrier avec deux petits Asher qui tombaient en essayant de nous imiter. Ils étaient adorables avec leurs petites lunettes d'intello. Revenant à moi, je me mordis les lèvres.

— Un verre ?

— Et après, je l'ai traitée de garce qui n'a rien dans le crâne. Et je suis partie.

Je finissais de raconter « le jour où j'ai crié sur une top model » en même temps que mon deuxième verre de rouge.

— OK. Waouh. C'est euh… ouais. Waouh, dit Asher pour la centième fois.

Il en était à sa troisième bière. Il buvait beaucoup pour un prof de yoga. Ça n'allait pas dans la colonne « père de mes enfants ».

— Les bons et les mauvais côtés, tu connais ça. C'est ma tournée, dis-je en me levant. La même chose ?

— OK, oui, répondit Asher. Une autre.

Debout au bar, je jetai un coup d'œil vers notre table. Il n'était pas très bavard, d'accord, mais il avait l'air gentil. Et, étant prof de yoga, il ne pouvait pas être méchant, si ? Après le cours, on était allés au *Lexington*. Le plan, c'était que si mes tendons me lâchaient, je pouvais quand même rentrer en rampant. Jamie, le barman, hocha la tête en guise de salut et plaça notre commande sur le comptoir.

— Ça va, Rachel ? me demanda-t-il en prenant mes 20 livres.

Je lui rendis son sourire et récupérai ma monnaie.

— Pas trop mal. Alors, beaucoup de monde ?

— Il y a un groupe qui joue au premier, alors c'est un peu calme, dit-il en désignant la table où Asher pianotait sur son téléphone. Qu'est-ce que c'est que ça ?

— Un nouvel… ami, dis-je en grimaçant. Simon et moi, c'est fini.

— Tu ne perds pas ton temps, rétorqua-t-il. Enfin, je suppose que ça ne sert à rien d'attendre.

— Il a l'air gentil, dis-je en hochant la tête.

— Eh bien, si j'étais toi, je placerais la barre un peu plus haut. Mais du moment que tu t'amuses…

Il m'adressa un léger sourire avant de s'éloigner pour servir un autre client.

S'amuser… Hmm. Est-ce que je m'amusais vraiment ?

— Tu fais du yoga depuis combien de temps ? demandai-je en posant la bière d'Asher sur la table devant lui.

Il avait replié ses longues jambes sous la chaise et son tapis de yoga était posé à côté.

— Santé. Ça fait quelques années, maintenant, répondit-il en remontant ses lunettes sur son nez. J'adore ça.

Je hochai la tête. *Bien, un style de vie sain. Un point en plus.*

— Qu'est-ce qui t'a donné envie de commencer ?

— Pour tout te dire, c'est grâce à mon ex, admit-il en sirotant sa pinte. Il en faisait depuis des années et, si je voulais le voir, il fallait que j'aille à ses putains de cours de yoga. Je suis content de l'avoir fait, en tout cas. Je suis beaucoup plus heureux avec le yoga dans ma vie qu'avec lui.

Malgré les avertissements de mon cerveau, j'écarquillai les yeux et recrachai doucement ma gorgée de vin dans mon verre. Pour je ne sais quelle raison, je n'arrivais pas à avaler…

— Ton ex était un homme ?

J'étais certaine que ma voix n'était pas aussi aiguë que je l'entendais dans ma tête.

— Ouais. Ça ne pose pas de problème, j'espère ? (Il regarda par-dessus la table d'un air nerveux.) Parfois, j'oublie que les gens n'approuvent pas tous… ce genre de choses.

Avant que je n'aie pu répondre, un dieu du yoga musclé d'un mètre quatre-vingt-dix s'incrusta dans ma vision, me déséquilibra d'une poussée qui me laissa sur les fesses et se pencha pour rouler un patin à Asher. Je restai assise sur l'herbe à pleurnicher tandis que les enfants de mon rêve sanglotaient : « Pourquoi, papa, pourquoi ? »

— Ça ne me dérange pas, répondis-je en reprenant une gorgée de vin que je réussis à avaler. Pas du tout.

— Ouf ! fit-il en feignant de s'essuyer le front. Comme je te l'ai dit, c'est un ex. D'il y a très longtemps.

Ça ne me dérangeait pas. Vraiment pas. À notre époque, ça ne dérangeait plus personne. À part mon père. Mais je pouvais rajouter une croix dans la colonne « plairait à maman ».

— Je suis devenu prof de yoga après notre rupture.

Asher se laissa aller contre sa chaise et tendit les jambes. Je ne pouvais même pas bouger les miennes. Pas encore. Alors que ça faisait deux heures et trois verres de vin que j'avais essayé la position du chien tête en bas.

— Je n'arrive pas à croire qu'un loisir ait changé ma vie.

— Je peux comprendre, dis-je en sirotant mon vin. Vraiment.

— Ça me fait plaisir.

Il se pencha sur la table, regarda autour de lui avant de me faire signe de m'approcher. Je posai mon verre. Allait-il m'embrasser ? Était-ce le début d'une grande histoire ?

— Je sais qu'on vient juste de se rencontrer, mais je donne un cours pour naturistes le samedi. Après, on se retrouve chez moi. Si tu veux, tu peux venir demain.

Je me rassis, les lèvres pincées.

— Les toilettes sont là-bas ? demanda-t-il en désignant les portes sur le côté de la salle.

Je hochai la tête en silence, sans bouger. Tout cet entraînement sur la position du mort se révélait payant, finalement.

Dès qu'il disparut dans les toilettes, j'extirpai mon portable de mon sac et envoyai un message à Em, comme prévu, pour qu'elle me sorte de là. J'en avais assez. Je jetai un coup d'œil à la porte des toilettes. Aucun mouvement.

« Je suis une célébrité, sors-moi de là ! », écrivis-je le plus vite possible et gardai le téléphone dans ma main.

J'avais reçu un SMS de Dan. Pendant un instant, j'hésitai à l'ouvrir. Il allait sûrement me dire qu'il ne pouvait pas venir à la fête, qu'Ana l'avait attrapé par les couilles pour le ramener à la maison. Même si j'essayais de me convaincre du contraire, j'étais plutôt déçue.

« Je peux apporter quelque chose demain ? »

C'était gentil de sa part, mais je ne comprenais toujours pas ce qui se passait et je détestais ça. Matthew était prêt à parier qu'il s'agissait précisément d'un pari ; cette idée ne me plaisait pas, mais je devais admettre que c'était une possibilité. Et comme Emelie me l'avait fait aussitôt remarquer, je me sentais flattée. Du moment que ce n'était pas un pari sur celui qui chopperait la plus moche…

Ma réponse fut concise.

« Seulement toi. Et à boire. Plein de trucs à boire. »

— Tu fais un rapport ? demanda Asher en se rasseyant. Ou tu rassures tes amis en leur précisant que je ne suis pas un tueur en série ?

Je ne tenais vraiment plus à passer la soirée avec ce prof de yoga orgiaque.

— Mais je ne peux pas encore le savoir, pas vrai ? Non, j'ai juste reçu un message, dis-je en secouant mon téléphone pour appuyer mes dires.

— Quelque chose d'intéressant ? dit-il en essayant de remettre discrètement en place ses coucougnettes.

Raté. Je m'en étais tout de suite rendu compte. C'était l'un des plus gros problèmes d'un rendez-vous après un cours de yoga. Spandex ou non, sa tenue laissait peu de place à l'imagination… et je n'en avais pas beaucoup pourtant. Ça aurait été gênant même si nous n'avions pas été dans mon pub habituel entourés d'hommes en jean et d'autres personnes habillées normalement.

— Juste un ami, dis-je en butant légèrement sur le mot. Un collègue de travail.

— Un maquilleur ?

Je trouvais que l'idée d'un maquilleur l'amusait un peu trop pour un prof de yoga bisexuel.

— Il est photographe, précisai-je. On travaille pour la même agence.

— C'est la première fois que je rencontre une maquilleuse, fit-il remarquer. J'ai du mal à imaginer qu'on puisse passer sa journée à retoucher le rouge à lèvres de quelqu'un.

Je souris poliment et avalai mon vin cul sec. Il fallait que je le boive vite si je ne voulais pas le lui jeter au visage, et je ne tenais pas à faire une scène. Où était Em ? Pourquoi ne m'appelait-elle pas ?

— Qu'est-ce qui t'a donné envie d'en faire ton métier ? Le maquillage, je veux dire.

J'avais une réponse toute prête. On me posait souvent la question.

Asher se frotta le bout du nez. Avait-il toujours été aussi gros ?

— Eh bien, j'aimais l'art à l'école, mais je n'étais pas douée et je maquillais toujours mes amies. Et plus je le faisais, plus j'aimais l'idée d'embellir quelqu'un, de me servir du maquillage pour le transformer. C'est tout.

— C'est marrant, parce que toi-même, tu n'as pas l'air d'en mettre beaucoup, dit-il tandis que je coinçai mes mains sous mes fesses. C'est sûrement parce que je suis un homme, mais je ne comprends pas l'intérêt de couvrir son visage avec ces merdes. Ça n'arrange personne. Tu as bien vu l'autre soir, toutes ces femmes avaient l'air de voitures volées ! Non merci.

— Je ne m'amuse pas à mettre de la merde sur le visage des gens, répondis-je. Dieu merci.

— Mais c'est quand même un travail bizarre, tu ne trouves pas ? Tes parents ne t'ont jamais demandé de te trouver un vrai boulot ?

Il ne savait vraiment pas s'arrêter.

— Nan.

— Et sur le papier on vous appelle *artistes* maquilleurs ! Vraiment ? Des artistes ? Si tu étais une vraie artiste, tu ne le prendrais pas mal ?

— Nan.

Mon regard aurait pu congeler le septième cercle de l'enfer, pourtant il continua sur sa lancée.

— Par contre, j'ai toujours rêvé d'être photographe, dit-il en posant son téléphone sur la table pour me montrer une photo parfaitement banale de Londres depuis Waterloo Bridge. J'ai toujours eu l'œil.

Je ne comptais plus le nombre de fois où j'avais vu Dan remettre des photographes amateurs à leur place. Il avait l'art de les rabaisser d'un regard. De temps en temps, il leur servait un sourire condescendant ou un rire poli. Je le comprenais ; on avait tous les deux des boulots que les gens pensaient pouvoir faire à notre place. Après tout, je ne faisais que retoucher le rouge à lèvres d'une fille et lui mettre de la « merde » sur le visage.

— Je crois que c'est un travail plus difficile qu'on ne le pense, répondis-je avec tact sans regarder son téléphone. Dan a beaucoup de talent.

Je repensais à la photo que j'avais vue dans la galerie la soirée précédente. Il avait vraiment l'œil pour créer des œuvres stupéfiantes. Du moins, quand il ne se contentait pas de photographier Ana en petite culotte.

— Ouais, si je n'avais pas été obligé de travailler, j'aurais étudié la photo. Ce n'est pas très sûr comme métier, pas vrai ? fit remarquer Asher, sur la défensive.

Certaines personnes trouvent du boulot sur un coup de chance, je veux dire.

— Pour lui, ça n'a rien à voir avec la chance, rétorquai-je avec virulence. Il a travaillé très dur. On ne devient pas photographe en claquant des doigts, il faut être assistant pendant des années, puis se tenir au courant des nouvelles techniques et s'adapter aux nouveaux équipements. Sans parler des longues heures de travail et des déplacements constants. Mais, si on est aussi doué que Dan, il y a du boulot.

Asher paraissait furieux.

— Pareil pour les maquilleurs, marmonnai-je dans mon verre de vin.

Mon téléphone restait désespérément coi dans mon sac. Qu'est-ce que foutait Emelie ? Si elle était en train d'échanger des messages avec mon frère au lieu de m'éviter une nuit en taule après avoir tabassé cet idiot à mort, elle allait entendre parler de moi.

— Ça ne se limite pas à retoucher du rouge à lèvres.

— Explique, alors ! dit-il en regardant sa montre.

— Je l'aurais fait avec joie si mon amie ne m'avait pas envoyé un message. Je dois y aller, répondis-je en avalant le reste de mon vin et en lançant mon sac par-dessus mon épaule. Merci beaucoup pour cette soirée.

— Tu as vraiment reçu un message ? demanda-t-il.

Il se leva, mais il n'avait pas l'air particulièrement surpris.

Je le dépassai rapidement.

— Nan. Salut.

— Tu oublies ton tapis de yoga ! cria-t-il après moi à travers le bar bruyant qui s'était rempli.

— Je m'en fous ! rétorquai-je.

C'était vrai… jusqu'à ce que je sorte et que je me rappelle que ce n'était pas le mien et que je devais vingt livres à Matthew. Merde.

Je ne risquais pas d'oublier ce premier rendez-vous.

Chapitre 14

— Tu me connais trop bien ! s'écria Matthew par-dessus la musique en agitant gaiement ses cadeaux. Je peux les essayer ?

— Le DVD oui, les capotes, non, répondis-je.

La fête de Matthew se passait encore mieux que je ne l'aurais imaginé. Pour effacer de ma mémoire tout souvenir du précédent fiasco, je m'étais jetée corps et âme dans son organisation. Il y avait un nombre absurde de bouteilles dans la cuisine, bien plus de nourriture que les convives pourraient jamais avaler et j'avais même sorti les guirlandes lumineuses pour créer une ambiance particulière. Le côté positif de la chose, c'est qu'on ne pouvait pas lire « Simon est un connard » sur le mur. Ce qui aurait été le cas avec une lumière vive. Mais quand même. Tout le monde avait l'air de s'amuser. Matthew était déjà bourré, Emelie jouait à la perfection l'hôtesse adjointe en remplissant les verres des invités et je ne m'étais pas encore effondrée. Pas mal.

— Alors, qu'est-ce que tu as fait aujourd'hui ? demandai-je à Matthew.

J'arrêtai de remplir les bols de chips et de sauces pour venir m'asseoir sur le canapé à côté de la star du jour. Il ne sautait pas dans tous les sens, contrairement à mes attentes. Inquiétant.

— Tu n'as pas l'air aussi en forme que d'habitude.

— Oh, mon Dieu, c'est vrai ? s'enquit-il, l'air outré. Désolé. J'ai la tête ailleurs.

Je passai une main dans ses cheveux en tâchant de ne pas regarder ma propre télé. Je supposais qu'il souffrait du syndrome du premier anniversaire sans Stephen, alors je n'insistai pas.

— Je sais, c'est bien ce qui m'inquiète. Ça va ? Tu as passé une bonne journée ?

Matthew, par contre, ne pouvait en détourner les yeux.

— Aujourd'hui ? J'ai fait la grasse mat, j'ai regardé la télé, je me suis branlé… Qu'est-ce que fait le grand connard ténébreux dans ta cuisine ?

Il parlait évidemment de Dan. Il était arrivé pile à l'heure, à 21 heures, avec une bouteille de whisky, une autre de vodka et un pack de bières. Qu'on ne vienne pas me dire que ce mec ne savait pas obéir aux ordres. Pourtant, depuis qu'il avait franchi le palier, on s'était à peine adressé la parole. Je m'étais plus ou moins résignée au fait que j'avais mal compris la situation et qu'il se montrait gentil et attentionné parce que je venais de me faire larguer. Et par « résignée », je voulais dire « soulagée ».

— Il n'a pas l'air si mal que ça, dit Matthew en nous servant un verre de whisky.

Il avait rejeté les options vin et bière bien plus tôt dans la soirée.

— J'avais oublié qu'il était aussi canon, renchérit-il.

Le whisky me faisait du bien.

— C'est ça. Revenons plutôt à toi, notre star internationale. Tu es sûr que ça va ? Tu n'as pas l'air dans ton assiette. Pire que ton habituel : « Personne ne m'arrive à la cheville. »

Matthew avala son verre cul sec et s'en servit un autre.

— Je sais, je suis un salaud de première. C'est juste un petit coup de déprime d'anniversaire.

— Bon, alors, regarde ton porno et sois sage, lui ordonnai-je en lui plantant un baiser sur le front.

Puis je me dirigeai vers la cuisine pour chercher des Doritos. C'était une fête ultra classe.

— Matthew s'amuse bien ? me demanda Dan quand je passai près de lui.

Sa tenue de la soirée était composée d'un jean moulant bleu marine, d'une chemise blanche à carreaux et d'un pull à col en V en cachemire bleu pâle dont l'encolure révélait une fine cravate noire. Je devais admettre que ça lui allait bien. Même si le regarder donnait un peu chaud. Je portais ma nouvelle robe sans manches en soie bleue, et je cuisais.

Je savais que Matthew n'aurait pas aimé que je parle de son chagrin d'amour déchirant, alors je m'abstins : *vive moi.*

— Comme un enfant. Ça va mieux depuis que je l'ai autorisé à regarder son DVD, dis-je en jetant un coup d'œil vers le salon. Ça va ?

— Ouais. J'ai discuté avec Emelie. Elle est plutôt sympa quand elle ne cogne pas ma copine.

— C'est vrai, répondis-je.

Plutôt sympa ? Copine ? Ils étaient toujours ensemble ? Argh.

— Il reste des chips ?

— Elle est super sexy, dit Dan en attrapant les amuse-gueules sur l'étagère du haut où il les avait cachés.

— C'est vrai.

Pitié, ne me dites pas qu'il est venu à cette soirée pour draguer ma meilleure amie !

Il posa les chips avant de se tourner vers moi.

— Ne sois pas jalouse… Tu es bien mieux.

Je toussai, m'étouffant sur le Dorito que je venais d'avaler.

— Rach ! cria Matthew dans le salon. Quelqu'un frappe à la porte.

— Alors va répondre, rétorquai-je sans quitter Dan des yeux.

— Je regarde un porno, cria-t-il à son tour. Et c'est mon anniversaire !

Je détournai rapidement le regard, mais ce ne fut pas suffisant.

— J'y vais, annonça Dan. Tu peux mettre le guacamole dans cette coupelle bleue ? C'est le truc vert avec des morceaux.

— Trop drôle ! Arrête, je vais me pisser dessus…

— Pas dans la cuisine, s'il te plaît.

Il posa les mains sur mes hanches en me dépassant pour aller dans le salon. Encore cette étrange bouffée de chaleur. Il fallait vraiment qu'il arrête de me toucher. Ou qu'il se mette à le faire plus souvent. Je n'en étais pas trop sûre. Le whisky me rendait particulièrement indécise.

— Cette fête est très réussie, déclara Em en relayant Dan dans la cuisine. Il y a tellement de gens !

Elle grignotait délicatement un bâtonnet de carotte alors que j'avais acheté des mini-cheddars spécialement pour elle.

— Tu as l'air surprise, répondis-je. J'ai beaucoup d'amis.

— Et tu portes encore une robe ! Elle est vraiment jolie.

D'un bras, elle me serra contre elle, vérifia que personne ne nous regardait et goba une poignée de cacahuètes grillées à sec.

— Merci ! dis-je en tournant sur moi-même pour faire voler la jupe. Je suis presque à court de nouvelles tenues et aucune des rescapées ne me paraissait convenir pour l'occasion.

— Tes vieux vêtements n'étaient même pas appropriés pour traire une vache, rétorqua-t-elle. Je n'ai toujours pas réussi à identifier certaines matières !

Je m'arrêtai de tourner et fourrai un mini-cheddar dans ma bouche.

— Tu as jeté mon manteau en laine. Le seul que j'avais !

— Rach, mon cœur, répondit-elle entre deux bouchées de crackers au fromage, ce n'était pas un manteau en laine. Si ce manteau avait vu un mouton, il se serait détaché de toi pour le regarder de plus près et demander ce qu'était ce truc plein de poils qui faisait « bêêê ».

— En attendant, je n'ai pas de manteau, grommelai-je. Mais je suis contente que tu sois en tenue décontractée, je ne voulais pas que tu t'habilles trop classe.

Emelie avait sorti le grand jeu pour l'anniversaire de Matthew. C'était le moins qu'on puisse dire. On aurait dit qu'elle se rendait au carnaval de Notting Hill. Je ne comprenais pas comment elle avait pu penser que ça ferait l'affaire pour une fête entre amis. Dans sa sagesse de *fashionista*, ma meilleure amie avait assorti un mini-short moulant à sequins rouge vif à des bas résille et un large tee-shirt à rayures qui tombait suffisamment de son épaule gauche pour dévoiler son nouveau tatouage. Ses cheveux auburn éclatants étaient cinq fois plus longs que d'habitude, rassemblés grossièrement sur une seule épaule, et je supposais que les plates-formes noires à lanières vernies à côté du canapé lui appartenaient. Elle ressemblait à une Pussycat Doll après le boulot. Ou à une entraîneuse de haut standing.

— Je me suis dit que ce serait marrant de tenter l'expérience, c'est tout ! dit-elle en jetant un coup d'œil au salon où Dan était assis avec Matthew, à l'autre bout du divan, essayant de ne pas avoir l'air intéressé par ce qui se passait sur l'écran.

À sa décharge, ça aurait intrigué n'importe qui, quelle que fût sa préférence sexuelle. Qui aurait cru qu'on pouvait faire entrer autant de gens dans une baignoire ? Ils faisaient sûrement de leur mieux pour se serrer et faire de la place.

— Au fait, j'ai parlé à Dan le mâle…

— Ça a dû être drôle, répondis-je rapidement. Tu sais où est le tzatziki ?

Elle ne me quittait pas des yeux.

— Il ne sort plus avec Ana. Apparemment, ils ont eu une violente dispute après… Euh, après le coup de l'alarme incendie et le pain dans la tronche.

— C'est terrible.

Comment avait-elle réussi à lui tirer les vers du nez en cinq minutes à une soirée ? Il était resté peindre chez moi pendant une demi-heure et je n'avais pas été capable de comprendre ce qui se passait entre Ana et lui.

— C'est lui qui t'a dit ça ? Mot pour mot ?

— Ouais… C'est marrant qu'il soit ici ce soir, répondit-cllc. Dans l'absolu, s'il était intéressé, est-ce que ça te brancherait ?

— Si tu me demandes la permission de l'aborder, je ne te rappellerai pas que tu as promis d'aller au mariage de mon père avec mon horrible frère, ni que Dan est un coureur invétéré.

J'avais l'impression qu'on m'avait poignardée dans le ventre à répétition avec un couteau à beurre rouillé, mais je n'y prêtai pas attention.

— Pas moi.

Elle s'interrompit pour faire un clin d'œil à Pete, mon voisin, postier quadragénaire, tandis qu'il se dirigeait vers le frigo. Le pauvre faillit avoir une attaque.

— Toi.

— C'est Dan ! m'écriai-je en levant les mains pour souligner l'absurdité de ce qu'elle insinuait. Dan, quoi ! Ça fait des années qu'on travaille ensemble, on est amis. Plus ou moins. J'en serais incapable…

Em refusait de lâcher le morceau.

— Et alors ? Les choses changent. Tu as changé. Et surtout il est grand, beau et disponible.

Là, elle marquait un point.

— Je me demande ce que ça ferait de passer la main dans ses cheveux, dit-elle en touchant les siens et en faisant rebondir leurs pointes. Et ses yeux, Rachel ! Ses grands yeux bruns ! Ne me dis pas que tu n'aimerais pas tenter ta chance…

— Pitié. Je mange.

J'aurais sûrement fait une excellente politicienne.

Helena, ma voisine du dessus, s'approcha de moi munie d'une bouteille de vodka et embrassa l'air autour de mes joues.

— Rach ? C'est moi ou il y a écrit « Simon est un connard » sur le mur du salon ?

— Ouais, plus ou moins, dis-je en hochant la tête d'un air pensif. Il faudra que je repasse une couche.

— Si tu as besoin d'aide, n'hésite pas ! cria Dan de l'autre côté de la pièce. Elle n'est pas très douée.

Il pouvait nous entendre ? Il pouvait entendre Emelie ? *Et merde !*

— Je suis trop forte, rétorquai-je. C'est moi qui ai fait tous les angles !

— Si tu le dis.

Il reprit sa conversation avec Matthew pendant que je me tournais vers Helena, les joues légèrement plus rouges qu'avant.

— Alors, euh, j'ai vu sur Facebook que vous aviez rompu, dit Helena en abordant le sujet, mal à l'aise. Tu vas bien ?

Helena était la voisine parfaite. Elle récupérait notre courrier quand nous étions absents, elle ne faisait jamais de bruit et elle avait toujours du lait et du thé pour nous dépanner. Malheureusement, elle était loin d'incarner la célibataire modèle. Elle était très jolie, elle avait un bon boulot et – autant que je sache –, elle n'était pas malade, mais elle n'arrivait pas à perdre sa virginité alors qu'elle approchait les trente-huit ans. Vu la façon dont elle regardait Dan, je ne m'inquiétais pas que ce soit parce qu'elle était trop subtile dans ses tentatives d'approche.

— Tout va bien, merci.

Je ne tenais pas à lui raconter l'histoire de notre rupture. C'était la soirée de Matthew. Au moins jusqu'à minuit. Ou jusqu'à ce que je finisse le whisky. On verrait ce qui arriverait en premier.

— On devrait sortir toutes les deux, me suggéra-t-elle en me donnant un coup de coude complice. Sauf si tu n'as pas encore fait ton deuil.

Un autre regard appuyé à Dan.

— Si, je suis officiellement célibataire, répondis-je. Professionnellement.

Elle passa un bras autour de mes épaules en hoquetant.

— Génial. Personne n'en sait autant que moi sur le célibat. J'ai toujours été seule, ma chérie. Je te montrerai comment ça marche.

J'acceptai sa tape sur les fesses en m'esclaffant gaiement. Toujours seule. Ça me remontait le moral…

— Rach, téléphone ! dit Em en désignant l'iPhone qui vibrait sur la télé.

Passant devant les *Salopes de Jersey*, j'attrapai mon téléphone sans prêter attention aux huées de la foule qui s'était rassemblée sur le canapé et me glissai dans ma chambre. C'était un message d'Ethan. Je poussai la pile de vestes et de gilets au bout du lit pour pouvoir m'asseoir et le lire tranquillement.

J'avais mis une heure à répondre fébrilement à son : « Je t'aurais invité à sortir sans hésiter », à écrire, effacer, écrire, changer, effacer et à finalement l'envoyer. En gros, je lui avais dit qu'il avait intérêt à se méfier de ce qu'il souhaitait car il pourrait bien finir par l'obtenir. J'ajoutais que je n'arrivais pas à croire qu'il était toujours célibataire, et que je voyageais souvent pour le travail, donc un détour par Toronto était parfaitement envisageable. Ce n'était pas un mensonge. Pas vraiment. J'avais hâte de lire ce qu'il m'avait répondu. J'espérais sincèrement éviter la douche froide.

« Salut ! J'espère que tu passes une bonne soirée. Aujourd'hui, ça a été violent à l'école. Il y a eu un accident au hautbois sabre laser. C'est dur la vie de prof, parfois. »

Trop mignon.

« Hmm pourquoi est-ce que je suis célibataire ? Bonne question. Je suppose que je ne connais pas la réponse, sinon je ne le serais pas. Pour tout te dire, j'étais dans une relation plutôt sérieuse jusqu'au début de l'année, mais ça n'a pas marché. Elle a déménagé. Je n'ai pas voulu la suivre. D'où le célibat. Mais je ne crois pas que je sois très doué pour ça, sinon j'aurais des projets plus excitants pour un samedi que de passer la soirée avec mon chien. Et toi ? Tu fais quelque chose qui pourrait me rendre jaloux ? »

Coinçant mes cheveux derrière mes oreilles, j'entrepris de lui répondre. Emelie aurait été horrifiée : répondre tout de suite à un garçon ! Oui, mais il était tellement gentil… Comment avait-il pu rester comme ça ? Je voulais avoir l'air drôle et spirituelle sans passer pour une fille qui fait tout le temps la fête. Si j'avais réussi à ne pas ébruiter l'accident du *Savoy*, j'en étais sûrement capable. Écrire des messages était vraiment difficile. Comment faisaient les couples pour se rencontrer par Internet ?

« Salut ! J'espère que tu passes un bon samedi ! »

Bonne entrée en matière. Rachel la rousse me félicita. À présent, il fallait terminer le message rapidement et ne pas prendre une heure comme cet après-midi.

« Je n'aime pas trop ce que tu me dis sur ton boulot ! Un hautbois sabre laser ? J'espère qu'on te donne une prime de risque ! J'organise une fête pour l'anniversaire de mon meilleur ami. Il regarde un porno gay sur le canapé et tout le monde lui apporte à boire. Je crois qu'il s'amuse bien. »

Après ça, j'étais perdue. On avait déjà dépassé le stade du « Tu es trop mignon », alors comment éviter de parler du beau temps ou de ce qu'il avait mangé au dîner ? Est-ce que je devais continuer ? Je savais que ça ne servait à rien. Les flirts à distance se soldaient toujours par des échecs cuisants… mais je n'étais pas prête à me passer de l'excitation que je ressentais chaque fois que mon téléphone vibrait.

« Rester chez toi avec ton chien semble être une bonne façon de passer la soirée. Surtout comparé à cette fête d'anniversaire à base de porno gay. J'espère que tu as d'autres projets palpitants pour le week-end. »

Je l'envoyai sans prendre le temps de trop réfléchir, puis m'allongeai un instant sur le lit. J'adorais mes amis et j'appréciais qu'ils se soient tous déplacés à la dernière minute pour cette soirée, mais j'avais besoin d'un moment à moi. J'étais épuisée. Être célibataire, c'était du boulot. Organiser une fête, se faire tatouer, engueuler des top models, aller au yoga, sortir avec un con, courir, se faire couper et colorer les cheveux, vendre un disque hyper rare de son ex, dépenser tout l'argent en sous-vêtements de luxe et repeindre son appartement, le tout en une semaine, ça vous mettait K.-O. une fille.

— Tu fais quoi ? demanda Emelie en passant la tête dans l'entrebâillement de la porte. Tu rates toute la fête…

— Ah oui ? demandai-je sans me relever.

— Non, pas vraiment en fait.

Le lit rebondit quand elle se jeta dessus à côté de moi.

— Ce lit est confortable.

— Et maintenant il y a plein de place dedans.

Je m'étirai pour attraper le bout de la couette.

— C'est une des raisons pour lesquelles je n'autorise aucun homme à dormir chez moi, me conseilla-t-elle sagement. Je leur appelle toujours un taxi avant qu'ils ne prennent leurs aises.

— Je retire ce que j'ai dit, dis-je, les yeux fermés. Mon frère et toi, vous êtes faits l'un pour l'autre.

— Ah, fit-elle. On verra bien.

Em resta silencieuse un instant.

— Tout va bien ? demanda-t-elle. En général ? Toi, ça va ?

Je ne pris pas la peine d'ouvrir les yeux.

— Je pense que oui. J'ai juste besoin d'être seule une minute.

— Je suis très fière de toi, tu sais, dit-elle en me prenant la main pour la serrer. Tu gères comme une pro.

— Quel genre de pro ?

Mon téléphone se mit à sonner.

— C'est un numéro étranger, dit-elle en se levant et en se dirigeant vers la porte. Ooooh.

Je me relevai d'un bond. Étranger ? Était-ce possible que… ?

— Allô ?

Mon cœur battait à cent à l'heure et j'avais la bouche toute sèche, en partie à cause du whisky que j'avais avalé.

— Rachel ?

C'était Simon. Exactement huit jours, à la seconde près ou presque, depuis qu'il s'était enfui. C'était Simon.

— Salut, murmurai-je.

J'avais envie de raccrocher. De crier, de hurler, mais j'en étais incapable. Je ne pouvais que l'écouter.

— Je voulais t'appeler plus tôt, commença Simon. Pour m'assurer que tu allais bien.

J'étais déterminée à en sortir indemne. Où était Rachel la rousse quand j'avais besoin d'elle ?

— C'est l'anniversaire de Matthew. On fait la fête.

— Souhaite-lui un bon anniversaire de ma part, alors, dit-il en toussant nerveusement. Écoute, j'ai parlé avec un agent immobilier pour mettre l'appart en vente, aujourd'hui.

Il avait déjà consulté quelqu'un pour vendre la maison ? Je serrai le téléphone sans rien dire, le sentant simplement devenir de plus en plus chaud contre mon oreille.

— Donc si tu veux racheter ma part, on peut en discuter. Je préfère qu'on s'en occupe le plus vite possible.

La voix froide qu'il avait utilisée lors de notre dernière conversation était de retour. Visiblement, c'était la partie business de son appel.

Trouver les bons mots au bon moment n'avait jamais été mon fort. Comme ma performance devant Ana le prouvait, je n'étais pas une championne du sang-froid lors de mes disputes et je ne désarmais pas mes adversaires d'une seule phrase… Mais rien ? Je n'avais rien à dire du tout ? C'était n'importe quoi. Alors je fis la seule chose dont j'étais capable : je raccrochai. Je ne comptais pas m'occuper de ça tout de suite.

— Je peux rentrer ? demanda Em alors qu'elle avait déjà franchi la porte. C'était Ethan ?

J'avais les yeux rivés sur le mur d'en face.

— Simon. Il veut vendre l'appartement.

— L'enculé ! s'exclama Em en se rongeant les ongles. Qu'est-ce que tu lui as dit ?

— Je lui ai raccroché au nez.

— Bien joué, lança-t-elle en m'adressant un sourire un peu crispé. Qu'est-ce que tu veux faire ?

Je me secouai physiquement et mentalement. Il ne gâcherait pas ma soirée.

— C'est une fête d'anniversaire, non ? Allons servir le gâteau.

Em applaudit et épousseta ma robe.

— Ouais ! Au fait, tu es vraiment superbe. Qu'il aille se faire foutre.

— Qu'il aille se faire foutre, répétai-je.

Ces mots avaient une sonorité réconfortante, surtout quand je les répétais à l'infini.

— Joyeux anniversaire !

Après avoir baissé la lumière, Em commença à chanter et je la suivis précautionneusement à travers le salon avec mon magnifique cheesecake. Enfin, avec mon cheesecake qui s'était effondré sur un côté, mais qui était quand même comestible. C'était le premier gâteau que je faisais depuis le gâteau renversé à l'ananas d'un cours de cuisine. Il avait intérêt à être bon.

Il y avait moins de monde qu'avant ma petite pause, mais Dan était toujours là, coincé par Helena, et Matthew trônait sur le canapé pendant que Jeremy, son meilleur ami gay, hôtesse de l'air comme lui, l'approvisionnait en boissons et nourriture. Tous les autres avaient l'air de s'amuser. La soirée était officiellement réussie.

La réaction de Matthew n'était pas vraiment celle que j'espérais.

— Où est-ce que tu as acheté ce truc ? J'espère que tu as gardé le ticket.

Em lui donna une tape derrière la tête.

— C'est elle qui l'a fait, abruti. Alors ferme-la et mange.

— C'est toi qui l'as fait ? reprit-il, le regard brillant d'amour et d'alcool. Alors que tu ne sais même pas préparer le thé ?

J'étais trop fière de moi pour me vexer

— Je sais… Et, en plus, je pense qu'il est comestible.

— Je vais te dire ça tout de suite.

Prenant son courage à deux mains, il découpa une tranche en évitant les bougies. Tout le monde retenait son souffle. Matthew planta sa fourchette avec un sérieux impressionnant avant d'approcher un énorme morceau de sa bouche.

— Ce n'est pas dégoûtant, si ?

— Ce n'est pas dégoûtant, confirma-t-il en prenant une deuxième bouchée pour le prouver. C'est même très bon.

Un soupir de soulagement retentit dans la pièce et tout le monde se détendit. Je n'avais pas empoisonné la star de la soirée. La fête pouvait suivre son cours.

— Bon travail, euh… Rachel ? demanda Jeremy.

Je hochai la tête pour confirmer qu'il s'agissait de mon nom. Bien qu'étant le meilleur ami gay de Matthew depuis des années, il était toujours incapable de faire la différence entre Emelie et moi.

— Un de ces jours, tu feras une bonne épouse.

— Ah, oui, bien sûr. Si vous voulez bien m'excuser un moment.

Avec un grand sourire à son intention, je me retournai et me dirigeai droit vers la salle de bains, où je laissai échapper les pleurs les plus pathétiques que j'aie jamais entendus – et pourtant j'avais entendu Matthew se faire tatouer. Les invités répondirent par un silence absolu de circonstance.

— Jeremy, t'es vraiment un crétin ! entendis-je cracher Emelie avant qu'une version beaucoup plus calme de sa voix me parle à travers la porte de la salle de bains. Rach ? Ça va là-dedans ?

— Pas vraiment, répondis-je, assise sur le siège élégant de mes toilettes.

Je déroulai le rouleau de papier jusqu'à ce que toute la « Sensation de Velours triple épaisseur » achetée exprès pour l'occasion fût par terre.

— On peut entrer ?

— Vaut mieux pas.

— Helena dit qu'elle doit pisser, dit Matthew.

— Helena peut rentrer chez elle, si elle doit pisser.

Oh, mon Dieu, ma voix avait des accents un brin dépressifs.

J'entendis des marmonnements de l'autre côté de la porte, suivis de bruits de pas, d'objets que l'on déplace, de portes qui claquent, puis encore des murmures. Au lieu de m'inquiéter de ce que pouvaient penser les gens, j'entrepris de réenrouler le papier.

— Rach, m'appela Emelie, toujours de l'autre côté de la porte. Matthew et Jeremy ont envie d'aller danser, alors tout le monde va au *Popstarz*.

— Tout le monde ?

J'essayai d'imaginer Pete le postier dans une boîte avec des gays déchaînés autour de lui. En définitive, on ne savait pas grand-chose de ses voisins…

— Ouais, mais je suis un peu fatiguée. On peut rester à la maison, si tu veux, pour engloutir le cheesecake. S'il en reste.

C'était la façon la plus diplomatique de dire : « Tout le monde part parce que tu es au bord de la crise de nerfs, mais je reste avec toi pour vérifier que tu ne te suicides pas. D'ailleurs, souviens-toi, tu as fait un cheesecake et il n'était pas dégueu. Tu as une nouvelle raison de vivre ! » que j'avais jamais entendue.

— Non, tu devrais y aller, croassai-je. J'ai besoin de rester un peu seule. Je vous retrouve plus tard.

— Je ne suis pas d'humeur…

— Emelie. Vas-y, lui dis-je d'un ton ferme. Je n'ai qu'une envie, c'est de me coucher, et je ne suis pas d'humeur à partager mon lit.

D'autres échanges derrière la porte.

— Eh, Rach ! Em vient avec nous au *Popstarz*. Si tu as envie de nous rejoindre, prends un taxi ! cria Matthew.

Il semblait content de s'enfuir. Il avait l'esprit ailleurs depuis le début de la soirée. Si je n'étais pas en train de perdre la tête sur ces toilettes, j'aurais pu me demander où il avait la sienne.

Je caressai l'ourlet de ma robe du bout des doigts en souriant. *Désolée. Tu mérites mieux que ça*, pensai-je.

— Bouge de là, abrutie ! cracha Matthew. Pas toi, mon ange. Je disais juste à Emelie d'arrêter son cinéma. Je sais que tu peux te débrouiller toute seule. On se voit plus tard.

Apparemment, quelqu'un opposait une résistance physique à sa déclaration.

— À plus tard, répondis-je en faisant de mon mieux pour ne pas avoir l'air de pleurer.

Quand j'entendis la porte d'entrée se refermer, je me levai au milieu d'une mer de papier toilette et poussai un profond soupir. Je me sentis tout de suite mieux. Rachel la rousse m'adressa un regard mauvais dans le miroir tandis que j'ouvrais la porte pour jeter un coup d'œil dehors. Des verres vides, des canettes et des assiettes en carton partout. Rien de tel qu'une fin de soirée pour vous plomber le moral.

Il fallait que je fasse le ménage. Que j'enlève ma robe et que je nettoie tout ça. Cherchant la fermeture Éclair dans mon dos, je la défis et me déshabillai. Un des avantages de vivre seul : on pouvait se balader en sous-vêtements dans son salon sans que personne nous voie. Ou ne s'en soucie. Je laissai la soie tomber sur le sol et sortis de la jolie mare bleu pâle. Au même moment, j'entendis des pas dans le couloir.

— Oh, putain !

Dan se tenait dans l'encadrement de la porte du salon, une main devant les yeux. Je ne savais pas si je devais sauter de joie ou me morfondre de porter ma nouvelle lingerie aguicheuse. Enfin, c'était sûrement mieux de se faire surprendre avec les sous-vêtements d'une danseuse burlesque qu'avec ceux d'une nourrice de base. Il retira rapidement son pull et le lança dans ma direction. Je compris vaguement qu'il me demandait de l'enfiler.

— Désolée, couinai-je, la tête perdue à l'intérieur du vêtement doux. Je suis vraiment désolée. Je pensais que tout le monde était parti.

Il jeta un coup d'œil entre ses doigts.

— Je suis venu chercher mes clés. La porte n'était pas bien fermée.

Je hochai la tête, les yeux rivés vers mes pieds. Plus gênant, tu meurs.

— Ça va ?

Je relevai la tête. *C'était quoi, cette question stupide ?*

Il désigna le salon. Est-ce qu'il se moquait de ma façon de peindre ? De la sienne ?

— Tu vaux beaucoup mieux que ça, tu sais ? Tu n'es pas une mémère avant l'heure. Tu n'es pas chiante. Tu es merveilleuse.

— Je ne suis pas une mémère avant l'heure ? Je suis merveilleuse ?

Je mis une minute à intégrer la seconde moitié de la phrase.

— Oui. Ce que je veux dire, c'est que tu devrais accepter des missions plus intéressantes, expliqua-t-il rapidement. Et ne pas te contenter de boulots locaux parce que tu dois rentrer préparer du thé pour ton copain. Je crois que cette rupture va te faire du bien.

Je ne prêtai aucune attention à la déception qui m'écrasait le cœur et tirai le pull sur mes genoux.

— OK. Peut-être que j'aime rentrer préparer du thé pour mon copain ?

Ça ne me semblait pas le bon moment pour lui faire remarquer que je n'avais jamais préparé de thé à Simon en cinq ans.

— Ou peut-être que tu devrais m'accompagner pour le job à Sydney, ajouta-t-il. Les maquilleurs qu'ils m'ont proposés pour l'instant sont des bons à rien.

Sydney ! J'étais censée sauter dans tous les sens de joie, mais mes pieds étaient collés au sol. La pièce était toujours éclairée par les guirlandes lumineuses et le reste du cheesecake de Matthew reposait sur la table entre nous. La mèche de la bougie d'anniversaire était noire et frisottée.

— J'en ai parlé à Veronica, répondis-je. Elle va proposer ma candidature, je crois.

— Tu auras le boulot. Tu es l'une des meilleures, tu sais ? dit-il en venant se poster près de moi qui nageais dans son pull, naine que j'étais.

— Et tu es drôle, poursuivit-il. Tu es intelligente, imprévisible et, avec un peu d'entraînement, tu pourrais presque apprendre à peindre.

Je ne savais pas quoi dire.

— Merci…

— Tu n'as pas besoin de te conformer à ta liste pour être merveilleuse.

Il se tenait devant moi. Suffisamment près pour que je puisse voir qu'il ne s'était pas rasé. Suffisamment près pour me rendre compte qu'il avait des cernes sous les yeux. Suffisamment près pour sentir son shampooing.

— Tu auras un nouveau petit ami en un clin d'œil.

Je clignai des yeux.

C'est alors que Dan m'embrassa.

C'était un baiser court, léger et très bref, mais je paniquai quand même. Reculant vivement, je me couvris la bouche et plantai mes yeux écarquillés dans les siens. C'était un vrai baiser, pas une tentative bancale comme au *Savoy*. Lèvres contre lèvres. Mais Dan ne bougea pas. Il se contenta de rester là, à m'observer, avec son doux regard, ses lèvres pulpeuses et ses cheveux bouclés couleur chocolat qui effleuraient ses pommettes. Il ne s'excusa pas ; il ne dit rien. Au lieu de ça, il me prit la main, la baissa et m'embrassa de nouveau. Cette fois, je ne le repoussai pas.

La main qui ne tenait pas la mienne me caressa la joue avant de se poser contre mon visage et de s'enfoncer légèrement dans mes cheveux. Il avait les lèvres douces et ses tendres baisers se transformèrent rapidement en quelque chose de plus fort, à mesure que mon corps lui répondait. Mon esprit, lui, était coincé dans les toilettes et essayait toujours de comprendre comment remettre le rouleau de papier à sa place. Je préférais qu'il y reste. Je n'avais pas besoin de lui. Je passai les bras autour du cou de Dan, enfonçant les doigts dans ses boucles, sur la pointe des pieds pour mieux répondre à ses baisers. C'était de la folie. J'étais en train d'embrasser Dan. J'entendais le sang battre dans mes tempes, couvrant la petite voix qui m'avertissait que c'était stupide et que je le regretterais le lendemain. Mais je ne trouvais pas les mots pour l'arrêter. Parce que je n'en avais pas vraiment envie.

Au lieu de ça, je laissai Dan me soulever jusqu'à ce que mes pieds quittent le sol et m'allonger sur les gros coussins moelleux de mon canapé, le poids chaud de son corps se posant sur moi. Ses lèvres ne quittaient pas les miennes, mais ses mains se mirent à voyager, se glissant sous son pull douillet pour se poser contre mes reins. Pour commencer.

— J'y pense depuis si longtemps, murmura-t-il en déposant une kyrielle de baisers de mon oreille à mon cou.

Je ne savais toujours pas quoi dire, mais ma respiration haletante semblait lui suffire. Faute de mots, je fis courir mes doigts le long de ses épaules larges, suivant les muscles de son dos. Trimballer le matériel photo, c'était vraiment du sport. Je le sentais ferme et fort au toucher. Après avoir desserré sa cravate, il déboutonna les deux premiers boutons de sa chemise et continua son exploration.

— Oh, couinai-je, en ouvrant les yeux de surprise. Tu as les mains froides !

— Désolé, dit-il avec un léger sourire aux lèvres.

Je savais qu'il ne le pensait pas vraiment, trop occupé qu'il était à retirer le pull qu'il m'avait demandé d'enfiler cinq minutes plus tôt.

— Tu portes ça sous tes leggings tous les jours ?

— Non, répondis-je d'une voix qui me parut haletante, étrange. Ou oui ? Si, en fait.

À côté des bobards que je débitais ces derniers temps, c'était un mensonge gentillet.

— Magnifique !

Il effleura du bout des doigts la dentelle de mon soutien-gorge avant de continuer à se déshabiller. Le bruit de la fermeture Éclair fut ce qui me ramena à la réalité. Dan était mon ami. Je venais juste de redevenir célibataire. Mais ses mains qui me caressaient doucement étaient merveilleuses. J'étais toujours sous le choc du coup de fil de Simon. Ce n'était pas réel. Je refermai mes jambes autour de sa taille tandis que son pantalon glissait par terre. Ça faisait longtemps que je ne m'étais pas sentie aussi désirée et que je n'avais pas autant désiré quelqu'un. Mais c'était la chose la plus stupide que je pouvais faire… à part sortir et me jeter sur le premier venu. Je ne pouvais pas faire ça.

— Si tu savais le nombre de fois où j'ai voulu faire ça au boulot, dit-il, laisser tomber mon appareil photo et te plaquer contre le mur pour… depuis des années…

Les mots de Dan se transformèrent en gémissements rauques et je sentis ses dents effleurer mon oreille. *Grrrr.*

— Ah oui ? m'entendis-je répondre.

J'avais l'air surprise. Dans la salle de bains, mon esprit me confirma que oui, c'était bien de la surprise. Il voulait aussi revenir dans le salon, mais je n'étais pas encore prête à l'y autoriser.

— Oui.

Il s'appuya sur son coude pour me regarder avec de grands yeux sombres aux pupilles dilatées. Je posai la main sur sa poitrine, sentant son cœur s'emballer. C'était ma dernière chance d'agir raisonnablement.

— Je veux être avec toi depuis si longtemps. Je t'attends depuis si longtemps.

Tout commençait à s'échauffer, à devenir plus bruyant et flou, quand j'entendis mon téléphone sonner bruyamment dans ma chambre.

— Laisse sonner, murmura Dan en emprisonnant mes poignets au-dessus de ma tête.

Arquant le dos, je sentis un long frisson me parcourir de la tête aux pieds.

— C'est la sonnerie d'Emelie. Je dois répondre.

Il enfouit son visage dans mon cou et oh, encore ce truc à l'oreille. Ce n'était vraiment pas du jeu.

— Elle finira bien par comprendre. S'il te plaît…

Mais je savais qu'Emelie n'abandonnerait pas de sitôt. Si je ne lui disais pas que j'allais bien, elle débarquerait pour voir ce qui se passait, ce dont je n'avais pas envie, parce que, franchement, je n'en avais moi-même aucune idée.

— Une seconde, dis-je en repoussant ses mains à contrecœur et en posant les pieds par terre. Rien qu'une seconde.

Je ramassai le pull et l'enfilai en rajustant la bretelle de mon soutien-gorge au passage. *Il valait vraiment son prix*, pensai-je en me précipitant vers ma chambre aussi rapidement que mes jambes flageolantes me le permettaient. Mon iPhone brillait dans le noir avec trois appels en absence d'Emelie. Il recommença à vibrer quand je m'en saisis.

— Coucou ! répondis-je aussitôt. Je vais bien. Je ne peux simplement pas te parler tout de suite, je…

— Rachel, dans ton cheesecake, il y avait des noix ? m'interrompit Emelie. Le visage de Matthew est quinze fois plus gros que d'habitude.

— Oh, merde ! m'exclamai-je en me couvrant la bouche. Je n'ai pas regardé la composition des biscuits. J'ai complètement oublié son allergie.

— Il va s'en sortir, on est sur le chemin de l'hôpital, répondit-elle. Je voulais simplement savoir quoi dire au médecin.

— Il n'a pas son injection avec lui ?

Je passai en courant devant un Dan à moitié nu pour me rendre dans la cuisine à la recherche de l'EpiPen que je gardais pour les cas d'urgence – on en avait déjà eu deux cette année. Matthew ne faisait pas assez attention, mais je n'arrivais pas à croire que j'avais été aussi stupide.

— Il ne l'a pas pris ; il m'a dit que son jean était trop serré et qu'on aurait pu croire qu'il avait une mini-érection permanente.

— Évidemment. J'arrive.

— Tu n'es pas obligée de venir, répondit Em. On y est presque.

— Bien fur que fi ! entendis-je Matthew derrière elle. Je bais la buter.

— J'arrive.

Retour dans le salon, sans prêter attention à l'homme magnifique sur mon canapé, jusque dans la chambre. Un jean. Il me fallait un jean. J'avais empoisonné mon meilleur ami le jour de son anniversaire. Voilà ce qu'on appelle toucher le fond.

— Euh, je… Oh, mon Dieu !

À mon troisième passage dans le salon, je fus accueillie par la vision de Dan, allongé sur le canapé, la chemise entièrement ouverte, révélant un torse poilu à souhait. Son jean avait disparu, il ne restait que son boxer qui ne faisait rien pour cacher une chose à laquelle je ne m'attendais pas, mais que j'avais chaudement désirée. *Oh ! la la !*

Manifestement, ça ne le dérangeait pas d'être à moitié nu. Enfin, pour être honnête, il n'avait aucune raison de se cacher.

— Tout va bien ? demanda-t-il. Viens par là.

— Ça tombe mal, je sais…

J'étais consciente que je ne devais pas m'approcher du canapé. Alors, je m'accrochai au chambranle de la porte et maintins une distance de sécurité de quelques mètres entre nous. J'avais sûrement récupéré mon esprit en cours de route.

— Je dois y aller. Matthew est allergique aux noix et il a fait une réaction au cheesecake, il est en route pour l'hôpital. Je suis vraiment désolée.

Et je l'étais vraiment.

Dan s'assit et me prit la main pour m'attirer vers lui. Je ne me sentais plus très en sécurité.

— Emelie n'est pas avec lui ? Tu es adorable avec ce pull, mais je te préfère sans.

— Dan, il faut vraiment que j'y aille. C'est sérieux !

Je soupirai, enfouissant les mains dans ses cheveux. Théoriquement, c'était censé l'empêcher de déposer des baisers à des endroits plus persuasifs, mais ça semblait plutôt l'encourager. Quand je sentis son souffle contre mon cou, je faillis fondre sur place.

— Je te le jure. Je dois aller à l'hôpital.

— Sérieusement ? Tu dois partir maintenant ?

Enfin.

— Je dois partir maintenant, confirmai-je, soulagée d'avoir enfilé un jean avant de retourner dans le salon.

Mieux valait mettre le plus de tissu possible entre nous.

— D'accord, donne-moi une minute et je t'accompagne.

Il se mit à boutonner sa chemise.

— Non, ne t'en fais pas. Tu peux fermer derrière toi.

Mon sac à main était posé à côté du canapé dans sa cachette habituelle. Je le ramassai, le passai à mon épaule et vérifiai l'état de mes finances. Juste assez pour payer le taxi. Si j'arrivais à en dénicher un.

— Euh… On se voit plus tard.

— Rachel, je veux venir avec toi, dit Dan en enfilant son jean. Ma voiture est dehors. Je conduis.

— Ne sois pas ridicule.

J'avais déjà la main sur la poignée de la porte. La situation devenait de plus en plus gênante. Je n'étais visiblement pas faite pour les aventures d'un soir, le sexe entre amis ou ce que ça aurait pu devenir.

— C'est très bien comme ça, ne t'en fais pas.

— Tu veux bien t'arrêter une seconde ? dit-il en élevant la voix juste assez pour que je m'en rende compte. J'ai envie de t'emmener à l'hôpital. J'ai envie de t'accompagner.

Je m'arrêtai un instant. C'était trop pour moi. J'avais besoin de sortir, de m'éclaircir les idées.

— Pas la peine d'être… correct.

À l'instant où le mot avait franchi mes lèvres, je savais que j'avais fait une erreur.

— Il faut que j'y aille.

— Pas la peine d'être correct ?

Il attrapa sa cravate et la fourra dans sa poche. Mal à l'aise, je gardai les yeux rivés sur mon tatouage. Je ne le regretterais jamais : c'était une merveilleuse distraction qui durerait éternellement.

— Qu'est-ce que tu veux dire par là ? demanda-t-il. Je ne suis pas correct ? Tu crois que j'ai besoin de me forcer pour me comporter comme quelqu'un de civilisé ?

— Non, mais tu n'as pas à faire tout ça, répondis-je en détournant le regard. Ce n'est pas comme si tu étais mon petit ami ni rien. Je peux aller à l'hôpital toute seule.

— Alors qu'est-ce que je suis, Rachel ? demanda-t-il doucement. Dis-moi ce que je suis pour toi, au juste. À quoi on joue, d'après toi ?

— Tu es Dan, répondis-je avec un lourd soupir. Et ça, c'est ce que tu as l'habitude de faire. On est amis, j'ai eu tort de laisser les choses aller si loin. Parce qu'on est amis.

Il éclata de rire.

— Je suis Dan ? Je suis ton pote Dan qui pense avec sa bite. Parfait pour une galipette sur le canapé, mais pas assez bien pour te conduire à l'hôpital alors que tu as besoin de quelqu'un. Pas assez bien pour être ton petit ami, parce que Dan ne prend rien au sérieux.

L'envie de déguerpir me démangeait. Pour arrêter de me sentir aussi incroyablement mal.

— Ne fais pas ça. Je sais que tu penses que…

— Comment peux-tu savoir ce que je pense ? s'écria-t-il en chaussant rageusement ses baskets. Tu n'as pas la moindre idée de ce que je peux penser.

— Il faut que j'y aille.

Au moins, c'était la vérité. En l'espace de cinq minutes, j'étais passée de l'envie de me coller à cet homme à celle de m'en éloigner le plus possible. Et dire que Matthew était peut-être mort entre-temps. Même s'il avait plus de chances d'avoir une langue de la taille d'un bus à étage et de me maudire sur plusieurs générations.

Dan repoussa les cheveux qui tombaient devant son visage et avança vers moi.

— Très bien, mais j'aimerais bien comprendre. Ce qui vient de se passer, c'était quoi ? Un petit coup en passant ?

— Dan, ne fais pas ça.

— Un truc à rayer dans ta liste ?

Avais-je oublié quelque chose ? Y était-ce entré ?

Cette fois, mon silence n'avait rien de positif.

Il me dépassa et se dirigea droit vers la porte d'entrée.

— Waouh. Merci, Rachel. Je ne t'imaginais vraiment pas comme ça.

— Je ne suis pas comme ça ! m'exclamai-je en levant les mains au ciel. Je ne sais même pas ce qui s'est passé. C'est toi qui es comme ça, d'habitude !

— Comme quoi, au juste ? dit-il en ouvrant la porte. Tout ce que je sais, c'est que je suis un idiot.

— Écoute, je ne comprends rien à ce qui se passe. Je dois partir. Tu as manifestement envie de partir. On ne peut pas faire comme s'il ne s'était jamais rien passé ?

— On devrait peut-être faire comme si je ne te connaissais pas du tout, lança-t-il en me foudroyant du regard depuis l'embrasure de la porte. Parce que, visiblement, c'est le cas.

La porte claqua derrière lui, me faisant sursauter. Comme d'habitude, il avait le dernier mot. Je n'avais pas le temps d'essayer de comprendre ce qui venait de se passer. Ou plutôt failli se passer. Une nuit de folie m'attendait aux urgences.

Chapitre 15

Entre ce qui s'était passé sur le canapé, la dispute et tous les abrutis bourrés qui m'étaient passés devant pour me piquer mon taxi à la première occasion, je mis presque une heure à me rendre à l'hôpital après le coup de fil d'Emelie. Et quand je réussis enfin à convaincre la réceptionniste de me dire où ils avaient caché Matthew – je n'étais pas de la famille et il n'avait sûrement pas de petite amie, elle l'avait rencontré –, il était déjà installé dans un lit avec une superbe blouse verte et on devinait sur son visage tuméfié une expression assassine.

— Salut ! Comment tu te sens ? dis-je prudemment en tendant l'EpiPen.

Ça ne suffirait pas à me défendre s'il décidait de me frapper.

— Comme fi v'allais mourir, articula-t-il.

Ses yeux bleu clair étaient rouges et gonflés et sa langue avait triplé de volume. Si je n'avais pas été directement responsable, j'aurais trouvé ça drôle.

— Il exagère, intervint Em qui était assise à son chevet, de l'autre côté, les jambes posées sur le lit. Le médecin a dit qu'il s'agissait d'une petite réaction.

L'usine qui fabrique ces biscuits utilise des noix pour d'autres produits, mais il n'y en avait pas dans le gâteau. Il ne va pas mourir. Il n'était même pas obligé de rester la nuit. Il s'est juste rendu compte qu'il y avait plein de mecs mignons aux urgences à cette heure-ci.

— Des gays qui fe font mal en danfant, confirma Matthew.

Son visage commençait déjà à dégonfler. Dommage, je ne l'avais pas encore pris en photo.

Je m'installai dans la chaise en plastique à côté du lit et rejetai la tête en arrière, les yeux fermés.

— Ouf. Je vous jure, pendant tout le trajet en taxi, j'étais persuadée que tu allais mourir. Je me voyais déjà expliquer à ta mère que tu étais mort parce que je ne sais pas cuisiner.

— Ça va ? me demanda Emelie en posant la tête sur l'épaule de Matthew.

Il la repoussa aussitôt lorsqu'un joli garçon en pantalon moulant jaune et tee-shirt rose fluo arriva dans le service en fauteuil roulant, une jambe levée, l'autre avec une Converse rose assortie au pied.

— J'ai eu peur que tu ne sois allée cogner un autre mannequin.

— Ça, c'était toi, lui rappelai-je. Non, ce soir, j'ai seulement failli me taper Dan sur le canapé.

Silence.

— Accoufe ! s'exclama Matthew.

— Il est revenu chercher... (*Ses clés ? Son sac ? Pas moyen de m'en souvenir.*)... quelque chose et il m'a un peu embrassée et après tu m'as appelée, alors j'ai dû partir et il s'est cassé.

Ça faisait longtemps que je n'avais pas vu Emelie aussi excitée.

— Parce que tu es allée rendre visite à un ami à l'hôpital ? Quel con ! Mais ce qu'on veut vraiment savoir, c'est : alors ?

— Bizarre. Il était furieux, dis-je en fronçant les sourcils. On aurait dit qu'il m'en voulait de ne pas être folle amoureuse de lui.

— Pas la dispute ! geignit-elle avec impatience. Le baiser ! Vous vous êtes arrêtés là ? Tu es amoureuse de lui ?

Matthew détourna la tête du beau gosse fluo de l'autre côté du service assez longtemps pour me regarder d'un air interrogateur, sourcil levé. Du moins eus-je l'impression qu'il haussait un sourcil à mon intention : c'était difficile à dire.

— Bien sûr que non ! C'est Dan. Monsieur jeans moulants ? Celui qui saute tous les mannequins qui passent ? Salaud ? Ça vous dit quelque chose ?

— Oui. Celui qui largue des top models pour toi ? Celui qui passe chez toi à l'improviste ? Celui qui te roule une pelle ?

— Oh, la ferme ! rétorquai-je. Ça reste Dan. Il ne risque pas d'être le père de mes enfants, si ? C'est le type que tu appelles après une visite chez le gynéco pour savoir si tu te grattes à cause de lui.

— F'est dégueulaffe, zézaya Matthew. Mais brai.

J'essayai de ne pas penser à combien c'était allé loin, à combien ça avait été bon.

— Je n'arrive pas à croire que ce soit allé jusque-là. Je n'arrive pas à croire que j'aie fait ça.

— Tu portais les sous-vêtements ? demanda Em. Je parie que oui !

— Oui, dis-je en baissant la tête pour regarder le pull de Dan.

Heureusement que je l'avais gardé. Je dis ça comme ça.

— Comment tu as su ?

Elle fit un geste de la main, comme s'il s'agissait d'une évidence.

— Ça explique tout. C'est la faute des sous-vêtements. Les mecs pensent avec leur bite parce qu'elle est à l'extérieur de leur corps ; elle les mène à la baguette toute la journée ! Ils ne peuvent pas penser sans.

— F'est brai, renchérit Matthew en hochant la tête avec ferveur. F'est comme fa, f'est tout.

— Nous, on n'agit pas comme ça, parce que tout est intériorisé. On peut vivre sans penser à tremper notre biscuit toute la journée. Par contre, dès qu'on porte de la lingerie sexy et hors de prix, ça change la donne.

J'aimais sa théorie. Elle m'absolvait de toute responsabilité et expliquait pourquoi je n'arrivais pas à oublier la sensation des mains chaudes et puissantes de Dan sur mes hanches. Mon cœur ne s'emballait plus gentiment, il faisait des sauts périlleux depuis le plus haut plongeoir pour tomber dans une piscine remplie de : « T'es vraiment trop conne. »

— Maintenant que c'est réglé, il est aussi canon que je le pense sous ses vêtements ? Il a des bosses à la place des bras ?

Comme d'habitude, Em ne me permettait pas de me défiler.

— Tu confonds avec Popeye, soupirai-je. Mais oui, en résumé. Je ne sais pas. Je crois que j'ai merdé. Il n'a pas arrêté de dire qu'il ne savait pas que j'étais « une fille comme ça ». Et moi, je lui disais : « Mais c'est toi qui es un mec comme ça ! » Alors il s'est vexé, il s'est mis en colère, et maintenant je peux dire adieu à Sydney.

— Je ne suis pas sûre de comprendre ce que vient faire l'Australie là-dedans, fit remarquer Em en rassemblant ses cheveux en queue-de-cheval haute. Et je sais que c'est tout nouveau pour toi, mais, quand on se sert de quelqu'un pour le sexe, on ne le lui dit pas.

— Je ne comptais pas m'en servir que pour le sexe, répondis-je sur la défensive.

— Il s'en remettra, dit-elle en essayant de me rassurer. Je suis certaine qu'il t'a déjà rappelée.

Toujours respectueuse des consignes de l'hôpital, je jetai un coup d'œil à mon iPhone que j'avais sciemment oublié d'éteindre alors que la réceptionniste m'avait rappelé de le faire. Pas d'appel en absence, mais j'avais un message sur Facebook.

— Pas d'appel. Par contre, j'ai reçu un message d'Ethan.

Gentil Ethan à des milliers de kilomètres de là, sans prise de tête. Oh, il disait qu'il passerait un bien meilleur week-end si j'étais avec lui. Du moment qu'il n'avait pas d'allergie aux noix…

Emelie me regarda de son air le plus sérieux.

— Rach, cette histoire avec Dan, tu es sûre que ça ne cache rien ? Vous êtes amis depuis des années et je trouve qu'il fait soudain beaucoup d'efforts pour te mettre dans son lit.

Je réfléchis à son argument un instant. On était amis – plus ou moins – et il avait effectivement changé de comportement depuis que je lui avais annoncé ma rupture avec Simon. Et ce n'était pas comme si je ne le trouvais pas à mon goût : me lever du canapé avait été une torture. Mais il pouvait être aussi drôle, aussi sensible, aussi attentionné qu'il le voulait, c'était toujours Dan.

— Rentre fez toi et dors un peu, zézaya Matthew pendant que je lisais. Tu dois être claquée.

Comprenant qu'il avait l'esprit ailleurs, sur le beau gosse dans l'autre lit, j'en déduisis qu'il n'essayait pas d'être gentil et attrapai Emelie par la main. C'était l'heure de partir.

Je pris doucement Matthew dans mes bras pour lui dire au revoir.

— Allez, on rentre. Laissons les invalides entre eux. On continuera de parler demain.

Em lui tapota la tête.

— Si tu peux parler, lança-t-elle avec un sourire mutin. Bon, maintenant, raconte-moi *tout* !

Après avoir donné à Em, la moitié du bâtiment en dessous de la 205 et tous les gens croisés sur Amwell Road une version censurée de mon tête-à-tête avec Dan, c'est avec joie que je m'effondrai toute seule sur mon canapé. Em s'était dirigée directement vers la salle de bains pour se brosser les dents avant d'aller au lit. Ma soirée palpitante l'avait épuisée. Être allongée seule sur le canapé avec le pull de Dan n'était pas aussi excitant que d'être allongée sur le canapé avec Dan. Ça l'était plus qu'avec Simon, mais ce n'était pas difficile : il n'avait rien d'excitant. C'était Simon, quoi. Adorable, intelligent, merveilleux, drôle, pourtant il m'avait jetée parce que je n'étais pas la bonne. En langage de mecs, ça voulait dire : « J'ai envie de me taper d'autres nanas » ou encore : « J'ai envie de coucher avec quelqu'un d'autre, alors j'utilise cette terminologie ridicule pour m'absoudre de toute culpabilité. C'est pas ma faute, c'est toi qui n'es pas la bonne ! »

J'avais été une petite amie admirable. Je lui rappelais l'anniversaire de sa mère tous les ans. Je faisais toujours le lit. Je me rasais les jambes tous les jours. Pour son dernier anniversaire, je n'avais rien porté d'autre que des bas sous un tee-shirt de Liverpool, alors que mon père, supporter de Manchester se serait retourné dans sa tombe si :

1) il l'avait su ;

2) il était mort.

C'était quoi, son problème ?

Et celui de Dan ? Il avait fait le premier pas. Il devrait s'estimer heureux de ne pas avoir été mis à la porte à coups de pied au cul. Et même Ethan ! À quoi jouait-il ? Toutes ces tentatives de drague qui ne pouvaient pas aboutir. Il fallait peut-être que j'investisse mon énergie dans quelque chose de plus productif, comme par exemple concevoir une machine à remonter dans le temps pour retourner au XIXe siècle où j'aurais déjà été mariée avec quatre gosses. Et peut-être le choléra. Mais quand même. Raah, les mecs !

Em me tapota doucement l'épaule.

— Rach ? Tu es trop silencieuse. Rassure-moi, tu ne vas pas te bourrer la gueule et chanter « All By Myself » ?

— Je ne suis pas bourrée et je ne chante pas, répondis-je. J'essaie simplement de comprendre comment j'en suis arrivée là.

— Si tu trouves la réponse, n'oublie pas d'écrire les théorèmes qui t'ont menée à la conclusion.

— À mon avis, c'est plus un sujet de rédaction. (*Tiens, ça me donne une idée.*) À demain.

— Bonne nuit, ma belle.

Elle m'embrassa sur le front et disparut dans sa chambre. Elle était trop gentille avec moi, ça en devenait ridicule. Il y avait un magnifique deux pièces dans le West Hampstead avec un énorme lit *king size* qui était vide depuis une semaine parce qu'elle dormait dans le deuxième canapé-lit le moins cher d'Ikea pour s'assurer que je ne me foutais pas en l'air. Si c'était pas de l'amour…

Même si on n'était pas loin de 3 heures du mat, j'étais bien réveillée. Je sortis mon papier à lettres de sous la table basse. Quand ma mère me l'avait offert l'année précédente, je lui avais appris en échange à se servir de Facebook. Je ne sais pas laquelle des deux était la plus stupide. Je n'avais rien écrit depuis le collège quand mon correspondant français avait décidé de m'envoyer des photos de son pénis, mais elle ne lâchait plus Facebook. Et on ne supprime pas sa mère de sa liste d'amis. Ça peut vexer énormément. Pour une fois, c'était une occasion où je n'avais besoin que d'un stylo sur du papier, une mission pour Waterman.

« Cher Simon, »

Je me redressai pour m'asseoir, mon stylo turquoise préféré au-dessus de la feuille de papier. Par où commencer ?

> « Il y a deux ou trois choses que je voulais te dire et que je n'ai pas réussi à formuler la dernière fois qu'on s'est vus. Comme j'ai eu plus d'une heure pour y réfléchir, ça ne sera pas un ramassis d'incohérences et tu auras la réponse réfléchie et éloquente que ton comportement de ces derniers temps mérite. Tu es un lâche. Un lâche faible et pathétique qui ne mérite

pas d'être heureux. Tu ne mérites même pas d'être malheureux. Tu mérites d'être seul, pitoyable, comme ces petits vieux qui meurent dans une maison pleine de merde parce que personne n'a pris la peine de venir vérifier qu'ils jetaient leurs déchets. Et quand on défoncera ta porte, alarmé par la puanteur de ton corps en putréfaction, on découvrira des poubelles remplies de plats à emporter datant de 1997. Et des tonnes de chats. Tu mérites de mourir entouré de chats enragés. »

Je m'arrêtai un instant pour reprendre mon souffle. Les mots me venaient beaucoup trop facilement. C'était marrant d'écrire des lettres incendiaires. Surtout après avoir bu quelques verres dans la soirée, sans être saoule pour autant. J'abaissai de nouveau le stylo sur le papier.

« Je ne t'en veux pas parce que tu m'as quittée ; je t'en veux pour la façon dont tu l'as fait. Tu m'as dit qu'on faisait juste une pause, qu'on ne se séparait pas. Ce sont tes propres mots. D'habitude, quand on dit quelque chose à quelqu'un, surtout si on l'aime, qu'on vit avec, qu'on a acheté une maison avec, on le pense. Bien sûr, tu risques de ne pas comprendre parce que tu as un pénis et que ça rend les choses moins évidentes pour toi. Surtout quand il s'agit de faire la différence entre le bien et le mal, la vérité et les mensonges. Les choses auraient pu être simples. Mais non, tu n'as pas eu assez de couilles pour m'annoncer que tu voulais rompre avec moi, alors, en bon petit hypocrite, tu t'es terré dans la chambre d'amis, en attendant que je me fatigue de toi et que je te quitte. »

Petite pause pour vérifier les faits. Oui, pour l'instant tout était exact.

« C'est pathétique. Tu es pathétique. Je t'en veux parce que tu es pathétique. Je pensais sincèrement qu'on avait un avenir ensemble. Je pensais que tu voulais des enfants et fonder une famille, mais non, tu préfères coucher à droite à gauche dans Londres. J'espère que ça marchera et que tu n'attraperas pas quelque chose qui fera pourrir et tomber ta queue. Tu n'as pas le droit de traiter une personne que tu prétends aimer de la façon dont tu m'as traitée. Tu n'as pas le droit de dire quelque chose et de changer d'avis deux secondes plus tard. Tu n'as pas le droit de croire qu'on puisse lire dans tes pensées. Tu n'as pas le droit de demander à quelqu'un de venir à Sydney ou à Toronto et de croire qu'il comprendra tes intentions. »

Je relus la dernière phrase. J'étais peut-être légèrement hors sujet, mais comme je n'avais pas de Tipp-Ex, je la gardais. On utilisait encore du Tipp-Ex ? Le Parti conservateur s'était-il penché sur ce cas ? Est-ce qu'il existait une boîte à idées pour redonner du boulot aux usines Tipp-Ex ? Bref...

« Bref. Je voulais simplement qu'on soit heureux. Désolée si ce n'était pas suffisant pour toi. Navrée que tu sois faible et handicapé des sentiments, tu as fait la plus belle bourde de ta vie, mais, soyons honnêtes, tu m'as sûrement rendu un grand service. Je suis quelqu'un de bien. Trop bien pour toi. Au fait, la prochaine fois que je te croiserai dans la rue, je traverserai sans même te faire un signe. Nous ne sommes pas amis. Tu es une poule mouillée. Tu voudrais être ami avec une poule mouillée, toi ? Non, c'est bien ce que je pensais.

Bonne continuation,

Rachel. »

Ma rédaction pour le bac était déjà géniale, mais là, c'était encore mieux. Je pliai soigneusement la feuille et la glissai dans une enveloppe sur laquelle j'écrivis le nom de Simon avec des fioritures, puis je la déposai sur la table basse. Avant de ranger le stylo, je sortis la liste de mon sac et rayai « écrire une lettre ». Je n'avais plus qu'à sauter à l'élastique, voyager à l'étranger et trouver un cavalier pour le mariage de mon père. J'avais l'impression d'être devant une boîte de Quality Street où il ne restait plus que les bonbons orange et jaunes.

Il était vraiment temps que j'aille me coucher.

Quand mon téléphone vibra le lendemain matin, je n'étais pas tout à fait réveillée, toujours plongée dans un rêve où je pourchassais une poule dans les bois près de la maison de ma mère, suivie de Dan à moitié nu qui agitait un drapeau canadien. Dans ces conditions, pas étonnant que j'aie eu besoin de quelques secondes pour comprendre ce qui se passait quand j'ouvris les yeux.

Je roulai de l'autre côté du lit pour attraper mon téléphone par terre et hurlai sur celui qui avait dérangé le sommeil réparateur dont j'avais tant besoin. Sauf qu'il s'agissait de Matthew.

— Tu n'es pas mort, alors !

— Non, mais j'ai failli.

Il avait une voix beaucoup trop enjouée pour un dimanche à 7 heures du mat. Je n'avais dormi que quatre heures. Qu'est-ce qu'ils lui avaient donné à l'hôpital, au juste ? Il lui en restait ?

— Et frôler la mort m'a fait réfléchir. Cette liste est une très bonne idée, Rach, mais il faut passer à la vitesse supérieure. L'un d'entre nous peut mourir n'importe quand.

— Matthew, tu as toujours été allergique aux noix, déclarai-je en bâillant. Tu as déjà été hospitalisé cinq fois, dont une fois parce que tu avais avalé un bout de baklava pour un pari. Et puis, on est déjà à la vitesse supérieure, de toute façon. Qu'est-ce que tu veux ?

— Rien, mentit-il.

La voix habituellement laconique de Matthew prenait des intonations aiguës quand il ne disait pas la vérité. C'était un symptôme traduisant la gêne chez les gays : ils ne mentaient pas aussi bien que les hétéros.

— Je crois simplement qu'on doit prendre plus de risques.

Je reniflai mollement.

— Je peux encore dormir trois heures d'abord ? Et prendre une douche ?

— Tu dois prendre une douche et faire ta valise, lança-t-il, l'air aussi excité que lorsque les East 17 s'étaient reformés. Je serai là dans une heure, ajouta-t-il. On part en voyage.

Il était bien trop tôt pour toutes ces conneries.

— Qu'est-ce que tu racontes ? Où ça en voyage ? Je dois parler à mon agent pour reprendre le travail. J'ai déjà pris une semaine de vacances.

— Une semaine supplémentaire ne te fera pas de mal, dit-il. Ça fait des lustres que tu n'as pas eu l'occasion de déconnecter. J'ai déjà posé une option sur les billets. On ne me les gardera pas plus d'une heure. Dis à Emelie de se préparer aussi. Je me suis dit que tu voudrais que je l'invite. Vous aurez besoin de vos passeports.

— Matthew, il faut que je reste ici au cas où Veronica arriverait à me placer sur la mission de Sydney, tu le sais ! gémis-je.

Sydney. Le soleil. Le sable. À l'autre bout de la planète par rapport à Simon.

— Ouais, comme si Dan allait t'emmener pour du boulot en Australie après ce qui s'est passé !

Ooooh ! Il marquait un point. Bien joué.

— Passeports. Dans une heure. J'arrive.

Je dus me faire violence pour ne pas rappeler à Matthew que mon père exilé qui ne m'avait pas adressé un regard depuis mes deux ans n'était pas mort un an auparavant en me laissant un manque béant de figure paternelle et une coquette somme d'argent. Je devais travailler pour vivre et payer mes factures de plus en plus nombreuses. Mais quand je décidai que je devais le lui dire, il avait déjà raccroché. Tant pis.

Je retombai sur mes oreillers, prenant un instant pour apprécier le grand lit vide avant d'entreprendre de me lever. J'aurais mille et une occasions de m'allonger là où nous allions.

Em se trouvait déjà dans le salon. Elle mangeait une tranche de pizza qui avait visiblement passé la nuit là. Parfois, je la trouvais dégoûtante. Et elle lisait ma lettre à Simon, par-dessus le marché.

— Matthew vient de m'appeler pour me dire de me bouger le cul et de ne pas oublier mon passeport, cria-t-elle pendant que j'allais chercher du café dans la cuisine. Ils se sont trompés de médicaments à l'hôpital ? Il a un problème au cerveau ? Tu lui as causé des lésions cérébrales ?

Je me retournai. Elle avait levé la main pour que je tape dedans. Quand je secouai la tête, elle la baissa, déçue.

— Apparemment, il a réservé sur un vol et il vient nous chercher dans moins d'une heure, expliquai-je. Je n'en sais pas plus.

— Ça ne me dérange pas d'être amie avec un ancien steward, dit-elle, mais il n'appelle jamais pour nous dire : « Je vous emmène à Honolulu », pas vrai ? Si c'est encore Düsseldorf, je n'y vais pas.

Le souvenir un bon schnitzel refit surface dans ma mémoire.

— Düsseldorf, ce n'était déjà pas si mal. C'était vraiment une jolie ville.

Emelie fit une moue sceptique.

— Düsseldorf ? Pas si mal ? Si tu le dis…

— Je ne suis pas vraiment pressée de partir. Encore moins dans une heure. On ne peut pas regarder une série débile et être bourrés un dimanche midi comme tout le monde ?

Je m'adossai au frigo avec mon café.

— Amen, ma sœur, dit Emelie en hochant la tête. Dis-le-lui quand il arrivera. Après t'être excusée de l'avoir empoisonné.

Je sirotai ma tasse de Nescafé tiède.

— Hmm… Je ferais peut-être mieux de boucler ma valise.

Quand j'entendis les clés de Matthew dans la serrure, j'étais assise sur le canapé, les yeux rivés sur ma petite valise, en train de boire un deuxième café. Il n'était toujours que 8 heures et je voulais être bien réveillée quand Matthew nous annoncerait qu'on allait passer une semaine au fin fond de la Norvège. Em était dans la chambre d'amis, criant sur une putain de paire de « Jimmy Choo de merde » qui refusait de rentrer dans son sac. J'aurais pu lui proposer de la mettre dans le mien, mais l'écouter insulter des objets inanimés pendant que Jamie Oliver et deux membres des McFly massacraient un risotto à la télé était bien plus marrant. La quantité d'affaires qu'elle avait apportées chez moi en l'espace d'une semaine était effarante. Elle avait plus de vêtements que je n'en possédais. Du coup, j'avais fait mes valises en deux temps trois mouvements.

— Prêtes pour l'aventure ?

Matthew se jeta sur le canapé avec des yeux déments. Les lèvres pincées, je le regardai de travers.

— Tu m'as fait renverser mon café.

— Tu m'as empoisonné, rétorqua-t-il sur le même ton. On est quittes ?

— Peut-être, admis-je. Alors, on va où ?

Il s'essuya les mains sur son jean.

— OK. Comme j'ai failli mourir parce que tu ne sais pas cuisiner un cheesecake, ça m'a fait réfléchir. On essaie de te transformer en parfaite petite célibataire, mais je crois qu'on devrait commencer à prendre des risques. C'est important. Alors, on va au Canada.

— On ne va pas au Canada, répétai-je aussitôt.

Presque aussi rapidement, Emelie passa la tête par la porte.

— Au Canada ? Ah, non ! s'exclama-t-elle en secouant la tête. On ne peut pas aller au Canada. J'ai une semaine chargée.

— Toi, pourquoi tu n'irais pas ? me demanda-t-il. Et toi, Em, tu n'as pas eu de semaine chargée depuis 2003.

— Je bosse dur, répondit-elle. Ce n'est pas parce que je travaille de chez moi que je ne fous rien. Je dois donner mon accord pour les nouveaux produits Kitty Kitty, je suis en train de développer un nouveau design et je travaille sur…

Il fit le canard avec sa main. Pas très flatteur.

— Bla bla bla. On s'en fout.

— Du calme, les enfants. Matthew, on ne peut pas aller au Canada. Ethan me prendra pour une folle si je frappe à sa porte.

— On ne va pas frapper à sa porte, rétorqua-t-il en soupirant. Tu vas à Vancouver pour le travail et tu fais un détour à Toronto. Tu vois ? J'ai pensé à tout.

J'observai l'expression enjouée de Matthew. Puis le visage furax d'Emelie. Je me demandai à quoi ressemblait le mien. Qui faisait sa valise et quittait le pays comme ça ? Bon d'accord, je n'avais rien à faire pendant quelques jours et personne ne comptait sur moi. D'ailleurs, Matthew n'avait pratiquement rien payé pour les billets. Je ne pouvais pas nier que m'éloigner de cet appartement était une bonne idée. Après tout, je pouvais dire adieu à Sydney. Une semaine à l'étranger, puis retour pour le mariage de mon père et reprise du boulot. Matthew avait eu de bien plus mauvaises idées. Notamment Düsseldorf.

— Ça te fera du bien de changer d'air, me promit Matthew. On va bien s'amuser.

Rachel la rousse avait déjà traîné sa valise dans l'escalier et hélait un taxi.

— J'ai bien envie de partir, admis-je. Et puis, c'est sur la liste.

Il me regardait comme s'il me voyait pour la première fois.

— Tu es sérieuse ? Alors on y va ? Pas la peine que je te donne mes autres arguments super convaincants ?

Je lui montrai ma valise et fis mine de la pousser vers lui.

— Dépêche-toi avant que je ne change d'avis.

Em pointa un talon dans ma direction.

— Tu ne pars pas pour de vrai ? On ne part pas vraiment, hein ?

— Bon, alors, soit tu avoues que tu es recherchée pour meurtre là-bas, soit tu la fermes et tu montes dans le taxi qui sera là dans trois minutes, rétorqua Matthew. Je ne te traîne pas à Guantanamo. Je t'emmène en première classe dans une très belle ville pour passer quelques jours dans un hôtel sympa avec tes meilleurs amis. Ou soi-disant meilleurs amis.

Tu peux arrêter de te plaindre cinq minutes pour me remercier ?

Emelie pinça les lèvres. J'ignorais ce qu'elle s'apprêtait à dire, mais ce n'était pas bon signe.

— Que Rachel baise un type qu'elle a rencontré à seize ans ne fera pas revenir Stephen vers toi en courant, tu sais ?

Waouh. L'artillerie lourde.

Matthew ne répondit pas. Mais sa respiration se fit plus forte et il resserra dangereusement sa prise sur ma tasse Snoopy. Quand la sonnerie de la porte retentit, je crus n'avoir jamais rien entendu d'aussi bruyant. Matthew se leva en silence, poussa Emelie de son chemin et se dirigea vers la porte.

— Je ne comprends pas pourquoi tu as dit ça, murmurai-je. Pourquoi, *pourquoi* est-ce que tu as utilisé le mot en « s » ?

Em était pâle comme la mort.

— Il faut que tu en discutes avec lui.

Elle secoua la tête.

— Je sais qu'il ne t'en a pas parlé.

— Parlé de quoi ?

Il me cachait quelque chose ? Quoi ? Je n'aimais pas qu'on me laisse dans le doute.

J'entendis la porte claquer aussi rapidement qu'elle avait été ouverte. Matthew réapparut dans le salon, attrapa un tas de lettres sur la table basse et repartit. Il recyclait mes pubs avant de partir en vacances ? Et me voilà en train de penser que ma mère serait furieuse si elle savait que je n'avais pas passé les toilettes à l'eau de Javel.

— Matthew ? Tu le vois ?

Je lançai un regard interrogateur à Emelie qui se contenta de hausser les épaules, sa Jimmy Choo toujours à la main.

— Je crois qu'il est sorti, répondit-elle en jetant un coup d'œil dans le couloir. Il n'est pas sur les marches.

— Ça m'embêterait qu'il soit parti se foutre en l'air ou une connerie dans le genre, marmonnai-je sur le canapé. Bon, sérieusement, qu'est-ce qui se passe entre vous deux ? Qu'est-ce que vous me cachez ?

Mais Matthew ne lui donna pas le temps de répondre. Il rouvrit la porte, la claqua derrière lui et traversa le couloir.

— Emelie, arrête de pleurnicher, fourre tes chaussures dans ton sac à main et descends tout de suite, lui ordonna-t-il. Rachel, c'était Simon.

— À 8 heures ? demanda Em, perplexe. Un dimanche matin ? Il est malade ?

— Il se lève toujours tôt le week-end, répliquai-je sur un ton neutre. Il a son entraînement de foot.

— Il est venu récupérer son courrier, expliqua Matthew. Maintenant, il l'a et il ne viendra plus t'emmerder. Et il ne parlera pas non plus à des agents immobiliers pour la vente de ton appartement sans ton autorisation. Le taxi est là. On y va ?

Je le dévisageai, sans voix. Matthew Chase. Homme d'action.

— On ferait mieux de s'activer, alors. Canada, nous voilà !

Em glissa ses chaussures dans son sac à main et releva la poignée de sa valise.

Pas la peine de tergiverser. J'abandonnai l'ancienne Rachel en arrière avec son ex-petit ami, ses cheveux blonds, son décodeur rempli d'épisodes de *Glee* passés en boucle, assise sur le canapé à regarder les programmes du dimanche, pendant que Rachel la rousse tirait ma valise au bas de l'escalier jusqu'au taxi noir dans la rue.

Canada, nous voilà !

Chapitre 16

Quatorze heures, un vol en première classe et plusieurs verres de champagne plus tard, Rachel la rousse débarquait à Toronto et rayait de sa liste le mot « voyage ». Je me penchai sur le bureau aussi large que la pièce pour regarder par la fenêtre. Je n'arrivais toujours pas à y croire. La vue sur les immeubles et leurs parkings n'était certes pas époustouflante, mais ça n'avait rien à voir avec Islington. On n'était pas à Islington. Putain, on était au Canada ! Comme l'avait promis Matthew – sur recommandations de Jeremy, jet-setteur international –, l'hôtel était splendide et branché à l'excès. J'avais l'impression de me trouver sur le plateau de *Mad Men*, entourée par les acteurs de *Gossip Girl*. Une fois en sécurité dans notre chambre, Emelie se jeta sur le matelas moelleux.

— Bon, à plus ! dit-elle en fermant les yeux. Amusez-vous bien, je suis crevée.

Matthew l'attrapa par la jambe et la tira jusqu'au pied du lit.

— Bouge tes fesses de là. On descend au bar, il n'est que…

Quand il jeta un coup d'œil à sa montre, il se rendit compte qu'il ne l'avait pas réglée.

— Bref, reprit-il, il est tôt.

Em se tourna vers moi pour que je la soutienne, mais j'étais trop occupée à lire le menu du *room service*, assise, jambes croisées, sur le large fauteuil carré.

— Ils vendent un vibro à quatre cents dollars, déclarai-je en me sentant pâlir. Où est-ce que tu nous as amenées ?

— Je suis sûr que c'est n'importe quoi et que personne ne l'a jamais commandé, me rassura-t-il. Les hôtels font ça pour paraître branchés. Je te parie que, si tu le voulais, ils seraient incapables de te le fournir.

— Mouais, répondis-je peu convaincue. Euh… c'est moi ou c'est la douche, là, au milieu de la pièce ?

Em et Matthew levèrent la tête.

— Pourquoi est-ce qu'il n'y a pas de rideau ?

Apparemment, Jeremy, jet-setteur international, avait oublié de mentionner que les chambres n'étaient pas équipées de salle de bains. Les cabines de douche étaient à l'intérieur de la chambre. Au pied du lit. Des cabines de douche transparentes à un mètre des draps. Même pas un semblant de verre opaque pour la décence.

Matthew avait l'air scandalisé.

— Pas question que vous vous déshabilliez devant moi. J'attendrai dehors.

— Tu comptes vraiment t'asseoir derrière la porte de la chambre chaque fois qu'on prendra une douche ? demanda Em.

— C'est toujours mieux que de rester ici pour regarder.

Pauvre petit gay.

Elle se leva et commença à se déshabiller.

— Tourne la tête, alors. Je me sens toujours sale quand je sors de l'avion.

Je me précipitai pour prendre sa place sur le lit et attrapai la télécommande.

— J'y vais après toi.

Se couvrant les yeux, Matthew se dirigea vers la porte.

— Oh, mon Dieu ! Je vais me saouler au bar pour oublier. Je vous préviens, vous risquez de devoir me porter jusqu'au lit.

Après s'être douchée, Emelie s'allongea et s'endormit aussitôt. Sourde à mes conseils concernant le décalage horaire, elle s'était déjà installée à l'intérieur de l'énorme lit quand je rentrai dans la douche. Lorsque j'en ressortis, elle dormait, ou faisait semblant pour ne pas avoir à descendre au bar regarder Matthew se faire des relations internationales. Pourquoi avais-je toujours le rôle de la maman ? J'examinai ma garde-robe limitée. On était dimanche soir. Pas la peine d'en faire trop, mais, vu ce qu'on avait croisé dans le hall, un brin de coquetterie ne ferait pas de mal. Au moins un peu de rouge à lèvres. Et peut-être de l'eyeliner. Pour la tenue, je choisis un pantalon corsaire noir et le tee-shirt à rayures le plus long de ma collection. Avec un peu de chance, ça ferait chic à l'européenne et pas paresseuse et fatiguée. À bien y regarder, il y avait des arguments pour les deux camps. Glissant la clé de la chambre dans mon vieux sac à main, j'enfermai Emelie qui ronflait bruyamment en essayant de ne pas être jalouse.

Même si on était dimanche, la terrasse était bondée. J'avais fait deux tours sans trouver Matthew. Arrivée à la limite de ma patience, je me frayai un chemin jusqu'à une table vide dans le fond et m'amusai à observer les gens en attendant une serveuse. Ils étaient tous un peu trop mignons et branchés. Pas de bûcheron ni de police montée en vue. Ma mère aurait été déçue. Matthew, par contre, aurait été ravi : mon radar à gays n'arrêtait pas de biper. J'espérais qu'il n'était pas parti avant que j'arrive. Au bout de quelques minutes, je cédai et sortis mon portable pour lui envoyer un message. J'avais évité de le regarder de peur d'y voir un SMS de Simon ou Dan, mais il n'y avait rien. Plutôt que d'encourager la partie de moi-même qui était déçue, je m'appuyai sur celle qui était excitée à l'idée de recevoir un message d'Ethan. Je lui avais écrit de l'aéroport pour lui parler de mon boulot de dernière minute à Vancouver, avec deux jours à Toronto pour rencontrer la styliste. Ça avait l'air de tenir la route… Du moins, un prof de lycée ne pouvait pas en douter.

L'e-mail mit du temps à se charger, mais il apparut enfin à côté de la photo adorable d'Ethan et son chien.

« Alors comme ça, tu viens à Toronto ? Enfin, quand tu liras ces lignes, tu seras sûrement arrivée. C'est génial ! Tu auras le temps de sortir ? C'est marrant que tu viennes juste au moment où on se retrouve ! Appelle-moi quand tu es en ville. Je ne suis pas très occupé. »

Il voulait qu'on sorte ensemble. Ça semblait évident. Il m'avait même donné son numéro de portable. Que des bons signes. S'il n'avait pas été méfiant du tout, j'aurais cru qu'il était débile, superstitieux ou quelque chose dans le genre. Mais je n'étais pas encore prête à l'appeler ; alors je lui écrivis que j'étais libre toute la journée du lendemain et que je serais très contente qu'on se voie. Un léger courant électrique me remonta le dos alors que je cliquais sur « envoyer ». C'était très excitant.

Une créature éblouissante s'assit dans le siège en face de moi.

— Quelqu'un a l'air content de lui. Cette place est prise ?

— Euh… pas pour l'instant.

Je la regardai s'installer plus confortablement.

Ça marchait comme ça, au Canada ? On s'installait à côté des inconnus ? Je ne rendais pas hommage à cette fille en la traitant de simple inconnue ; elle était visiblement une sorte de glamazone envoyée par les dieux de la liste pour remettre en question ma motivation. Cheveux bouclés brillants, couleur café, peau bronzée, manucure parfaite, maquillage frais et lumineux. Je la rangeai tout de suite dans la catégorie pro. Celle des maquilleuses, bien sûr, pas des autres professionnelles qui traînaient aux bars des hôtels.

— Joli tee-shirt, déclara-t-elle en m'examinant des pieds à la tête. American Apparel ?

— Topshop.

J'étais trop déstabilisée et anglaise pour retourner le compliment avant que la serveuse apparaisse à côté de nous, mais sa tenue avait une classe folle : pantalon cigarette noir, tee-shirt gris pigeon, bijoux élégants. Elle travaillait peut-être pour un magazine de mode.

— Un verre, mesdemoiselles ?

La serveuse nous adressa un regard blasé travaillé entre deux traits d'eyeliner.

Je jetai un coup d'œil au menu devant moi.

— Euh… du vin ? Blanc ?

— Nous avons un très bon chardonnay, me proposa-t-elle.

— Ne l'écoute pas, répondit ma copine dc table à ma place. Elle prendra un sauvignon. Moi aussi. En fait, apportez carrément la bouteille.

— C'est parti !

La serveuse tourna ses talons hauts.

— Le chardonnay est si mauvais que ça ?

— Une honte, renchérit-elle en hochant la tête. Je m'appelle Jenny, au fait.

Je priai Dieu pour qu'Em ne décide pas de descendre. Avec ces deux-là dans la même pièce, le monde risquerait d'imploser.

— Rachel. Tu es de Toronto ? demandai-je.

Elle repoussa les cheveux qui tombaient sur son visage.

— Oh, grand Dieu, non ! Le Canada ne pourra jamais me retenir. Je ne suis pas assez gentille. Je suis ici pour le boulot.

Je hochai la tête, ne sachant toujours pas quoi dire.

— Je ne suis pas une pute, ajouta-t-elle sans l'ombre d'un sourire, si c'est à ça que tu pensais.

— Non, je ne pensais pas du tout à ça ! Pas du tout. Je te le jure.

Je n'y ai pas pensé ! Pas du tout !

Elle posa une main très douce recouverte de bagues à cocktail sur mon bras en se retenant de rire.

— Du calme, je te taquine. Ah, les Anglais, vous êtes trop sensibles ! Non, je suis ici pour le boulot, je viens de New York. Je suis trop garce pour passer pour une Canadienne.

— Qu'est-ce que tu fais, alors ? demandai-je en jetant un coup d'œil au bar à la recherche de Matthew et de notre vin.

Peu importait lequel arriverait en premier, du moment qu'il se dépêchait.

— Je suis styliste.

— C'est pas vrai !

Je baissai les yeux vers l'échange de messages sur Facebook entre Ethan et moi. J'adorais quand le destin s'arrangeait pour ne pas me faire mentir.

— Ouais, répondit Jenny. Je sais, c'est nul comme métier. Je passe mes journées à habiller les gens.

Elle avait raison : le sauvignon était bon.

— Pas du tout, la rassurai-je. Je suis maquilleuse.

Elle leva son verre.

— Ah oui ? C'est génial ! Tu es ici pour le boulot ?

Mon téléphone vibra sur la table entre nous. Ethan me répondait déjà.

— Non, je suis venue avec des amis. Et il y a peut-être un garçon. Plus ou moins.

Je cherchai l'ami en question autour de moi, mais, cette fois, la chance ne jouait pas en ma faveur.

— Il y a toujours un garçon, fit-elle remarquer. Par contre, s'il habite à l'étranger… C'est une histoire à raconter à une parfaite inconnue, au bar d'un hôtel, un dimanche soir !

Je souris. D'habitude, je n'étais pas douée pour discuter avec les gens que je venais de rencontrer. Mais cette fille, je ne pouvais que l'apprécier. Après un verre et demi de vin blanc, je lui servis la version courte de mon histoire avec Ethan, sans oublier la liste, Simon, et en mettant Dan de côté. Puis nous avons ouvert le message ensemble. Il me proposait un brunch à mon hôtel.

— Qu'est-ce que tu attends ? Dis oui, m'ordonna Jenny, avec un sourire ravageur. Un brunch, ça n'engage à rien, si ?

— Ah bon ?

J'hésitai un instant avant de lui répondre par un : « À demain alors » peu convaincu et rangeai mon portable dans mon sac.

Jenny coiffa ses cheveux en une explosion plus ou moins contrôlée, supposée ressembler à une queue-de-cheval.

— Tout dépend de ce que tu attends de cette relation. T'en servir pour oublier en t'amusant ? Ou vivre un conte de fées bouleversant, style « ils vécurent heureux et eurent beaucoup d'enfants » ?

— Peut-être pour m'amuser ?

Même moi, je n'étais pas convaincue.

— Puisque les contes de fées de bouleversants en restent généralement à ce stade, ajoutai-je.

— Bon, OK. Laisse-moi te dire deux choses, dit-elle en comptant ses arguments sur ses doigts bariolés. *Primo*, ne te moque pas des contes de fées, surtout entre une Anglaise et un étranger. *Secundo*, ne le prends pas mal, mais tu n'as pas l'air du genre de filles à t'amuser comme ça. Et *tertio*, tu sais ce qu'il veut, lui ?

Je continuai de siroter mon vin. Elle soulevait un point intéressant.

— Je ne sais pas du tout ce qu'il pense.

— Donc, s'il pensait : « Génial, voilà cette nana sympa que j'aimais quand j'étais au lycée, je suis de nouveau célibataire, elle aussi, et elle n'est là que pour un soir. Alors pourquoi pas ? » Comment tu le prendrais ? Bien ? demanda-t-elle en pianotant sur la table.

— Pas vraiment.

— Exactement, dit-elle en haussant les sourcils. Et qu'est-ce qui se passera si vous avez le coup de foudre en vous rencontrant ? Si c'est lui le bon ?

Je replaçai mes cheveux derrière mes oreilles en souriant.

— Le bon ? Tu crois que ça existe ?

— Bien sûr, m'assura-t-elle. Et je ne veux pas paraître lourde, mais, quand tu le rencontreras, tu le sauras.

Je la regardai d'un air sceptique.

— Je te jure ! poursuivit-elle. Mains moites, nausée, le cœur qui s'emballe, et, pour nous, femmes modernes, la conviction qu'il ne peut absolument pas être le bon. Normalement, c'est ce mec-là.

Un ange passa tandis que j'essayais de me convaincre qu'elle ne parlait pas de Dan.

— Tu as tout rayé sur la liste ? me demanda Jenny.

— Il me reste deux choses.

— Je peux t'aider ?

Fronçant les sourcils, je me demandai si elle était d'attaque pour un charmant samedi après-midi à l'église de Godalming.

— Je dois sauter à l'élastique ou quelque chose dans le genre et trouver un cavalier pour le mariage de mon père samedi prochain, pour avoir l'air sublime au bras de quelqu'un de sublime. À mon avis, le saut à l'élastique sera plus facile, dit la fille qui ne peut pas monter sur un escabeau sans avoir la tête qui tourne.

Elle paraissait contente. Cette fille adorait résoudre les problèmes.

— Ça se pourrait, effectivement.

— Je suis quasiment sûre que tu peux sauter à l'élastique dans une capsule aux chutes du Niagara. Ils te font partir de là-bas, tu n'as même pas à grimper. Ce n'est pas très loin d'ici. Ça irait ?

Si j'avais su ce qu'était le saut à l'élastique dans une capsule, j'aurais appelé sur-le-champ pour m'inscrire. Cette fille était géniale.

— Peut-être bien.

Je gribouillai « capsule élastique, chutes du Niagara » sur mon carnet de notes. Je n'avais pas pensé que les chutes du Niagara étaient à côté. Il fallait qu'on y aille. Elles m'obsédaient depuis *Dirty Dancing*, même si la référence à Acapulco dans la même scène avait été gâchée par la chanson de Phil Collins.

— Je serai tellement contente quand j'aurais rayé tous les points de la liste ! Je devrais peut-être consulter quelqu'un pour mes TOC. Bon, je n'en suis pas à appuyer quatorze fois sur les interrupteurs ou ce genre de choses…

— J'adore écrire des listes. Me donner des objectifs. Des résolutions. Vraiment. Je te comprends très bien, dit-elle. Mais, maintenant, il faut que tu trouves un moyen de mettre en pratique tout ce que tu as appris. Sinon, ça n'aura servi à rien de faire cette liste et d'en rayer progressivement les différents points. Tu dois apprendre à vivre avec tous les jours.

— Eh bien, je n'ai pas l'intention de me faire tatouer ou de gâcher un gala de charité toutes les semaines, mais ça m'a permis de vivre quelques expériences inédites, admis-je. Jusqu'à la semaine dernière, j'étais blonde.

— C'est pas vrai ? Tu vois, tu vas t'en sortir ! Un bon boulot, de bons amis, très mignonne. Tu as tout compris.

Elle balaya mes doutes d'un geste de la main.

— Ah bon ? dis-je en m'esclaffant. Tu peux dire ça à ma mère ? Tu es célibataire ?

Inspirant profondément, Jenny fit tourner son verre avant de finir son vin, cul sec.

— Je suis célibataire.

— Ça te dérange si je te demande pourquoi ?

Elle sourit, mais ses yeux restèrent tristes.

— Le mec que j'aime ne m'aime pas. Pour tout te dire, il vient d'emménager avec quelqu'un d'autre.

— Tu crois qu'il y a des gens qui choisissent de rester célibataires ?

— Ouais, sûrement, répondit-elle. Mais choisir et vouloir sont deux choses différentes. Je crois qu'un tas de gens se disent un jour : « J'ai besoin de temps pour moi », mais on ne me fera pas croire qu'ils se réjouissent tous les soirs d'aller se coucher seuls. Je préfère être seule que mal accompagnée, mais je pense que personne ne le souhaite vraiment. Je ne veux pas être seule.

— Tu ressembles à une de mes amies, lui dis-je en essayant de me rappeler ses mots emplis de sagesse pour les rapporter à Em et Matthew.

— Toi aussi, répondit Jenny. Alors, c'est quoi, la vérité ? Tu veux retourner avec ton ex ? C'est l'amour de ta vie ?

— Non, répondis-je sans réfléchir. Ce n'est pas lui. Il était là, c'est tout. J'étais trop occupée à enchaîner les journées ; je ne faisais pas attention à ce qui se passait autour de moi. Cela fait des lustres que cette histoire aurait dû se terminer.

M'entendre prononcer ces paroles était très étrange. Parce que c'était la réalité. Pourquoi ne l'avais-je pas compris plus tôt ?

La tête penchée sur le côté, Jenny tira sur une mèche de ses cheveux avant de la laisser rebondir et boucler de nouveau.

— Ça arrive aux meilleurs d'entre nous, chérie. Ne t'en veux pas trop. Moi, je m'inquiète tellement de ce que je n'ai pas que je ne me rends pas compte de ce que j'ai déjà. Il me manque seulement quand il s'en va. Ça, ça craint.

— J'aimerais te donner des conseils pleins de sagesse.

Je m'apprêtais à faire un sort à mon troisième verre de vin.

— Si tu veux, « ne sois pas conne » marche dans n'importe quelle situation, répondit-elle. Mais je ne suis pas très douée pour suivre mes propres conseils.

— Tu sais ce que tu veux maintenant ? demandai-je.

— Ouais, je veux être avec lui, mais il a tourné la page. Je ne peux rien y faire.

Je n'arrivais pas à croire qu'on puisse rejeter cette fille. Elle était jolie, gentille et intelligente. Qu'est-ce qui ne tournait pas rond chez ce type ?

— J'ai envie de te dire de ne jamais baisser les bras, si tu es sûre de ce que tu veux. Dis-lui ce que tu ressens.

Un conseil à la noix, faute de mieux.

Jenny se tourna de nouveau vers moi.

— Tu as peut-être raison. Et toi, qu'est-ce que tu veux ? Maintenant que tu as appris tous ces trucs géniaux sur toi-même ?

— Je veux être avec quelqu'un qui veut de moi.

Je n'avais pas vraiment réfléchi avant de répondre.

— Quelqu'un qui veut mon bonheur, ajoutai-je. Quelqu'un qui veut ce qu'il y a de mieux pour moi.

Comme Dan ? me demanda une petite voix.

— En résumé un mec bien, super mignon, qui t'aime, qui sait s'amuser et être sérieux, drôle, digne de confiance, et qui sera là pour toi en toutes circonstances ? suggéra Jenny. Ouais. Le rêve. J'aimerais pouvoir te dire qu'il existe.

C'est peut-être le cas, répéta cette petite voix agaçante.

Je l'ignorai et levai mon verre.

— C'est trop demander ?

— Oui, répondit Jenny en jetant un coup d'œil à sa montre avant de vider son verre. On s'amuse bien, chérie, mais je dois y aller. Je suis dans la chambre 307.

Appelle-moi si tu es là demain, OK ? J'ai l'impression qu'on a encore du pain sur la planche...

— J'ai beaucoup aimé cette séance de thérapie. Passe une bonne soirée.

Je me sentais un peu triste de la voir partir, c'était plus fort que moi.

Elle glissa un sac magnifique et sûrement très cher à son épaule et se pencha par-dessus la table pour me faire la bise.

— Tout le plaisir fut pour moi. Et Dieu sait que vous, les petites Anglaises, vous en avez besoin.

La foule se fendit en deux comme par magie, tandis que j'observais sa chevelure rebondir vers la sortie. Bon, ça avait été une rencontre intéressante. Et en parlant de choses intéressantes, ça faisait deux heures que Matthew avait annoncé qu'il descendait au bar. Je le considérai officiellement comme mort. Le lit m'appelait. Matthew avait sans doute cédé lui aussi à son appel. Sauf qu'il ne dormait probablement pas dans le nôtre.

Chapitre 17

—Je n'arrive pas à croire que tu aies enfin un rencart avec ton béguin du lycée !

Emelie dévorait joyeusement des viennoiseries sur le lit, alors que je lui avais répété plusieurs fois de ne pas éparpiller de miettes dans les draps. J'étais occupée à essayer toutes les tenues que j'avais apportées avec moi. Rien ne m'allait. Comme par hasard, Rachel la rousse ne s'était pas pointée ce matin-là. J'étais aussi nerveuse qu'un candidat de *X Factor* qui était seulement là parce qu'il avait fait une promesse à son défunt père.

—Ça va être génial ! Je suis sûre que tu vas l'épouser !

—C'est ça, mets-moi la pression, marmonnai-je face au miroir fixé derrière la porte. Et ça ? Tu en penses quoi ?

J'avais opté pour la robe jaune à fines bretelles parsemée de petites hirondelles blanches qui m'arrivait au-dessus des genoux, avec des ballerines blanches et, comme je devais agir sans mon alter ego trop sûre d'elle, un cardigan. Juste au cas où.

Em hocha la tête en avalant une bouchée de croissant.

Elle s'attaqua ensuite à un mini-muffin.

— C'est très bien. Tu vas épouser ton amour d'enfance et je finirai sûrement par me marier avec ton coureur de frère. Comme au cinéma.

— Ne plaisante pas avec ça !

Je ne savais pas quoi faire de mes cheveux. Je plaçai des mèches en arrière avant de les faire retomber devant mon visage, puis de les remettre en arrière. Pourquoi rien n'allait ? Pourquoi était-ce si difficile ?

— Tu sais que je ne le souhaiterais pas à mon pire ennemi.

— Je ne sais pas, répondit Em. Si j'arrive trop tard, je suis certaine qu'Ana et lui feraient un beau couple.

Cette conversation ne m'aidait pas à conserver mon côté calme et formidable.

— Emelie, geignis-je. Crache le morceau. Tu aimes vraiment Paul ou tu ne sais pas comment me demander de l'aide ?

Les yeux rivés sur un muffin, elle prit sa plus belle expression de cochon truffier. Elle fourra un morceau de gâteau dans sa bouche.

— Je ne sais pas trop. J'ai compris que tu trouvais l'idée repoussante, mais tu ne crois pas qu'il serait temps que j'essaie de me caser ?

— Si ! Tant que ce n'est pas avec mon frère. Pas parce que c'est dégoûtant. Parce qu'il ne te mérite pas.

J'attrapai une brioche sur le plateau du petit déjeuner avant qu'elle ne bouffe tout.

— Tu dirais la même chose s'il me chantait la sérénade tous les soirs, me fit-elle remarquer. Tu le verras toujours comme ton frère.

Je repensais à ce que Jenny m'avait dit sur « le bon » la nuit précédente, au bar. Était-ce ce qu'Emelie ressentait pour Paul ? Les avais-je empêchés de se mettre ensemble, toutes ces années ? Si ça ne me révoltait pas autant, je m'en serais voulu. Mais en fait, non.

— Putain, qu'est-ce que j'aime cette ville !

La porte s'ouvrit d'un coup sur moi, tandis que Matthew entrait, portant toujours les vêtements dans lesquels il avait voyagé le dimanche matin. Avec les cinq heures de décalage horaire, ça faisait plus de vingt-quatre heures. Mais vu l'allure de la tenue et le sourire de Matthew, ils avaient sûrement passé beaucoup de temps par terre.

— J'ai rencontré quelqu'un.

— Pas possible.

J'ouvris les bras et tournai sur moi-même pour avoir son avis.

— Tu es très jolie, dit-il en se déshabillant pour aller sous la douche.

— Depuis quand tu te fous à poil devant nous ? s'écria Em de l'autre côté de la pièce quand son boxer toucha le sol. Je mange, je te signale ! Je croyais que tu étais le roi de la pudeur ?

Matthew fit une révérence pleine de grâce avant de rentrer dans la cabine de douche.

— C'est pas parce que je ne veux pas vous voir à poil que je dois vous priver de ça. Tu vas où ?

Je pris une grande inspiration, soufflai et attrapai mon sac à main.

— Retrouver Ethan pour un brunch. Il fait froid dehors ?

— Aucune idée, je ne suis pas sorti de l'hôtel ! cria-t-il pour se faire entendre par-dessus le bruit de l'eau. J'ai rencontré un artiste génial dans le hall. Il s'appelle Dallas ; il dort toujours ici quand il est en ville. Il vit dans une contrée sauvage où on ne mange que ce qu'on a tué.

— Obligé ?

Em avait l'air sceptique.

— Je ne dis pas qu'il n'y a pas de Carrefour autour, mais tu m'as compris, répondit-il en se savonnant. Très bonne technique de drague, en attendant.

J'essayai de ne pas prêter attention à la nausée qui me retournait l'estomac. Des papillons auraient suffi.

— Je ferais mieux d'y aller, dis-je en jetant un coup d'œil à ma montre. Franchement : de quoi j'ai l'air ?

— Tu es très mignonne, me rassura Em. Si je ne t'avais pas vue depuis nos seize ans, je serais impressionnée.

Je réarrangeai mes cheveux une dernière fois avant de jeter mon sac par-dessus mon épaule et de vérifier que j'avais la clé de la chambre.

— J'étais complètement à côté de la plaque à seize ans ! Appareil dentaire, blond vacances, des ourlets de dix centimètres sur tous mes pantalons. Pas top.

— Alors, tu as déjà gagné, dit-elle en s'installant sur le lit et en alluma la télé. Il s'attend à voir débarquer « seize ans et moche », mais en fait, il verra « vingt-huit ans et superbe ».

— Pas faux, marmonnai-je. Souhaitez-moi bonne chance.

— Bonne chance, dit-elle avec un signe de la main. Envoie-moi un message pour me dire comment ça se passe !

Matthew me dessina un smiley sur la cabine de douche embuée en me faisant un signe. Puis il recommença avec un pénis géant et leva le pouce. Il était vraiment temps que je parte.

Même si le café était bondé, je repérai Ethan immédiatement. Au milieu des gens branchés en chemises en flanelle et bonnets, on ne voyait que lui et sa magnifique chevelure blonde. Il n'avait pas changé. Du moins, jusqu'à ce qu'il se lève. Pendant que je jouais à la dînette et à repoudrer le cul des mannequins, on aurait dit qu'Ethan avait passé ces dix dernières années à soulever des ours. Il était baraqué. Très très baraqué. Il croisa mon regard, eut un mouvement de recul à cause de mes cheveux qui, me rappelai-je soudain, étaient roux vif au lieu de blond foncé, puis me fit enfin signe. Tout à coup, je replongeai à l'époque du White Musk de chez Body Shop, de Robbie Williams et des Pringles.

— Rachel ?

Dès que je fus à sa portée, il m'attira à lui pour me prendre dans ses grands bras. Tout le contraire du dicton : loin des yeux, près du cœur. Et dire qu'à l'époque j'étais incapable de lui passer une feuille de musique sans rougir.

— Je suis content de te voir.

— Moi aussi.

J'avais presque peur de m'asseoir. Il était vraiment beau. Les photos sur Facebook ne lui rendaient pas justice ; il était très séduisant. En fait, il était tellement soigné que je m'attendais à ce qu'il sorte un morceau de bois de sous la table pour le poncer avec du papier de verre ou qu'un énorme labrador lui saute dessus pour le lécher. Si je ne le devançais pas. Ce n'était pas mon style, mais je ne pouvais pas me permettre de faire la difficile. Surtout quand j'avais le choix entre Adonis et rien d'autre.

— Tu es très jolie, déclara Ethan en s'emparant du verre à eau devant lui. Je ne crois pas que je t'aurais reconnue dans la rue. Tu étais un vrai garçon manqué, à l'époque. Et tes cheveux ! Waouh !

J'étais assise dans un café à Toronto avec Ethan Harrison. *Le* Ethan Harrison. Comme dans « Rachel aime Ethan à la folie pour toujours ». Soupir. Hyper ventilation. Boum !

— Tu n'as pas changé.

Mis à part les muscles, l'appareil en moins, les muscles et les trente centimètres en plus. Et les muscles. Comme j'étais incapable de le regarder dans les yeux, je me concentrai sur son col blanc, me promettant de remonter petit à petit.

— Par contre, ta voix est différente…

— Ouais, je suppose que j'ai pris l'accent, dit-il en riant. Mon père est canadien, alors j'ai toujours eu un petit quelque chose. Mais, quand on est arrivés ici, c'est sorti de nulle part.

— Ma meilleure amie vient de Montréal. J'ai l'habitude.

Après avoir commandé un café, je remontai jusqu'à son menton. Une belle mâchoire carrée et puissante. Ses cheveux blond vénitien commençaient à apparaître. Ils étaient beaucoup plus courts qu'avant, mais mon cœur s'emballa en constatant qu'il y avait suffisamment de longueur pour que je les remette derrière ses oreilles. Si je n'étais pas assise sur mes mains. Dans un café au Canada. Assise en face d'Ethan Harrison. Où était passée Rachel la rousse ? La Rachel de seize ans n'était pas qualifiée pour s'occuper de ce genre de choses.

— Tu ne trouves pas ça bizarre ? Si, il y a dix ans, tu m'avais dit qu'on serait assis ici aujourd'hui, je ne t'aurais pas crue.

Quand il se gratta la tête, ses biceps étirèrent les manches de sa chemise. Il avait les bras encore plus gros que ceux de Dan. Mais je ne pensais pas à Dan, bien sûr.

— On me le dit souvent, ces derniers temps, acquiesçai-je en repoussant toute pensée concernant

Londres. Pour être honnête, si tu me l'avais dit la semaine dernière, je ne l'aurais pas cru non plus.

— C'est un boulot de dernière minute, c'est ça ? me demanda-t-il. À Vancouver ?

Je le dévisageai une seconde de trop.

— Oui, dis-je en hochant la tête. Vancouver. Boulot. De dernière minute. Une séance photo. Pour un magazine.

Il avait l'air surpris, mais il souriait.

— Tu es maquilleuse ? C'est tellement bizarre ! Je ne me souviens pas que tu étais ce genre de fille.

— Quel genre de fille ?

Ça m'intéressait toujours de savoir ce que pensaient les gens de moi. À part Dan. Je ne voulais plus jamais entendre ce qu'il avait en tête. Et je ne pensais pas à Dan, putain !

— Oh, je ne disais pas ça de façon négative, dit-il tandis que ses joues s'empourpraient joliment. Oooh ! Tu sais, il y avait ce groupe de filles qui se maquillaient trop à l'école. Les Gloss Girls. C'est comme ça que je les appelais.

J'éclatai de rire, sachant pertinemment de qui il parlait. J'avais été jalouse à crever de chacune d'entre elles.

— Les Gloss Girls ? C'est méchant !

— Tu te rappelles Louise, Claire et les autres ? Elles se mettaient tout le temps de ce gloss horrible sur les lèvres.

Il grimaça tandis qu'un très beau serveur coiffé d'un bonnet en laine apportait notre café.

D'expérience, je sus qu'il s'agissait d'un mannequin, et, ayant déjà été servie par un mannequin qui se prend pour un serveur, je savais qu'il allait se tromper dans notre commande.

— Je me souviens que j'avais l'impression qu'elles se mettaient de la colle sur la bouche. Qui aurait voulu embrasser une fille pareille ?

Je pinçai mes lèvres pleines de gloss pour essayer de faire partir la brillance collante.

— Ouais, je n'étais pas intéressée par ce genre de choses à l'époque. Mais j'adore mon métier. Je rencontre des tas de gens intéressants.

— Ah oui ?

— En fait, pas du tout, répondis-je immédiatement. La plupart d'entre eux sont exécrables. Insupportables.

Ethan posa une main sur la mienne. Je fis de mon mieux pour éviter une attaque.

— Tu as toujours été drôle. Je suis vraiment content de te revoir. Je dois dire que je commence à aimer Internet. Ça rattrape tous les horribles rencards que j'ai eus jusqu'à présent.

— Adepte de Match.com ?

Je pris l'air désintéressé, mais je mourais d'envie de le savoir. Il y avait sûrement quelque chose qui clochait terriblement chez lui et je ne m'en rendais pas compte. C'était un nazi ? Un *geek* ? Il frappait les chiots ? Il y avait forcément quelque chose qui clochait chez lui ou chez les Canadiennes. J'étais à deux doigts de le demander en mariage avec un beignet à l'oignon.

Il me lâcha la main. Je sentis mon cœur se briser en millions de petits morceaux. Il y avait de grandes chances que je souffre d'un cas d'exagération de monologue interne.

— Pas vraiment. Ça ne fait pas si longtemps que je suis célibataire. Mon ex et moi avons rompu il y a quelques mois et j'ai passé tout l'été à déprimer. Mais c'est bientôt la rentrée. Je suis simplement trop occupé pour rencontrer des gens. C'est beaucoup de boulot.

Mais tu ne serais pas trop occupé pour une relation longue distance avec ton amour d'enfance, pensai-je. Je me demandai ce qu'il faisait le samedi suivant. Je mettais encore la charrue avant les bœufs.

— Et toi ? Tu dragues sur Internet ? me demanda-t-il en me dévisageant.

Je gloussai. Très sexy.

— Euh… Pas vraiment. Moi aussi, ça ne fait pas longtemps que je suis célibataire.

Quand j'avais fait le calcul après avoir bu avec ma nouvelle meilleure amie, j'étais arrivée à deux mois de célibat en douze ans. J'avais eu mon premier petit ami en octobre, l'année de terminale, et Simon et moi avions rompu depuis huit jours. Pas étonnant que j'aie besoin d'aide.

— J'adore cet endroit.

Il désigna la salle d'un geste après avoir commandé le petit déjeuner. J'avais choisi le menu avec un sandwich, comme le conseillait le chef. Ethan avait essayé d'apporter quelques modifications à ce qui ressemblait à un petit déjeuner anglais, mais le joli petit serveur n'avait rien compris. En tant que serveur, il faisait un très bon mannequin. Je n'allais pas tarder à le maquiller pour une campagne de sous-vêtements Armani.

— Des amis à moi vont au bar de temps en temps, mais je n'y suis jamais allé.

— Oui, j'ai entendu dire que c'était sympa, acquiesçai-je.

Je préférais garder pour moi le fait que je séjournais au *Drake* uniquement parce le meilleur ami gay de mon meilleur ami gay y avait un plan baise quand il y descendait. Pourquoi gâcher le mystère ?

Ethan passa la main par-dessus la table pour serrer de nouveau la mienne. J'allais vraiment avoir une attaque.

— Alors, qu'est-ce que tu as prévu à Toronto ? Tu es encore là demain et après-demain, c'est ça ?

— C'est ça. Deux jours, et après je vais à Vancouver.

Je ne mentais pas si mal quand j'avais préparé mon histoire. Ça me servirait peut-être à expliquer la mystérieuse disparition de Simon.

— Je n'ai pas prévu grand-chose. J'ai déjà vu la styliste hier soir.

Ce n'était pas un mensonge, seulement une faute de grammaire. Techniquement, Jenny était styliste.

Il m'adressa un autre sourire éclatant. Je me sentis rougir des pieds à la tête.

— Tu veux que je te fasse visiter ? Je n'ai rien d'un guide, mais je suis sûr de pouvoir te montrer l'essentiel.

Ce qu'il me montrait était déjà très bien, mais autant avoir l'air enthousiaste.

— Super, répondis-je. Ça me ferait très plaisir !

Il ne me fallut pas longtemps pour tomber amoureuse de Toronto. Entre mon charmant guide et les gens accueillants à l'excès, sans oublier le sirop d'érable fourré dans la moindre nourriture, je ne pouvais pas résister. Au milieu de l'après-midi, mon taux de sucre était déjà de 95 %. Et j'étais très heureuse comme ça.

Après le petit déjeuner, nous allâmes nous balader dans la rue. Ethan me montra de petites galeries d'art, des boutiques *vintage* et tous les chiens qu'on rencontrait. Tous les détails de cette matinée étaient incroyablement mignons. Même si le quartier avait adopté une sorte d'attitude new-yorkaise avec des matières abîmées artistiquement, des graffitis sur les immeubles et des boutiques tenues par des garçons très minces qui portaient des chemises de bûcheron et des jeans menaçant leur fertilité, il avait gardé son hospitalité innée. Je n'avais jamais dit bonjour à autant d'inconnus. En tant que Londonienne indécrottable, je ne savais pas très bien quoi en penser… jusqu'à ce que je boive ma seconde tasse de *macchiato* au sirop d'érable. Alors, tout me parut plus ou moins génial.

Suivant la liste des choses à visiter d'Ethan – qu'il n'avait malheureusement pas écrite –, nous avons vu la tour CN, le Temple de la renommée du hockey, nous avons longé le lac, hésité à entrer dans le musée royal de l'Ontario avant de décider de nous contenter de critiquer son étrange architecture – on aurait dit qu'un vaisseau spatial s'était échoué –, puis nous nous sommes installés au bar sur le toit de l'hôtel Thompson où je pouvais voir Toronto s'étendre devant moi. En dépit de mes terribles tendances lemming, je devais admettre que c'était magnifique. Du moment que je restais éloignée du bord, ça allait. À peu près. J'avais dû le réfréner quand il avait voulu me montrer l'étoile de Bryan Adams sur le Walk of Fame canadien, mais j'appréciais l'enthousiasme qu'il avait pour la culture locale. Et puis, j'étais claquée et j'avais envie de m'asseoir. Em et Matthew m'avaient envoyé un message pour me dire qu'ils avaient passé la journée sur la terrasse de l'hôtel à siroter des cocktails et à goûter toute la carte. Même si ma journée à moi avait été très agréable, je ne pouvais pas m'empêcher d'être un peu jalouse.

Ethan était un hôte merveilleux. Il me tenait la porte, reculait ma chaise et refusait de me laisser payer. Tous les mots qui sortaient de sa bouche étaient drôles, mignons et toujours intéressants. Il était cultivé, intelligent ; j'avais découvert qu'il adorait son boulot de prof et qu'il passait autant de temps à lire et à faire des recherches pour ses cours qu'à faire de la randonnée avec Sadie, son golden retriever. Tout ce qui lui passait par la tête se lisait sur son visage franc. Aucun faux-semblant, ni jeu de devinettes. Quand je posais une question, il y répondait. S'il me posait une question, il s'intéressait à la réponse. En fait, Ethan Harrison était l'homme idéal.

Alors j'espérais que c'était le décalage horaire qui me rendait aussi insensible à ses attentions. Nous étions assis côte à côte, au coin d'une haute table, pas trop près du bord. Je jetai un coup d'œil à mon cavalier. Le soleil se couchait derrière lui, illuminant ses cheveux et dessinant des ombres sur son beau visage. Pourquoi est-ce que je ne ressentais rien ? Quand j'avais dépassé l'excitation initiale et le risque de crise cardiaque, quelque chose d'étrange s'était produit. Rien. J'aimais bien Ethan, mais je ne *l'aimais* pas. Je ne pouvais rien y faire.

— Tu as vraiment déclenché l'alarme au *Savoy* ? me demanda-t-il devant une assiette pleine de frites couvertes de sauce barbecue et d'un truc qui s'apparentait à de la nourriture pour bébé.

Ce n'était pas le plat le plus appétissant que j'aie jamais vu, mais il m'avait assuré que la « poutine » était un mets raffiné. Comme je ne voyais pas comment le cuisinier pouvait mettre du sirop d'érable dedans, ça ne m'attirait pas des masses.

— Oui, confirmai-je. Sauf si la police te le demande. Dans ce cas-là, c'était un accident et je n'ai rien à voir là-dedans.

Étant donné les circonstances de notre rencontre, j'avais évité de lui parler de ma liste, mais on commençait à être à court de sujets de conversation. Je ne connaissais pas le hockey sur glace. Il ne s'intéressait plus au foot. Il adorait faire de la randonnée. Survivre en pleine nature avec rien d'autre qu'un tournevis était un de mes pires cauchemars. Ethan ne regardait pas la télé. Il ne regardait pas la télé, quoi ! Qu'est-ce que je pouvais bien lui raconter d'autre ?

Ethan me sourit en plissant ses yeux bleus.

— Tu es dingue ! Je savais que tu étais cool, maintenant, je sais que tu es folle.

Je frottai le tatouage sur mon poignet droit. La peau était presque redevenue lisse.

— Pas vraiment. Plutôt incroyablement ordinaire. Selon certaines personnes, je suis même très ennuyeuse.

— Je n'y crois pas, répondit-il. Qui peut te trouver ennuyeuse ?

Je posai le coude sur la table et cachai un léger sourire derrière ma main. Je n'avais bu que quelques gorgées de mon verre, mais ma tête tournait déjà. Les dangers du décalage horaire et des cocktails. Décalage horaire et cocktails. Ça faisait du bien de changer ma routine du lundi.

Tu sais ce qui ne va pas, me murmura Rachel la rousse qui sortit de nulle part. *Tu sais très bien pourquoi ça cloche.*

C'était gentil de sa part de se pointer à la fin de la journée, merde. Pour une fois, mieux valait jamais que tard.

— Je te le jure, j'aime la tranquillité. Je ne ressens pas le besoin de cogner un mannequin tous les mercredis.

Je choisis de ne pas prêter attention à mon alter ego capricieux, mais, à l'instant où je prononçai ces mots, je sus qu'ils n'étaient plus d'actualité.

C'était la vérité, mais je ne tenais pas pour autant à passer mes jeudis soir à préparer des spaghettis à la bolognaise pour un mec qui ne le méritait pas. Autant les faire pour moi-même. Et peut-être pour Emelie. Plus question que je cuisine pour Matthew. À l'expression d'Ethan, je sus qu'il était resté bloqué sur « cogner un mannequin ».

J'attrapai une frite qui n'était pas couverte de sauce ou de fromage.

Je mordis dans la frite. Avant de la reposer. *Beurk.*

— Et puis, c'était l'œuvre d'Emelie, pas la mienne. Je me suis contentée de déclencher l'alarme.

Il attaqua la poutine avec beaucoup plus d'enthousiasme que moi.

— Je n'arrive pas à croire à quel point tu as changé. Tu sais que tu es incroyable, pas vrai ?

Tu es incroyable. À côté de moi, Rachel la rousse bâilla. *Et il n'y a pas plus ennuyeux que lui.*

Rachel la rousse avait beau être un peu méchante, le pire, c'était qu'elle avait raison.

— Je ne suis pas incroyable, promis. Dommage qu'on ne se soit pas revus le mois dernier, dis-je en haussant un sourcil. Les choses étaient très différentes.

Bien sûr, c'était impossible, puisque, sans la liste, je n'aurais jamais pensé à le rechercher sur Facebook. Matthew ne lui aurait jamais envoyé de message. Je ne me serais jamais retrouvée dans un bar à Toronto. J'aurais mangé une moitié de pizza au thon devant la télé avec une bouteille de vin blanc qui m'aurait donné une indigestion.

— Dites-moi, Rachel Summers, brillante maquilleuse professionnelle, où vous voyez-vous dans cinq ans ? me demanda Ethan en me tendant un micro imaginaire.

— Encore une réponse qui aurait été très différente il y a un mois, répondis-je sans savoir quoi dire. C'est une question difficile, monsieur Harrison.

— Pourquoi ?

— Il y a un mois, j'aurais paniqué à cause de mon âge dans cinq ans. Trente-deux ans. Effrayant, dis-je les yeux fermés en déglutissant. Et je t'aurais dit sans hésiter que je serais mariée avec un enfant, peut-être deux. C'est tout, je crois.

Ethan eut un grand sourire.

— Ça ressemble à ma réponse…

Je frottai mon tatouage et replaçai mes cheveux derrière mon oreille pour les laisser retomber sur mon visage.

— Je ne suis pas sûre que ça me corresponde toujours. Aujourd'hui, avoir trente-trois ans ne m'effraie pas autant que d'avoir des enfants.

— Alors, qu'est-ce que tu veux ? me demanda-t-il.

J'éclatai de rire et souris à ma réponse.

— Je n'en sais rien. Je n'en sais rien du tout. Mais je commence vraiment à avoir une idée assez précise de ce que je ne veux pas.

— Tu penses rester à Londres ? demanda Ethan tandis que je me tournais pour observer le coucher de soleil sur la ville.

Je n'aurais jamais cru que ce serait aussi joli. En fait, je n'avais jamais eu l'idée de venir au Canada. Matthew avait eu raison de m'y obliger. J'étais comme un rat dans une cage. Ou un animal un peu moins ingrat. Les lumières de la tour CN commençaient à briller dans le ciel poudreux et le lac Ontario scintillait au loin.

— J'ai entendu dire que Toronto manquait de maquilleuses.

— Ah oui ?

Chiant, se plaignit Rachel la rousse. *Il est lourd et chiant comme la mort. Je croyais qu'on avait dépassé ça ?*

— Oui.

Ça aurait été le moment idéal pour un baiser. Assis côte à côte, nos genoux se touchant sous la table, partageant un verre en fin de journée après toutes ces années. Mais, à ce moment-là, les papillons s'étaient envolés.

Ethan brisa la tension et recula.

— Tu ne te rendrais probablement pas compte de à quel point ça te manquerait jusqu'à ce que tu partes. Je crois que c'est ça le truc avec les villes. On s'habitue à ce qu'elles peuvent nous offrir, on n'y prête plus attention jusqu'à ce qu'on nous les enlève. J'ai vécu un été à New York après la fac. Quand je suis rentré à Toronto, j'avais l'impression que tout allait au ralenti, que tout prenait un temps fou. Mais, maintenant, je ne partirais pour rien au monde. Tout ce que je veux, c'est aller au travail, rentrer à la maison, me promener avec mon chien et me reposer.

— Ça a l'air sympa, dis-je.

La Rachel que j'étais une semaine auparavant aurait été aux anges. Rachel la rousse avait envie de vomir. Et, quelque part entre les deux, la vraie Rachel savait que cette vie ne lui convenait pas. M'enfuir avec mon amour de lycée aurait été merveilleusement romantique, mais ça ne risquait pas d'arriver.

Il se passa une main sur le visage et posa son front contre son poing.

— Je n'imagine même pas à quel point ma vie peut te sembler ennuyeuse. Je ne veux pas dire que je reste chez moi tous les soirs en attendant d'aller me coucher. Disons que c'est une ville géniale si tu n'aimes pas le stress.

Je jouai avec la monnaie dans les poches de ma robe, sans savoir comment poursuivre.

— Une très belle ville, acquiesçai-je. Et vous avez des animaux sur vos pièces de monnaie.

Ethan sourit. Je me demandais quand j'étais devenue barjot.

— C'est vrai.

Il se pencha vers moi et remit mes cheveux derrière mes oreilles.

Je soulevai une pièce pour lui montrer.

— Des castors. Et ça, c'est quoi ? Un élan ? Marrant.

Il avait gardé son sourire en coin alors que ses dents étaient devenues parfaites. Pourquoi est-ce que je ne ressentais rien ? Je marchais vraiment de travers.

— Je n'y ai jamais pensé. Je suppose que c'est le cas pour beaucoup de choses.

Il en est conscient, c'est déjà ça, commenta Rachel la rousse à ma gauche en examinant ses ongles.

— Mais j'ai pensé à ça…

Ethan se pencha vers moi.

Ses lèvres ne touchèrent les miennes qu'un instant. Ce n'était pas vraiment un baiser, plutôt un essai pour voir. Quand je m'habituai à leur contact, elles avaient déjà disparu. C'était doux, tendre. Le premier baiser idéal.

Mais ce n'était pas Dan.

Le rouge aux joues, Ethan posa sa main sur la mienne et la serra.

— J'ai réussi à embrasser Rachel Summers. Attends un peu que je raconte ça aux copains.

— Ça ne t'aura pris que douze ans, répondis-je doucement en essayant de sourire.

Qu'est-ce qui n'allait pas chez moi ? Pourquoi est-ce que je pensais à Dan ? J'essayai de nous imaginer dans le fond du gymnase, son Axe se mélangeant à mon Dove, au lieu du toit d'un hôtel de luxe, avec mon Daisy de Marc Jacob et son rien du tout. L'odeur de frites à la pâtée pour chiens ne m'aidait pas beaucoup, mais ce n'était pas le problème.

Je voulais tellement que ça marche avec Ethan que j'en avais oublié le problème essentiel. Et ce n'était pas les frites.

— Qu'est-ce que tu veux faire maintenant ? demanda-t-il. On pourrait se faire un ciné ? Ou dîner ? Tu n'aimes pas trop la poutine, pas vrai ?

— Je suis désolée, je suis claquée, dis-je en bâillant pour prouver mes dires. J'ai juste envie d'aller au lit.

— Au lit ?

S'il continuait de rougir autant, il ne serait plus d'aucune utilité dans la chambre pour personne, de toute façon. Tout le sang de son corps affluait dans ses joues.

— *Mon* lit, clarifiai-je aussitôt. (Et bim ! Encore une phrase qu'il pouvait prendre de travers !) Je ferais mieux d'aller me coucher et dormir. À cause du décalage horaire.

Dès que les mots eurent franchi mes lèvres, j'eus l'impression que mon corps arrêta de faire le moindre effort. Au-dessus de nous, le ciel vira du bleu layette au violet foncé. Ma capacité à garder les yeux ouverts s'amenuisa et je n'eus plus qu'une idée en tête : me coucher. Le manque de sommeil affectait peut-être mon jugement. J'avais besoin de dormir. Une fois reposée, je serais capable de comprendre ce qui clochait. Ou du moins ce qui n'allait pas chez moi.

Rachel la rousse se tenait déjà près de l'ascenseur à taper sur sa montre. On aurait dit qu'elle comprenait toute la situation. Si seulement elle pouvait m'éclairer…

Ethan eut l'air un peu déçu, mais, en bon gentleman, il demanda l'addition et me serra de nouveau la main.

— C'est vrai, tu dois être complètement décalée ! Je me suis beaucoup amusé. Ça m'a fait plaisir de te revoir.

Je m'étais amusée. Seulement, ça n'avait rien eu avoir avec le coup de foudre détonnant que je m'étais imaginé.

— Moi aussi. Merci de m'avoir fait visiter la ville.

— Je te ramène à l'hôtel.

Il jeta quelques billets sur le bar et sourit à la serveuse pour lui souhaiter une bonne soirée. Les fossettes que je rêvais de pincer au lycée revinrent de plus belle. J'aurais vraiment voulu comprendre ce qui ne tournait pas rond chez moi. Ce n'était quand même pas parce qu'il ne regardait pas la télé ?

— Merci.

Je glissai de mon tabouret et le laissai me prendre par la main, en espérant ressentir quelque chose d'agréable. Mais tout ce que je pouvais sentir, c'était cette frite rance qui me soulevait le cœur. Sûrement le début d'une belle histoire.

— Nous y voilà.

Ethan gara sa voiture très fonctionnelle devant le building noir brillant du *Drake*.

Après avoir défait ma ceinture, je lui adressai mon plus beau sourire fatigué. Du moins, l'espérais-je. Manquait plus que je louche.

— Merci beaucoup. Je me suis bien amusée.

Il coupa le moteur et serra le volant. *Oh oh.* Son visage adopta une expression très sérieuse…

— Moi aussi. Je sais que tu dois partir mercredi, mais est-ce que tu as des projets pour demain ?

— Je ne sais pas, mentis-je. Ça te dérange si je t'envoie un message pour te tenir au courant ?

— Pas du tout, ça me va très bien.

Il se tourna pour me faire face.

— J'aimerais beaucoup qu'on se revoie. Cette journée a été super.

La main sur la poignée, je me retournai rapidement pour l'embrasser sur la joue, puis bondis hors de la voiture.

— Ouais. Bonne nuit, Ethan !

Je claquai la porte derrière moi et me précipitai vers la sécurité de l'hôtel avant de l'avoir entendu redémarrer.

La réceptionniste me fit un grand signe.

— Bonsoir, mademoiselle Summers. Vous avez passé une bonne soirée ?

— Oui, merci, répondis-je, sceptique.

Elle paraissait aussi convaincue que moi. Em m'avait envoyé un message pour me dire qu'elle était au bar avec Matthew si je voulais les rejoindre, mais, comme je ne me sentais pas d'humeur à interagir avec d'autres personnes, je pris l'escalier pour aller au lit. J'allais pouvoir prendre une douche sans public.

— Dormez bien alors, me dit-elle.

— Mouais, c'est ça, marmonnai-je en montant les marches.

Je ne croyais plus au Père Noël.

Chapitre 18

Je me traînai jusqu'au lit sans enlever ma robe d'été et me glissai sous les couvertures. Pas le temps de prendre une douche. J'avais l'impression d'avoir pris un coup de soleil sur le visage, mais tant pis. J'allais me réveiller avec des yeux de panda, mais tant pis. Pourquoi personne ne s'était rendu compte que le décalage horaire et les histoires de mecs étaient le remède le plus efficace contre les TOC ? M'enroulant dans la couette, je n'eus même pas la force d'éteindre la lumière. Tout emmitouflée en dépit de l'air ambiant plutôt doux pour la saison je glissai au milieu du lit. Et puis merde, Emelie n'aurait qu'à me pousser quand elle rentrerait. Dès que je fermai les yeux, mon corps se fit lourd et je sombrai dans un sommeil de plomb.

Quand je les rouvris, il faisait déjà jour.

— Bonjour !

Matthew était allongé sur la méridienne, un magazine français dans les mains. Sauf que Matthew ne parlait pas français.

— Tu dormais comme une masse quand on est rentrés hier soir.

— J'étais crevée, répondis-je à voix basse pour ne pas réveiller Emelie. On a marché toute la journée. Il est quelle heure ?

— À peu près 10 heures ? répondit Matthew. J'ai cru que tu n'allais jamais te réveiller. Secoue la Belle au bois dormant qui sommeille en toi ; j'ai réservé une voiture pour 11 h 30 et il faut que je mange quelque chose avant que mon estomac ne commence à s'autodigérer.

— Une voiture ?

Le lever fut laborieux. J'avais l'impression qu'on m'avait coupé les membres pour les remplacer par des saucisses. Rien ne fonctionnait normalement.

Matthew se leva et me tira hors du lit.

— Em m'a parlé de ce saut à l'élastique dans une capsule aux chutes du Niagara. Alors, j'ai fait quelques recherches. On y va.

— Ah bon ?

Je baissai les yeux vers ma robe froissée avant de rencontrer le regard choqué de Matthew.

— Je me suis endormie tout habillée, expliquai-je.

Me prenant par les épaules, il me guida jusqu'à la douche.

— Je vois ça. Ton rencard s'est bien passé ?

— On en parlera en route.

Je tirai sur la fermeture Éclair de ma robe et m'enroulai dans une serviette pour éviter de rendre Matthew aveugle à la vue de mes seins.

Il alluma l'eau, testant la température avec sa main.

— Si terrible que ça ? Ça va ?

J'attrapai mon shampooing « spécial rousse », prête à ramener mes cheveux à la raison.

— Disons que c'est le bon jour pour me jeter du haut d'une tour.

— À nous l'aventuuure ! cria Emelie en jetant un sac en plastique plein de bonnes choses sur la banquette arrière avant de nous distribuer des gobelets Starbucks à Matthew et moi assis à l'avant.

Il avait pris le volant et je jouai les copilotes, ce qui laissait le droit à Em de s'occuper de l'animation. Sauf que, pour l'instant, mon rôle avait surtout consisté à tenir mon iPhone de façon que Matthew puisse voir l'application GPS pendant qu'Emelie se gavait de chips, vautrée sur la banquette arrière. J'avais vraiment tiré la mauvaise pioche.

Matthew s'amusait à faire vrombir le moteur de la Mini Cooper, pour le plus grand plaisir d'Em, lorsque la carte disparut de mon téléphone pour afficher un numéro inconnu.

— C'est sûrement Ethan, dis-je en ouvrant la portière pour sauter sur le trottoir. J'en ai pour une minute.

— Pas une de plus ! cria Em à travers la fenêtre. Nous partons à l'aventuuuuuure !

— Allô ?

Je n'avais aucune raison de ne pas le voir, à part le fait que j'avais déjà prévu de sauter dans le vide avec un élastique accroché autour du pied. Ce n'était pas comme s'il comptait me demander en mariage. Sûrement pas. Il avait beaucoup parlé des bébés de ses amis. S'il y avait un homme fait pour le mariage, c'était bien lui. Et, jusqu'à la semaine dernière, moi aussi, je suppose. *Timing* de mes deux.

— J'ai lu ta lettre.

Simon ne prenait jamais la peine de dire bonjour. C'était une de ses mauvaises habitudes. Comme celle de se couper les ongles des pieds dans le salon, de manger des sandwichs avant de se coucher et de fourrer la main dans son pantalon en regardant le foot. Ou toute autre émission diffusée après 20 heures. Je devais à tout prix garder en tête ces mauvaises manies.

— Depuis quand est-ce que tu lis mon courrier ? (Je ne comprenais pas où il voulait en venir.) Et pourquoi ton numéro ne s'est pas affiché ? repris-je. Tu as changé de téléphone ?

— Tu as bien changé les serrures sans me prévenir, rétorqua-t-il. Nous voilà quittes.

— C'est toi qui es parti.

Je m'assis sur le banc d'un arrêt de bus. Faire les cent pas n'arrangerait rien à ma tension. Je saluai d'un signe de tête les deux vieilles dames à côté de moi. Elles me rendirent mon geste. Les Canadiens sont charmants.

— Pourquoi est-ce que tu lis mon courrier ?

Il avait l'air énervé.

— Je ne lis pas ton courrier. Je lis la lettre que tu m'as écrite. Celle dans laquelle tu n'arrêtes pas de m'insulter.

Il me fallut un peu de temps, mais je finis par comprendre. La lettre. La lettre que j'avais posée sur la table basse. Matthew l'avait sûrement prise en même temps que le courrier de Simon. Pleine d'insultes.

Heureusement que j'étais déjà assise, même si, à ce stade-là, j'aurais préféré être allongée.

— Oh. Cette lettre-là !

— Oui, cette lettre-là, confirma-t-il. Matthew m'a dit que vous alliez au Canada ?

J'observai les deux vieilles dames de l'arrêt de bus, les voitures qui roulaient sur les voies du tramway du mauvais côté de la route et le drôle de bâtiment à rayures noires et blanches en face de moi.

— Je suis au Canada, répondis-je. À Toronto.

— Pour le travail ?

Il commençait à avoir l'air plus curieux qu'en colère.

— Non.

Pourquoi est-ce que je lui donnerais plus de détails qu'il n'en méritait ?

— Écoute, cet appel me coûte une fortune, alors je vais aller droit au but, dit-il après une pause. Ta lettre m'a foutu en rogne.

— J'imagine, rétorquai-je.

S'il recommençait à dire des conneries, je n'hésiterais pas à lui raccrocher au nez une nouvelle fois. Qu'est-ce qu'il pouvait bien faire ? Venir au Canada pour m'engueuler en personne ?

— Ouais. J'ai eu du mal à la lire, mais, après, je me suis dit… que tu avais raison. À certains passages, j'ai vraiment eu l'impression d'être un moins que rien. Je ne peux pas t'en vouloir. Tu as raison sur toute la ligne.

Rien ne va plus !

— J'ai joué au con, j'ai été lâche. Tu ne méritais pas ça.

Je m'appuyai contre l'Abribus. *Ah oui ?*

Il prit une grande inspiration et j'aurais juré entendre un reniflement.

— Je suis désolé, Rachel. Je sais que je ne devrais même pas te poser la question, je sais que tu ne devrais pas dire oui, je sais que tu ne vas pas dire oui, mais j'ai envie de te voir à un point que tu n'imagines même pas.

J'observai l'autre bout de la route où le tram passait bruyamment. Des trams. C'était marrant, le Canada.

— Rachel, tu es toujours là ? Tu sais, si tu me réponds avec la tête quand on est au téléphone, je ne peux pas savoir.

— Je t'écoute, répondis-je. Tu veux me voir.

— Je sais que je ne suis qu'une sale poule mouillée qui ne le mérite pas, mais je veux rentrer à la maison, dit-il rapidement avec un rire nerveux à la fin de la phrase pour se donner une contenance. J'ai passé toute la journée à lire cette lettre en regardant mon téléphone. Je viens à peine de trouver le courage de t'appeler.

Qu'étais-je censée répondre ? Ou faire ? Je me rongeai l'ongle du pouce.

— Bon, d'accord. Je vais tout te dire. En échange, promets-moi de ne pas raccrocher, OK ?

En cinq ans, je n'avais vu Simon pleurer que deux fois. Une fois quand son grand-père était mort et l'autre quand Chelsea avait fait un doublé. Jamais deux sans trois, apparemment.

— Je ne sais pas ce qui m'est passé par la tête : changer de boulot, faire de nouvelles rencontres, approcher la trentaine… Bref, poursuivit-il. J'étais persuadé que je passais à côté de quelque chose. Quand je te regardais, je ne voyais que les crédits, les plans retraite, les droits d'entrée à l'université, les virées hebdomadaires au supermarché et la vieillesse. Alors j'ai arrêté de te regarder. J'ai eu tort.

J'étais une virée hebdomadaire au supermarché ? J'arrêtai de me ronger les ongles. Il voyait des plans retraite en me regardant ?

— J'ai eu un peu de temps pour y réfléchir et j'avais tort. Je m'en suis rendu compte. Je me suis comporté comme une poule mouillée, c'est vrai, mais maintenant je veux rentrer à la maison. Je t'aime.

— Tu m'aimes ?

— Oui.

— Même si je suis ennuyeuse ?

— Même si tu es ennuyeuse, dit Simon dans un éclat de rire forcé. Ce n'est pas si terrible que ça quand on y réfléchit. Tu me manques vraiment, Rachel.

Inspire. Expire. J'étais calme. Très calme. Je n'allais pas me transformer en Hulk et dévaler Queen Street West.

— Et si je ne voulais plus de cette relation ? demandai-je, à deux doigts de péter un boulon. Et si j'avais changé ?

— Tu es toujours la même Rachel, répondit-il. Manifestement, il n'appréciait guère que je ne me jette pas à ses pieds comme un chien mort.

— Écoute, quand est-ce que tu rentres ? Tu veux que je vienne te chercher à l'aéroport ? Je te ferai à dîner et on parlera de tout ça.

Les joues gonflées, je jetai un coup d'œil à la voiture. Em s'était penchée à la fenêtre pour me faire signe d'abréger entre deux bouchées de chips. Deux minutes, répondis-je de la même façon. Du moins, j'espérais qu'elle comprendrait. Elle pouvait tout aussi bien y voir le signe de la victoire.

— Rach ? m'appela Simon à l'autre bout de la ligne.

— Non.

Ma voix. Ma décision.

— Non, tu ne veux pas que je vienne te chercher ?

Je me levai pour faire les cent pas. Tant pis pour les risques de crise cardiaque.

— Non à tout ce que tu as dit. Non, tu ne peux pas venir me chercher. Non, tu ne peux pas agir comme si de rien n'était. Non, tu ne peux pas rentrer à la maison. Ce n'est plus chez toi.

Formuler ces choses-là les rendait réelles. J'avais accompli trop de choses en dix jours pour faire machine arrière. Bien sûr, ce serait plus facile de tout mettre sur le compte d'un coup de folie, mais qui a dit qu'il fallait choisir la facilité ? Je n'étais plus amoureuse de Simon. Je n'étais plus amoureuse de lui depuis très longtemps. J'aimais simplement ne pas être seule, avoir quelqu'un à la fin de la journée, mais je savais que je n'en avais plus besoin. Je n'avais pas le cœur brisé à cause de lui, mais à cause des choses que j'avais voulu qu'il m'apporte. Et je n'en voulais plus.

— Rachel ?

— Tu es un lâche. Doublé d'un connard. Mon sang ne fit qu'un tour et je murmurai des excuses aux deux dames. L'une d'elle secoua la tête. L'autre sourit.

— Comment est-ce que tu aurais réagi si, il y a trois mois, je t'avais dit : "Écoute, Simon, j'ai envie d'aller baiser ailleurs, mais quand j'en aurai marre de dormir sur le clic-clac de mes potes, je reviendrai. C'est moi qui fixe les règles bien sûr, et je t'appellerai d'abord pour t'insulter" ? Tu aurais trouvé ça normal ? Qu'est-ce que tu m'aurais dit ?

— Rach…

— Je te rappellerai à mon retour quand j'aurai décidé ce que je veux faire de l'appartement. Maintenant, il faut que j'y aille. Je vais me jeter du haut d'un pont ou un truc dans le genre.

Je raccrochai et j'insultai allègrement Simon d'une voix très forte. Les deux vieilles dames assises à côté de moi sous l'Abribus sursautèrent légèrement.

Je me couvris la bouche et m'excusai encore.

— Désolée. J'ai oublié où j'étais pendant un instant.

— Ne vous en faites pas, répondit celle qui portait un charmant rouge à lèvres MAC orange. À notre époque, nous avons fait les frais de plus d'un connard, la seule différence, c'est que nous n'utilisions pas ce terme.

— Tu te souviens de Donald Tyler ? ricana la seconde alors que le bus arrivait. Lui, c'était un vrai connard.

J'essuyai un début de larmes, fière qu'elles ne soient pas tombées, et souris aux deux dames qui montaient dans le bus. Emelie et moi dans quarante ans. Matthew serait trop occupé à se balader dans Miami à bord de la décapotable de son gigolo. Me grattant le nez, je retournai à la voiture et m'assis dedans.

En voyant mon visage, Matthew me prit aussitôt dans ses bras.

— Qu'est-ce qui se passe ? Ça va ?

— C'était Simon, marmonnai-je en essuyant mes larmes et en reniflant bruyamment dans son tee-shirt. Il veut revenir.

Emelie se glissa entre les sièges avec ses chips pour participer à l'effusion.

— Oh, mon Dieu ! Qu'est-ce que tu lui as répondu ?

Je revis mon ordre des priorités et m'emparai du paquet de chips pour le poser à mes pieds. J'allais en avoir besoin.

— Je lui ai dit non. Je ne veux pas qu'il revienne. Il n'est plus chez lui. C'est lui qui est parti.

— Incroyable ! Très bien. Tu es mieux sans lui.

Matthew se dégagea de notre étreinte et leva la main pour que je tape dedans.

— Tu as tout compris à cette histoire de célibat ! acquiesça Em. Hommes du monde, prenez garde à vous !

— Euh… ouais, dis-je en posant la tête contre son bras. Rachel Summers, briseuse de cœurs sans frontières.

Ce titre aurait été plus crédible si j'avais pu arrêter de penser au dernier cœur brisé en date. Autant dire que je n'en étais pas fière.

— Tu ne nous as toujours pas raconté cette histoire, me rappela Matthew après avoir repoussé Emelie sur son siège et l'avoir convaincue de boucler sa ceinture. Tu veux remettre notre expédition à plus tard ? On pourrait y aller demain ?

Les deux derniers jours avaient été éprouvants et déstabilisants. Le décalage horaire avait dévié Rachel la rousse de sa trajectoire. Je devais la remettre sur les rails. Ce qui ne pouvait signifier qu'une chose. Je bouclai ma ceinture, sortis la liste de mon sac et l'agitai sous le nez de Matthew.

— Si je dois le faire, ce sera aujourd'hui.

— Bien, madame, répondit-il en hochant la tête et en démarrant la voiture. En route pour les chutes du Niagara, alors.

— Youhou ! s'égosilla de nouveau Em par la fenêtre. À nous l'aventuuure !

— Mais oui, Em, dit Matthew au rétroviseur. Ça va vite devenir lassant, tu sais ?

Elle se pencha et répéta :

— Youhou ! À nous l'aventuuure !

— On y va ? suggérai-je en rangeant la serviette en lambeaux dans mon sac.

Ce ne serait peut-être pas une mauvaise chose si je ne survivais pas au saut à l'élastique. Se briser la nuque ne pouvait pas être pire que passer quatre heures en voiture avec ces deux-là.

Je ne savais pas à quoi m'attendre en arrivant aux chutes du Niagara, mais sûrement pas à ce mélange détonnant de Disneyland et d'illuminations de Blackpool. Ça paraissait vraiment étrange dans un parc national. C'était un endroit extrêmement tape-à-l'œil, à mille lieues de l'élégante et moderne ville de Toronto. On roula au ralenti pendant vingt minutes pour traverser les enseignes lumineuses, le musée de cire, le bowling, la foire et quatre Starbucks différents avant qu'on nous oriente vers un parking. Ou plutôt un vaste champ de graviers. Dès qu'on fut garés, Em bondit hors de la voiture comme un chiot surexcité.

— Venez, c'est par là ! cria-t-elle en sautillant, le visage tourné vers le soleil. J'ai hâte que vous voyiez ça !

Les gens allaient croire qu'on la séquestrait à la cave.

Matthew extirpa ses longues jambes de la petite voiture avec un peu plus de dignité et s'étira. La vanité était un vilain défaut. Louer la voiture la plus en vogue n'était pas une bonne idée quand on était un géant.

Il passa le bras autour de mes épaules et ensemble, on suivit Em et la horde de visiteurs hors du parking.

— Allez, viens. Tout ira bien, tu verras.

La discussion sur Ethan n'avait pas duré longtemps. Encore secouée par l'affaire SimonGate, je ne me remettais pas d'avoir passé une journée aussi merveilleuse en compagnie d'un gars aussi merveilleux sans rien ressentir. Em n'avait toujours pas lâché la carte du romantisme, mettant en cause le décalage horaire, le trac, jusqu'au jean qu'il portait et les présentations un peu précipitées avec sa poutine adorée. Résultat, j'appris qu'elle rajoutait du fromage fondu et de la sauce sur ses frites dès qu'on avait le dos tourné. À l'inverse, Matthew s'était montré beaucoup plus fataliste : Ethan n'était pas mon âme sœur. À peine un béguin divertissant, comme le sont souvent les relations à distance, m'avait-il expliqué. Il n'y avait aucune alchimie entre nous.

— Ce n'est pas ta faute, m'avait-il dit sur l'autoroute en écoutant du Bryan Adams. (À Rome, fais comme les Romains...) Tu ne tomberas pas folle amoureuse de lui demain. Si tu avais rencontré Ethan dans un bar pour une nuit, tu ne t'inquiéterais pas de ne pas vouloir l'épouser au bout d'un quart d'heure. S'il vivait à Londres, tu ne te mettrais sûrement pas autant la pression.

— Tu as sans doute raison.

J'examinai le message Facebook que j'avais envoyé en essayant de ne pas trop culpabiliser.

« Salut Ethan !
Merci encore pour hier. Je me suis vraiment amusée. Toronto est une ville superbe. J'ai été super contente de te revoir, mais je vais devoir passer mon tour pour aujourd'hui. Du boulot de dernière minute. Donne-moi de tes nouvelles à l'occasion. Si jamais tu passes à Londres, fais-moi signe, OK ?

Bises,
Rachel. »

Il méritait mieux ; c'était un type tellement bien et moi, je le jetais comme un malpropre, mais qu'étais-je censée faire ? On ne s'était rien promis. On était sortis ensemble et il ne m'avait embrassée qu'une seule fois. On savait tous les deux que je repartais quarante-huit heures plus tard. Je ressassai ces arguments jusqu'à oublier que je m'en voulais de l'avoir mené en bateau. Il ne m'avait pas encore répondu. Je décidai de croire qu'il était parti en randonnée avec Sadie quelque part où il ne captait pas, et qu'il n'était pas en train de fabriquer une poupée vaudoue avec des cheveux roux. De toute façon, il n'avait pas besoin de me maudire : j'étais sur le point de m'infliger une crise cardiaque. Numéro neuf : saut à l'élastique.

— Tout va bien se passer, m'avait promis Matthew. Un jour ou l'autre, tu trouveras celui qui te fera chavirer. Celui qui te fera sentir vivante. Celui qui te donnera des frissons en t'embrassant. Les relations sont déjà assez compliquées comme ça. Pas la peine de se contenter de moins que ça.

— C'est un fait, avait acquiescé Em. Et il n'y a rien de meilleur que de rencontrer celui qui te rend dingue. Tu as besoin de passion dans ta vie, Rara. Une passion exaltante à te couper le souffle.

À ce stade, je ne savais pas ce qui m'effrayait le plus. L'idée de sauter à l'élastique, de revoir mes idéaux à la baisse, ou encore le constat que la seule personne au monde à m'avoir fait cet effet était Dan Fraser, soixante-douze heures plus tôt quand mes jambes s'étaient dérobées et qu'il m'avait plaquée dans le canapé.

Comme mes yeux avaient souffert de l'exubérance des attrape-touristes, je n'étais pas du tout préparée à l'extraordinaire beauté sauvage qui m'attendait quand on rejoignit Emelie. À chaque pas, le bruit de l'eau se faisait plus fort et la vue plus sensationnelle. C'était à couper le souffle. Sautant sur un muret en pierre, je fis la sourde oreille au lemming tapi au fond de moi qui me disait que j'étais bien trop haut, pour prendre des rafales de photos ; mais aucune image ne pourrait jamais restituer ce que je ressentais à ce moment précis. Je jetai un coup d'œil en arrière aux monstruosités lumineuses avant de me tourner de nouveau vers les chutes. Les boutiques rivalisaient d'éclairage pour attirer mon attention, mais c'était peine perdue. Sauf si on s'appelait Billy Bob. Les chutes étaient gigantesques. Incroyables. Plus impressionnantes que le rayon luxe d'un grand magasin. Presque aussi excitantes que la première fois que j'avais découvert mes cheveux roux dans le miroir. J'avais oublié que la nature pouvait me rendre muette d'admiration, des choses qui étaient là depuis des siècles, hors de ma télé. Dès que j'eus repris mes esprits, en bon enfant du XXIe siècle, je pris une photo avec mon iPhone et l'envoyai à ma mère. Elle aurait adoré. Non, elle allait adorer. Je me promis d'y revenir avec elle bientôt.

— C'est magnifique, dit Matthew après quelques minutes de silence. Tu es sûre que tu ne veux pas qu'on les descende en tonneau ? On peut substituer ça au saut à l'élastique, si tu veux.

Ah oui. Je n'étais pas venue ici pour rester muette d'admiration devant la nature. J'étais censée m'enfermer dans une boule à hamster géante et me faire catapulter dans le ciel avant de m'écrabouiller par terre. Ce n'était pas la peine d'envoyer un message à Ethan. J'aurais pu mourir en silence et le laisser dans une ignorance béate.

— Je passe mon tour.

Je jetai un coup d'œil par-dessus bord dans les remous blancs formés par les chutes qui tombaient dans l'eau. De la vapeur m'embrumait légèrement le visage, anesthésiant le nœud dans mon estomac. C'était bizarre de sentir cette brume si délicate produite par un site aussi impressionnant. Et pourtant, assise ainsi devant les chutes du Niagara, en compagnie de mes deux meilleurs amis, dans un pays étranger, avec des cheveux roux, un tatouage et un semblant de casier judiciaire, je ne pensais qu'à Dan. Il n'y avait pas trente-six solutions. Mais je ne voyais pas l'ombre d'un tonneau à l'horizon.

Tournant le dos aux chutes, je sautai du mur et m'époussetai.

— Bon ! Elle est où, cette capsule ?

Je fermai les yeux en sentant les sangles du harnais très serré se refermer autour de mon short en jean.

— Oh, pour l'amour du ciel ! Je suis vraiment obligée de le faire ?

Parmi tous les points de ma liste, c'était celui que j'appréhendais le plus. Se faire tatouer, pas de problème. Enfreindre la loi ? Il y avait des tonnes de façon de s'y prendre sans être inquiété. J'aurais préféré signer un papier qui disait que ma tête exploserait si je ne courais pas tous les jours pendant dix ans plutôt que de donner le feu vert au type qui s'occupait de la capsule et qui, soit dit en passant, ne me semblait même pas qualifié pour lancer une balle de ping-pong. Jusqu'à présent, ma peur du vide n'avait jamais été un handicap, car je m'étais arrangée pour ne jamais m'y confronter. Après tout, quand est-ce qu'on avait besoin d'être en l'air dans la vie ? Simon changeait les ampoules, je restais en bas dans le bus et je ne me penchais pas aux fenêtres. Facile. Ça ne m'avait jamais perturbée. Je n'aimais pas le vide. Je n'aimais pas les pièces exiguës. Je n'aimais pas le fait de laisser des ados aux commandes d'un engin susceptible d'entraîner ma mort. On aurait dit qu'on avait réuni mes trois phobies en même temps. Pour atteindre le stade ultime de l'angoisse, il aurait fallu me coller une mygale sur le visage.

J'avais demandé à Em, Matthew et leurs glaces géantes de m'attendre en bas de la plate-forme avec l'excuse de prendre des photos, mais, en réalité, je voulais limiter le nombre de témoins à ma crise de nerfs. Et puis leur fascination morbide à l'idée de m'envoyer à ma mort avait allumé une étincelle dans leur regard qui ne me plaisait pas beaucoup. Matthew, surtout, semblait un peu trop s'amuser. Les bruits de catapulte et de crash qu'il avait imités pendant les longues quarante minutes d'attente ne m'avaient pas rassurée. Une fois harnachée, je suais de partout et j'étais en état d'hyperventilation.

— Alors, j'vais lancer la machine, tu vois. Et j'vais te faire signe, tu vois. Et après…

Le gamin qui s'occupait du tableau de contrôle douteux s'essuya le nez du revers de la main, en essayant de se rappeler son texte, *tu vois ?*

— Les passagers de la capsule sont propulsés à plus de cent mètres dans le ciel au-dessus des chutes du Niagara à une vitesse qui peut atteindre les cent soixante kilomètres-heure, ajouta-t-il.

Il toussa, cracha quelque chose par terre et poursuivit.

Oh, mon Dieu ! Je vais mourir pour de bon !

— Cette attraction est déconseillée aux femmes enceintes, aux personnes cardiaques et euh… d'autres trucs dans le genre, dit-il en haussant les épaules. T'es pas en cloque, hein ?

— Pas du tout, seulement cinglée, répondis-je avec un grand sourire.

Ce n'était qu'un sale quart d'heure à passer. Comme quand on enlevait un plâtre. Un plâtre mortel en forme de capsule qui se détacherait de ses bras mécaniques et me précipiterait incessamment sous peu dans mon tombeau aqueux.

— On peut en finir ?

Il recula vers le panneau de contrôle.

— Ouais, euh… je crois que c'est bon. On a déjà eu des gens cinglés, pour sûr. Mais j'suis pas censé le dire pendant que j'actionne la capsule pour l'attraction du grand saut.

J'aurais voulu qu'il arrête d'utiliser le mot « attraction ». « Attraction » sous-entendait qu'on allait s'amuser. Comme dans un zoo. Ou sur des montagnes russes. Là, j'étais harnachée à une machine en métal de la mort télécommandée par le fils de Mister Bean. Je n'avais rien à gagner en remplissant cette liste. Rien, à part un doux sentiment de satisfaction, me rappelai-je. Et cette satisfaction avait un prix. À moins que je ne meure. Alors tous mes efforts se résumeraient à une visite au commissariat, des crampes et une serviette en papier gribouillée en lambeaux. Si je n'avais pas eu cette idée farfelue, je ne serais jamais venue ici. Sans cette liste, je n'aurais jamais compris pourquoi je me demandais où était Dan, ce qu'il faisait et avec qui. Ça ne m'aurait pas dérangée qu'il n'ait pas essayé de me contacter. Ça ne m'aurait pas dérangée que… Attendez une minute. C'était ça, le signal ? J'essayai de me pencher par-dessus le harnais pour regarder Mister Bean junior de plus près, mais il s'activait sur le panneau de contrôle, la moitié d'un taco lui sortant de la bouche.

M'accrochant au harnais, je me préparai à ma mort imminente. J'imaginai ce qui se serait passé si Elvis avait eu le choix entre clamser sur les chiottes ou devant l'une des plus belles merveilles de la nature. Après mûre réflexion, il aurait sans doute choisi les chiottes. Et puis, il y avait un poids limite pour monter dans ce machin. En tout cas, crever avec une telle vue sur les chutes du Niagara n'était pas la pire des morts ; ça avait quelque chose de merveilleux. D'ici, je pouvais voir les deux chutes : rapides écumants, forêt vert vif, ciel bleu électrique. De si belles couleurs. Lorsque je me retournai, l'enseigne du bowling me faisait de l'œil. Dommage. Je supposais qu'il avait son propre charme… Mais non, en fait. Le Canada était sous mes pieds, enfin, sous la capsule, et, en bas, de l'autre côté de l'eau, se trouvaient les États-Unis. Pour être franche, ce qui me choquait le plus dans cet étalage de mauvais goût, c'était qu'il se trouve du côté canadien. En comparaison, le côté américain des chutes paraissait plus digne. J'étais heureuse d'avoir vu un aussi beau paysage avant de mourir. Parce que j'étais persuadée que je ne survivrais pas au grand saut.

J'entendis un déclic et, une fraction de seconde plus tard, j'étais propulsée dans le ciel, les chutes à des milliers de mètres sous mes pieds. À cent mètres, quoi. C'était très étrange ; je ne ressentais rien du tout, physiquement ou mentalement. J'étais seulement consciente que mon estomac et les chutes du Niagara étaient quelque part en dessous de moi et que, d'un instant à l'autre, cette sensation de plénitude allait être remplacée par une chute effroyable qui ne manquerait pas de me terrasser. Maintenant. Et dire que d'habitude j'adore avoir raison.

Chapitre 19

— Oh la la c'était trop bien ! lâchai-je tandis que le frère retardé de Docteur Doogie me libérait de la capsule sous les applaudissements du public et d'Emelie et Matthew.

Mes jambes me lâchèrent presque aussitôt. Heureusement, deux paires de bras m'attendaient pour me relever. Mais Mister Bean Junior recula vivement et me laissa tomber.

— On n'a pas le droit de toucher les clients, commenta-t-il au-dessus de moi. Nous espérons que vous avez apprécié l'expérience de la capsule.

J'avais les yeux grands ouverts, mais j'étais complètement aveugle. Tout ce que je pouvais voir, c'étaient des spectres de couleurs et le bruit me cassait les oreilles. J'avais survécu. Je me sentais bien vivante. Dans mon esprit, j'imaginais que j'avais expérimenté ce qui se rapprochait le plus de la naissance : désorientation, assourdissement, envie soudaine et grandissante de pleurer de toutes mes forces. Je voulais m'asseoir. Je voulais rayer « saut à l'élastique » de ma liste. Je voulais ne plus jamais recommencer.

Em se jeta sur moi et me serra fort dans ses bras.

— Je suis si fière de toi ! C'était incroyable. Matthew a tout filmé.

— C'est dans la boîte, confirma-t-il. On rajoutera une bande-son avant de le montrer à ta mère. Je crois que soit la caméra est trop sensible au son, soit ton langage coloré était incroyablement fort.

— Un peu des deux ? suggérai-je, en essayant d'avancer comme Bambi sur la glace. C'était génial !

— Tu as toujours le vertige ? demanda Em pendant que deux étudiants se faisaient harnacher dans la capsule à ma place.

Avaient-ils le droit de boire de la bière ici ?

— Toujours aussi terrifiée, répondis-je. Mais c'est fait. J'ai réussi. J'ai l'impression de pouvoir accomplir n'importe quoi.

— Et tu as envie de faire quoi, au juste ? demanda Matthew.

Je réfléchis un instant à la question pour arriver à la meilleure conclusion possible. Ma vie venait de prendre un tournant. J'avais affronté ma plus grande peur. J'avais escaladé l'Everest. Traversé l'Atlantique. Déniché des Louboutin chez *Marks & Spencer*.

— Je donnerais cher pour un hamburger, répondis-je.

Après avoir rassemblé les preuves du saut à l'élastique – photos, tee-shirts, porte-clés, toute la panoplie –, Emelie m'avait aidée à me traîner jusqu'à un banc tandis que Matthew, désigné chasseur-cueilleur, allait nous chercher de quoi manger.

— Tu te sens en forme ? me demanda Emelie en farfouillant dans mes souvenirs.

Ils ne cassaient pas des briques, mais j'étais trop fière de moi pour m'en soucier. Pour l'instant. Au pire, il y avait toujours Photoshop.

— Oh, oui ! répondis-je.

D'une main tremblante, je cherchai la liste dans mon sac et rayai consciencieusement la mention : « saut à l'élastique ». Il ne restait plus qu'une seule chose à faire. Fourrant la serviette dans ma poche, je suppliai mon ventre de se calmer.

— Un peu mal au cœur, mais au top.

— Je suppose que lorsqu'on fait un truc aussi génial, on se sent toujours un peu malade, répondit-elle en me serrant contre elle d'un bras avant de reculer un peu, juste au cas où. Comme les gens qui vont sur la lune, escaladent des montagnes ou ont l'occasion de toucher Johnny Depp.

Ne sachant pas si elle se foutait de moi, je ricanai pour la forme et posai la tête sur mes genoux en attendant que mon rythme cardiaque revienne à la normale. Mes jambes, je pouvais m'en passer, mais je me serais sentie beaucoup mieux si je n'étais pas persuadée d'être au bord de l'infarctus. J'avais assez testé ma pression sanguine pour la journée.

Matthew réapparut quelques minutes plus tard avec trois sacs en papier géant McDo.

— C'est pour toi, super star ! Trois menus numéro sept XL avec frites, beignets d'oignons et Coca light.

Il posa un plateau en carton sur le banc voisin et ouvrit le sac. Qu'est-ce que ça sentait bon ! Je m'emparai d'un hamburger enveloppé de papier argenté et mordis dedans sans savoir ce qu'était un numéro sept. En fait, il s'agissait du nom de code du meilleur hamburger au poulet que j'aie jamais goûté. Je l'avais déjà englouti et commençai à grignoter les frites alors qu'Em et Matthew en étaient encore à retirer les tranches de tomates de leur sandwich. Ça expliquait sûrement pourquoi je vomis le tout, deux minutes plus tard, dans la poubelle la plus proche.

— Ça va ? me demanda Matthew après avoir changé de banc et passé quinze minutes à me rendre présentable dans les toilettes du Starbucks. Franchement ?

— J'en sais rien, répondis-je, les yeux rivés sur les chutes. Je me sens bizarre.

— Bizarre comment ?

— Comme si je pouvais vraiment tout faire. C'est assez effrayant. J'ai l'impression d'avoir ouvert une porte sans savoir ce qui se cachait derrière. De ne plus avoir d'excuses.

En parlant, j'essayais de comprendre ce que je ressentais. À vingt-huit ans, on expérimentait rarement une nouvelle émotion.

Em mangeait encore ses frites.

— Waouh. C'est profond. Ça ne te ressemble pas.

— Je sais, acquiesçai-je. Je n'aime pas ça du tout.

— La journée a été longue, intervint Matthew.

Un violent courant d'air venant des chutes me plaqua les cheveux devant les yeux. Je les coinçai derrière mes oreilles, persuadée que Matthew allait me recoiffer. Je me trompais. Il ne sembla pas se soucier non plus du fait que je porte un sweat à capuche brodé d'un orignal jouant au hockey. J'étais toujours frigorifiée après avoir vomi et je n'avais pas trouvé mieux dans la boutique de souvenirs.

Il sortit un petit carré en papier de soie bleue de la poche intérieure de sa veste.

— J'ai quelque chose pour toi. C'est de la part d'Em et moi. On l'a acheté pendant que tu dévalisais le rayon Toblerone de la boutique *duty free*.

— Je n'en ai acheté que deux, grommelai-je en m'emparant du paquet. Qu'est-ce que c'est ?

— Ouvre-le et tu le sauras, banane !

Il se tourna pour admirer le panorama.

— C'est moi qui l'ai choisi ! s'exclama Em de l'autre côté.

À l'intérieur du papier de soie, je découvris un petit cahier en cuir rose. Les mots « Liste du bonheur » étaient inscrits en lettres d'or sur la couverture. Quand je relevai la tête, mes amis souriaient.

— Comme tu as presque fini cette liste, dit-il en désignant le carnet, j'en ai commencé une nouvelle pour toi.

Et effectivement, sur la première page, il y avait un numéro un, encerclé en argenté, suivi de l'instruction : « Inviter Matthew à dîner ». Je tournai la page bleue délicate. Pareil sur la deuxième page. La troisième. Et la quatrième aussi.

Il se pencha en avant et posa le menton sur ses mains.

— Je me suis lassé au bout de quelques pages. Je voulais écrire d'autres trucs drôles, mais Emelie m'en a empêché.

— C'est ton nouveau cahier de célibataire, m'expliqua Em. Ça fait partie de la transformation. Qui dit nouveau cahier dit nouveau départ !

Je l'enveloppai dans son papier avant de le ranger dans mon sac.

— J'en ferai bon usage. Merci. Vraiment. C'est super. Vous êtes super.

— J'ai eu peur que tu ne nous joues un remake de *Shining* si tu ne mettais pas rapidement au point une nouvelle liste, dit Matthew en haussant les épaules. Tu ne peux aller contre ta nature, ma belle.

— Tu ne crois pas que ces listes me donnent l'air, euh... dérangé ? demandai-je.

Le soleil commençait à se coucher derrière nous et le ciel derrière les chutes à s'assombrir.

— Tu crois vraiment que je serais ami avec toi si tu étais dérangée ?

— Bien sûr, rétorquai-je. Parce qu'on est amis depuis des siècles, que j'ai un film de toi en train de pleurer devant *Fievel au Far West*, et que je sais que tu fais des UV une fois par semaine. Je suis sérieuse : tu me trouves tarée ? Ou chiante ?

Emelie me donna un coup de coude bien plus fort que nécessaire.

— Pourquoi tu nous demandes ça ? s'enquit-elle. Tu ne te souviens déjà plus de ce que tu faisais il y a dix minutes ?

Je lui assenai une grosse tape en retour.

— Je me lavais les dents dans les toilettes d'un Starbucks parce que je venais de vomir.

— Avant ça, rétorqua-t-elle en se frottant le bras. Le saut à l'élastique. La liste. Le fait que tu sois au Canada. Qu'est-il arrivé à la nouvelle toi ? Tu l'as vomie, elle aussi ?

— Non, dis-je en sortant la liste de ma poche. Elle est toujours là. Je doute seulement de pouvoir rayer le dernier point. Qu'est-ce que je peux faire ?

Matthew se pencha par-dessus mon épaule.

— Cavalier pour le mariage. Tu as quelqu'un en tête ?

— Pour tout te dire, je comptais te le proposer, répondis-je. Ce n'est pas la fin du monde d'aller à un mariage avec son meilleur ami. Em et moi on y sera, donc tu dois y être aussi.

— Dans ce cas-là, j'en serais honoré, dit-il en faisant une légère révérence. Alors vas-y. Raye-le.

Prenant une grande inspiration, je sortis le stylo noir du fond de mon sac et traçai un trait. Voilà. C'était terminé.

— Voilà.

Emelie me passa la main dans les cheveux et cria si fort qu'elle attira l'attention de tout le monde à quinze mètres à la ronde – ce qui, mine de rien, faisait beaucoup de personnes.

— Tu es officiellement célibataire, ajouta-t-elle.

— On dirait bien.

Je levai la tête. Non, le ciel était toujours là. Et les poules n'avaient pas de dents.

Rien n'avait changé. Ou presque.

J'examinai la liste d'un air satisfait.

— Je n'y serais jamais arrivée sans vous. Je serais restée vautrée dans le canapé de ma mère si vous ne m'aviez pas secouée. Ça va sûrement vous sembler bizarre, mais je me suis plus amusée en une semaine que durant ces cinq dernières années.

— Tu n'as pas eu une semaine normale, non plus, me rappela Matthew. Et tu as passé beaucoup de temps avec moi. N'oublie pas que je suis extraordinaire.

Em attrapa la liste pour la relire rapidement.

— Moi aussi ! Je n'arrive pas à croire que j'aie frappé cette fille en pleine figure !

— Je n'arrive pas à croire que tu sortes avec mon frère, surtout !

Je grimaçai, combattant une nouvelle vague de nausée.

— Avec Matthew, on sera les seuls à chanter « Single Ladies » au mariage, ajoutai-je. Je le vois gros comme une maison.

— Ah ? dit-elle en penchant la tête sur le côté. Pendant qu'on y est, tu n'aurais pas quelque chose à nous annoncer, Matthew ?

Je me retournai bien trop vite pour mon estomac délicat.

— Oh, Emelie, tu pourrais avoir plus de tact, quand même !

Malheureusement pour Matthew, il avait beau baisser les yeux, ça ne changeait rien. Il était tellement grand et moi si petite que je voyais quand même son visage.

Je lui donnai un coup dans la hanche.

— Visiblement, il y a quelque chose qui m'échappe. Qu'est-ce qui se passe ?

Il fourra les mains dans les poches de son jean et foudroya Emelie du regard.

— D'accord. Après avoir frôlé la mort, indirectement par ta faute, il se pourrait que j'aie vu Stephen. En fait, on s'est beaucoup vus la semaine dernière…

— Waouh ! Hein ?

— Ouais, trop « waouh », reprit-il en levant les yeux au ciel. Bref. Après une semaine à se revoir l'air de rien, je l'ai appelé, je lui ai déballé tout ce que j'avais sur le cœur, et, pour faire court, il est venu me chercher à l'hôpital et on a décidé de réessayer à mon retour.

— C'est pour ça que tu disparaissais sans rien dire ? Vous êtes de nouveau ensemble ?

J'avais fini par comprendre ce qui se tramait au lieu de me demander : « Pourquoi Matthew n'est pas avec moi ? »

— Plus ou moins, dit-il en inspirant lentement, l'air crispé. Peut-être. On va y aller doucement.

— Doucement, ça veut dire que tu peux te taper n'importe qui au Canada ?

J'avais du mal à en croire mes oreilles. Stephen avait anéanti Matthew. Il lui avait arraché le cœur et l'avait abandonné en pleurs sur mon canapé-lit pendant six mois, et maintenant ils se remettaient ensemble comme si de rien n'était ?

— J'essaie d'être raisonnable. On n'a peut-être pas la même définition de « raisonnable », c'est vrai, mais, pour ta gouverne, je ne me suis pas « tapé » le bûcheron. Ce n'était que de la gueule.

Je posai la main sur son bras de géant. Matthew était vraiment immense.

— Pourquoi ne m'en as-tu pas parlé ?

— Je n'avais pas l'impression que c'était le bon moment, répondit-il. Et je ne savais pas si ça allait se faire ou pas. On a beaucoup parlé, on est allés boire un verre et puis... Bref. Il devait venir pour mon anniversaire, mais il a paniqué. Il m'a dit qu'il avait besoin d'un peu de temps. Pour ça, rien de mieux que de quitter le pays.

Je ne savais pas quoi dire. Il m'avait fait miroiter une belle aventure romantique, expédiée à l'autre bout du monde et lancée à des milliers de kilomètres dans les airs pour ne pas penser à l'indécision de son ex-petit ami ?

— Je sais que j'aurais dû t'en parler et que tu n'approuveras jamais ma décision, essaya-t-il d'expliquer. Mais je crois qu'on est faits l'un pour l'autre. S'il n'avait pas accepté de me donner une seconde chance, je ne sais pas ce que j'aurais fait.

— Tu penses vraiment ce que tu dis ? demandai-je doucement.

— Oui, parce que c'est vrai. Je ne ressentirai ça pour personne d'autre. Peu importe comment il agit, dit-il en hochant la tête. Tu n'as jamais eu des papillons dans le ventre ? Pas le moindre coup de foudre ?

— Au bout d'un moment, la foudre tue les papillons et, tout ce qui reste, c'est une horrible chenille, dis-je en faisant la moue. Les papillons sont éphémères. Il ne faut pas s'y fier.

Matthew retrouva le sourire.

— Donc, tu as déjà ressenti ça ? Em, sors l'appareil photo. Je veux immortaliser son expression quand elle finira par l'admettre.

Je fermai les yeux.

— Je vais le dire très rapidement. Interdiction de faire le moindre commentaire, OK ?

Em sautilla dans tous les sens tandis que Matthew serrait les poings, les yeux grands comme des soucoupes.

— Si…

Je m'interrompis pour vérifier qu'ils tenaient parole. Étonnamment, ils restèrent silencieux.

— Si par hasard j'éprouvais ce genre de sentiments pour quelqu'un, genre dégoulinants, effrayants, je-n'arrête-pas-de-penser-à-lui : n'y aurait-il pas de grandes chances pour que ce soit passager ? Ne serait-il pas plus sage d'oublier ?

—Non ! répondirent-ils en chœur.

J'avais horreur qu'ils se liguent contre moi.

—C'est Dan, n'est-ce pas ? me pressa Em. Dis-moi que c'est Dan !

Je serrai les lèvres.

Matthew semblait sur le point d'exploser.

—Rachel Lulu Summers ! C'est vrai ? Tu es amoureuse de Dan ?

—Je crois bien. Plus j'y pense…

J'avais du mal à les regarder dans les yeux. J'avais laissé un ado boutonneux me jeter à cent mètres dans les airs, mais je baissais la tête devant mes amis. J'avais touché le fond.

—Je crois bien que je n'arrête pas de penser à lui.

Fermant les yeux, j'attendis patiemment qu'ils arrêtent de crier et de se taper dans les mains. Ils avaient l'air malin.

—Vous ne m'aidez pas, là, dis-je en haussant légèrement la voix. Je ne vois pas d'autre solution.

—Papillons ? Coup de foudre ? me suggéra Matthew. Ça sonne bien. Comme les cloches d'une église ?

—C'est bien ça le problème.

Je me rongeai l'ongle du pouce. On allait devoir me préparer un deuxième hamburger.

—D'accord pour les papillons et la foudre, mais pas les cloches de l'église. Dan n'est pas quelqu'un avec qui tu peux construire quelque chose.

— OK, tu ne te voyais pas avec quelqu'un comme Dan, dit Matthew entre deux cris de joie. Mais on a rarement son mot à dire, mon cœur.

— Nous en sommes la preuve vivante, tu ne crois pas ? lança Em en désignant Matthew et elle-même. Je craque pour ton crétin de frère depuis dix ans et Matthew a pardonné au type qui l'a fait cocu. Sans vouloir te vexer…

— Aucun problème, répondit-il en lui donnant une claque. Elle manque totalement de tact, mais elle a raison. On ne choisit ni quand ni de qui on tombe amoureux.

— Mais je ne sais pas quoi faire ! ajoutai-je, incapable de m'arrêter de parler. Je l'aime vraiment. Je ne m'en étais jamais rendu compte, c'est tout. Mais après la soirée au *Savoy*, après la fête d'anniversaire, quand vous êtes partis et qu'on a… Oh, putain. J'ai l'impression d'avoir pris un coup de poing dans la figure. J'ai complètement déconné, on se connaît depuis une éternité, mais ça, c'est tout nouveau, je ne sais plus où j'en suis, c'est comme si c'était une personne différente, et… j'en sais rien. Et s'il ne ressentait pas la même chose ? Si c'était une passade ?

Matthew passa le bras autour de mes épaules en soupirant.

— Tu n'as pas déconné. Il faut juste que tu lui avoues tes sentiments. Ah, jeune padawan, tu as tant à apprendre !

Em sortit son portable de nulle part et me le tendit.

— Appelle-le ! Maintenant !

— J'ai mon propre téléphone, je te signale, Emelie, répondis-je en secouant la preuve sous son nez. Je doute d'en être capable.

— C'est simple, dit Matthew en tendant les bras. Est-ce que tu es plus heureuse quand tu es avec Dan ?

— Peut-être bien.

— Et s'il était toujours gentil comme ça ? S'il ne gueulait jamais ? Si on ne parlait que du baiser ?

— Je ne peux pas dire que ça me dégoûte.

— Dans ce cas, appelle-le et dis-le-lui.

Je relevai la tête pour regarder mon géant de Suédois.

— Je t'aime.

— Moi aussi, dit-il en m'embrassant sur le front. Même si tu es débile.

Je les dévisageai à tour de rôle. Ils ne bougeaient pas. Pire, ils prenaient leurs aises.

— Vous ne voulez pas aller voir ailleurs si j'y suis, une minute ? suggérai-je en pointant le doigt en direction de Blackpool. Si je promets de ne pas vomir, vous m'apportez un autre hamburger ?

Em tapota son petit ventre et entraîna Matthew en souriant.

— J'en mangerais bien un deuxième, moi aussi. Tu as cinq minutes.

Les yeux rivés sur l'eau, j'observai les bateaux « Maid of the Mist » qui glissaient sur la surface calme de l'eau avant de me tourner vers le côté canadien des chutes où ils étaient soudain bringuebalés comme de petits jouets. Ça n'avait pas l'air drôle. C'était plus réjouissant que d'appeler Dan, mais moins que de manger un hamburger assise dans un coin.

Saletés de mecs. Peut-être que je ne devais pas me contenter de rester célibataire, peut-être que je devais aller jusqu'au bout des choses et faire vœu de chasteté. Ça avait l'air de marcher pour les Jonas Brothers. Pour Britney, par contre, ça n'avait pas été une réussite. Je savais trop de choses sur les stars. Le mieux, c'était peut-être de rester seule avec un chat. Ou deux. Je les appellerais Revêche et Acariâtre, et ils seraient mes bébés. Je leur mettrais des bonnets et des couches et je les promènerais dans un landau.

Oh, mon Dieu, j'étais devenue cinglée. C'était sûrement le meilleur moment pour appeler.

— Allô ?

— Dan ? C'est Rachel.

Je ne m'attendais pas à ce qu'il m'accueille comme le messie, mais la minute de silence qui suivit fut un peu tendue.

— Dan, je ne veux pas avoir l'air d'une chieuse, mais je t'appelle d'un iPhone 3. La batterie, c'est de la merde sur ces trucs, dis-je au bout d'un moment.

— D'accord. Qu'est-ce que tu veux ?

Bon, c'était un début.

Je cherchais les mots justes, mais rien de valable ne me venait à l'esprit.

— Je voulais simplement t'appeler. Pour dire bonjour.

— Tu m'appelles à minuit pour me dire bonjour ? me demanda-t-il. Tu as bu ?

Je jetai un coup d'œil à ma montre. Il était presque 19 heures. Et donc presque minuit à Londres. *Merde.*

— Je suis au Canada, expliquai-je. Désolée, j'ai complètement oublié le décalage horaire. Je ne t'ai pas réveillé, au moins ?

— Au Canada ?

— Je rends visite à un ami, esquivai-je. Ça s'est fait à la dernière minute.

Lui avais-je parlé d'Ethan ? Impossible de m'en souvenir, de me souvenir de quoi que ce soit, d'ailleurs. Pour l'instant, je ne m'en sortais pas très bien. Dan avait raison de croire que j'avais bu – j'aurais préféré pouvoir bénéficier de cette excuse. Quelle idée de s'essayer à ce genre de conversation sans avoir levé le coude au préalable !

— Je me demandais si on pouvait discuter à mon retour ?

J'aurais voulu qu'il abrège mes souffrances. Je préférais presque quand il me hurlait dessus dans un parking.

— Toi et moi ? Discuter ?

Ça n'avait pas l'air de l'enthousiasmer autant que je l'espérais.

— Oui.

— Pourquoi tu ne peux pas m'en parler maintenant ? demanda Dan. Ton petit copain canadien t'écoute ?

Pas la peine de me ridiculiser comme ça.

Je battis des jambes en espérant que le mouvement me remettrait les idées en place.

— Non. Je voudrais parler de nous deux. À propos de ce que tu as dit l'autre nuit.

J'entendis un grand soupir, suivi d'un bruit de déglutition. Lui au moins, il avait un verre.

— Tu rentres quand ?

— Jeudi.

J'en étais quasiment sûre.

— Dan ? repris-je.

— Je ne serai pas là jeudi, répondit-il clairement. J'ai accepté un boulot à Los Angeles. Le boulot, tu te souviens ?

Je me mordis la lèvre tellement fort que je me mis à saigner.

Je touchai la plaie, sentant la piqûre.

— Tu pars à Los Angeles ? Avant jeudi ? Pour combien de temps ?

— Aucune idée. J'ai un visa de travail. Je vais peut-être y rester quelque temps.

— Quelque temps ?

— Ouais. Il m'est arrivé quelque chose de très étrange, rétorqua-t-il. J'ai avoué à une fille que je l'aimais depuis des années et elle s'est barrée au Canada pour aller voir un autre mec. Alors j'ai écrit une liste pour l'oublier. En gros, ça dit : aller à Los Angeles, se taper des tonnes de mannequins et ne plus jamais lui adresser la parole.

Je n'avais rien contre les listes, mais celle-ci ne jouait pas en ma faveur.

Je m'étais retenue de pleurer jusqu'à présent, mais, après tout ce qui s'était passé cette semaine, je n'en avais plus rien à faire.

— S'il te plaît, Dan. Je fais ce que je peux. Ne sois pas comme ça.

— Tu ne te souviens pas, Rachel ? C'est ce que je suis, ce que je fais. Amuse-toi bien au Canada.

Il raccrocha avant que j'aie pu lui répondre. Je rappelai aussitôt, mais l'appel fut coupé net, je n'eus même pas droit au répondeur. Voilà pourquoi avoir des papillons dans le ventre n'était jamais une bonne idée. À présent, je n'étais plus émoustillée ni surexcitée. Je me sentais froide, brisée et vide. Je ressemblais aux couplets trop pathétiques pour une chanson d'amour ou aux longueurs des films de Mike Newel ou de Mike Leigh qu'on finissait par mettre au rebut.

— Rachel ?

Quand je relevai la tête, je vis Matthew et Emelie arriver avec un plateau. Leur expression pleine d'espoir s'évanouit quand ils virent la mienne.

— Tu lui as parlé ? commença Matthew.

— Qu'est-ce qu'il a dit ? demanda Emelie.

— Rien de bon.

M'emparant du sac en papier marron, je m'empiffrai de frites. Ah, de bonnes frites bien salées, sans sauce, ni fromage pour boucher mes artères ! Au moins, elles, elles ne me laissaient jamais tomber.

— Tu pleures ? Tu pleures. Arrête ça tout de suite.

Matthew enfonça un doigt rugueux dans ma joue.

— Je peux pas, marmonnai-je dans un flot continu de larmes entrecoupé de frites. Je sais pas pourquoi je pleure.

— Génial ! En plus, elle a ses règles.

Je lui adressai un léger sourire pour lui prouver ma bonne foi, mais il se transforma en un sanglot pathétique.

— J'ai pas mes règles. Si tu veux tout savoir, je ne suis pas censée les avoir avant…

— Règle numéro vingt-quatre du guide de l'amitié gay/hétéro : ne jamais discuter de tes emmerdes mensuelles.

Il me serra fort dans ses bras tandis qu'Emelie s'accroupissait à mes pieds pour tenir mon sachet de frites. J'avais l'impression d'être un cheval fou en manque de McDo.

— Répète-nous exactement ce que vous vous êtes dit.

— Je n'ai pas pu lui dire grand-chose. Je lui ai dit que je voulais lui parler à mon retour et il m'a dit qu'il ne pouvait pas parce qu'il partait pour le boulot à Los Angeles jeudi. Quelque temps.

Le sel des frites commençait à brûler ma lèvre fendue.

Matthew resserra son étreinte.

— Oh, Rach, ça craint ! Quand est-ce qu'il part ?

— Il a dit qu'il ne serait pas là jeudi, marmonnai-je. Il part pour un bout de temps, si tu veux mon avis.

— Alors on te ramène ce soir ! conclut Em en consultant Matthew du regard. Non ? On la ramène avant qu'il parte ?

— C'est un plan comme un autre, approuva-t-il. Pourquoi pas ? J'appelle Jeremy pour voir s'il peut changer nos billets.

Assise sur le banc, j'essayai de ne pas paniquer en mangeant mes frites, pendant que Matthew faisait les cent pas en essayant de joindre Jeremy. Il n'était jamais au lit à minuit. Je doutais même qu'il dorme tout court.

— Ne t'en fais pas, ça va bien se passer, me promit Emelie en me volant une frite.

Pas si tu continues à me piquer mes frites, pensai-je. Mais au lieu de menacer ma formidable meilleure amie, je hochai la tête en souriant, puis enfournai une nouvelle poignée de mon remède à base de patates avant qu'elle ne puisse mettre la main dans le sachet.

On resta assises pendant une heure tandis que Matthew s'occupait du changement de programme de dernière minute. En temps normal, je me serais investie, je lui aurais écrit des choses, me serais mêlée de tout, mais, pour une fois, rester assise à manger des frites bien au chaud dans mon sweat me convenait parfaitement. En clair, j'étais épuisée physiquement et émotionnellement.

Les touristes s'approchaient pour prendre des photos, puis repartaient, attirés par le début d'un match de catch ou tentés par le sandwich numéro sept.

Au moment où Matthew revint, l'air fatigué mais content de lui, les chutes du Niagara en eurent assez de ne pas être le clou du spectacle. Alors qu'il s'apprêtait à s'asseoir sur le banc, des feux d'artifice explosèrent dans le ciel, résonnant comme le tonnerre et illuminant la surface de l'eau de ravissants motifs.

— Oh, mon Dieu ! s'exclama Matthew, les yeux rivés au ciel. Regardez-moi ça !

Pendant quinze minutes, nous admirâmes en silence le spectacle au-dessus des chutes du Niagara, sourds aux exclamations autour de nous. Em posa son sachet de frites et prit ma main et celle de Matthew dans les siennes. Les chutes étaient déjà très belles, mais, pour une accro aux feux d'artifice comme moi, c'était la cerise sur le gâteau. Les puristes diraient que c'était de la surenchère, mais ils auraient tort. Pas la peine de discuter. Des feux d'artifice sur les chutes du Niagara, la liste des dix défis du célibat enfin accomplie, mes deux meilleurs amis, que demander de plus ? D'ailleurs, on n'avait jamais été aussi silencieux ensemble, sans télévision. C'était mémorable.

J'étais sur le point de fondre en larmes quand je perçus un reniflement très fort et très masculin à côté de moi. Et un autre, bien moins masculin, de l'autre.

— Vous pleurez ? demandai-je en regardant leurs joues mouillées. Tous les deux ?

— C'est trop beau ! sanglota Matthew. Et je suis heureux, voilà tout.

— Moi aussi, acquiesça Em, en larmes. Je sais que tout est parti de la liste des dix défis de la célibataire, mais j'ai vraiment l'impression qu'on a appris à vivre ensemble et à partager des expériences fortes.

Je comprenais parfaitement ce qu'elle voulait dire. Sans Emelie et Matthew, j'aurais été à ramasser à la petite cuillère dans la chambre d'amis de ma mère. Ou, pire, je me serais remise avec Simon. Désormais, tout était possible. Je pouvais me teindre les cheveux, courir, me faire tatouer, retrouver mon premier amour, m'acheter n'importe quoi à un prix exorbitant, écrire une lettre à Simon pour le traiter de tête de nœud, sauter à l'élastique, enfreindre la loi, voyager dans un pays inconnu et dégoter un cavalier pour le mariage de mon père. Et pas n'importe quel cavalier : un homme qui me donnait confiance en moi parce qu'il était mon meilleur ami. Le but de cette liste n'avait pas été de rayer chaque commandement, mais d'apprendre de nouvelles choses. J'avais découvert que je pouvais tout faire, c'était ça l'essentiel. Prendre conscience de mes sentiments pour Dan n'avait peut-être été qu'une leçon supplémentaire. Une leçon sévère, mais une leçon quand même. Je surmonterais cette épreuve. J'en étais capable. Je le savais pertinemment.

Lorsque le feu d'artifice fut achevé et les frites englouties, on se leva du banc pour retourner à la voiture. Nous quittions à regret ce site splendide. Je jubilais toujours, mais j'avais peur de déchanter à l'atterrissage. Jeremy avait réussi à nous dénicher trois places pour le premier vol au départ de Toronto. On arriverait à Londres à 22 heures, soit douze heures plus tôt que prévu. J'espérais que ça suffirait.

Le retour à l'hôtel fut beaucoup moins mouvementé qu'à l'aller, en grande partie parce qu'Emelie ronflait à l'arrière de la voiture au lieu de crier : « À nous l'aventuuure ! » et d'inciter les chauffeurs de poids lourds à klaxonner sans relâche. Ça me manqua. En regardant par la fenêtre en silence, je fus envahie par un étrange sentiment d'optimisme. J'avais certes avoué à un garçon que je l'aimais, ou du moins j'avais essayé, et il ne me l'avait pas dit en retour. Quoi qu'il en soit, je le lui avais dit et je n'avais pas l'intention d'en rester là. Je ne me contenterais pas d'attendre qu'on me serve ma vie sur un plateau d'argent parce que j'avais compris que, si je ne faisais rien, je ne devais pas m'attendre à voir la situation évoluer.

On arriva à l'hôtel en moins de temps qu'il n'en faut pour le dire. Matthew avait suivi ma liste à la lettre et avait multiplié les excès de vitesse pendant tout le trajet. Deux heures de voyage se transformaient rapidement en trois quarts d'heure quand on appuyait sur l'accélérateur. Après avoir confié les clés à un voiturier, il extirpa Emelie de la banquette arrière et se résigna à la porter dans l'escalier pendant que je m'occupais de nos sacs et des déchets qui jonchaient la voiture.

La même réceptionniste que la nuit précédente m'arrêta alors que je me faufilais derrière elle vers les marches.

— Mademoiselle Summers ? J'ai un paquet pour vous.

— Un paquet ?

Je n'arrivais pas à y croire. À part si Ethan m'avait envoyé une tête de cheval, je n'avais aucune idée de ce que ça pouvait être. J'étais surprise qu'il n'ait pas encore répondu à mon message Facebook, mais je ne l'imaginais pas mettre un chiot mort dans ma boîte aux lettres. Je posai le sac de chips sur le comptoir et ouvris le grand paquet bleu qui portait mon nom. À l'intérieur, sur un magnifique tissu doré, était posé un mot. De la part de Jenny.

> « Rachel, désolée de ne pas avoir pu rester plus longtemps. Ça m'a fait plaisir de t'écouter parler de ta liste. J'espère que mon petit cadeau t'aidera pour le mariage, cavalier ou non. Il faut que tu leur en mettes plein la vue ! Bisous, Jenny. »

La réceptionniste semblait presque aussi excitée que moi. Posant la carte à côté de moi, je soulevai le tissu doré. Mais c'était bien plus que ça : une superbe robe dorée, avec un col bateau, des manches trois quarts, une jupe en tulle qui tomberait sûrement en dessous de mes genoux, et plus de couches que je ne pouvais en compter. C'était la plus belle robe que j'avais jamais vue de toute ma vie. Quand je la plaçai devant moi, je relevai la tête et me rendis compte que la réceptionniste avait les larmes aux yeux, la main plaquée sur la bouche.

— Elle est tellement jolie ! murmura-t-elle au bout d'un moment.

— Je sais, répondis-je sur le même ton.

Alors, je compris. Jenny n'avait jamais existé. Elle était ma marraine la bonne fée. Tenant la robe devant moi, je regardai mon reflet dans le miroir du lobby. Oui, Cendrillon – la couleur du tissu illuminait mon teint et ma nouvelle couleur de cheveux –, tu iras au bal.

Chapitre 20

— J'arrive ! criai-je en me précipitant dans le couloir avec ma superbe robe dorée, chaussée de délicates Jimmy Choo empruntées pour l'occasion, ma pochette glissée sous le bras, une boucle d'oreille accrochée et l'autre à la main.

Les coups sur la porte ne cessèrent pas pour autant.

— Mademoiselle Summers, vous êtes splendide !

Matthew se tenait sur le pas de la porte, splendide dans un costume gris tout neuf avec une cravate or pâle achetée spécialement pour s'accorder à ma robe.

— Je ne plaisante pas, tu es à tomber !

Il se pencha pour m'embrasser légèrement sur la joue, histoire de ne pas étaler mon maquillage.

— Tu n'es pas trop mal non plus, répondis-je pendant qu'il tournait sur lui-même. Je suis presque prête. Pourquoi tu n'es pas rentré directement ?

— Je voulais soigner mon arrivée, me dit-il depuis le couloir. Tu as accroché les photos toute seule ? Ça rend super bien !

— Faut pas croire, je suis capable de planter un clou dans le mur, rétorquai-je en appliquant une dernière couche de mascara devant le miroir du salon. Je les ai mises hier.

Après notre retour à Londres, j'avais fait un détour de la dernière chance chez Dan, l'appelant en route et espérant arriver avant son départ pour Los Angeles. Mais il n'était pas chez lui. Et, selon son voisin qui était sorti pour voir qui faisait ce raffut, cela faisait déjà un jour ou deux. J'étais arrivée trop tard. Il était parti. Au lieu de me jeter du pont de Waterloo, j'étais remontée dans le taxi et l'avais laissé me ramener à la maison. Je ne pouvais rien faire tant que Dan refusait de me parler. S'il l'acceptait un jour. En attendant, je décidai de m'occuper.

Après m'être extirpée de mon lit le jeudi, en milieu d'après-midi, j'étais allée courir avant de rentrer à la maison pour donner un coup de peinture sur les tristes marques laissées par les photos de Simon et moi. Le vendredi, après un autre footing matinal, j'étais allée chez Ikea dont j'avais rapporté un Caddie entier de nouveaux cadres. J'y avais mis la photo de ma nouvelle coupe prise avec mon téléphone, le billet du gala de charité au *Savoy* et même le morceau de papier avec le numéro d'Asher. J'avais encadré mon ticket de chez Agent Provocateur. J'avais pris une photo des tatouages de Matthew et Emelie et du mien, puis l'avais accrochée aussi. J'exposai des tonnes de photos de mon saut à l'élastique et encore plus de mes meilleurs amis et moi devant les chutes du Niagara. En deux petites semaines, j'avais réussi à redécorer mon entrée. Et, dans le salon, à une place d'honneur, au-dessus du canapé, était suspendue une vieille serviette en lambeaux, recouverte de gribouillis, dans un grand cadre noir.

Matthew avança dans le salon et ramassa mon nouveau DVD de *Mad Men* posé sur la télé.

— Emelie est déjà partie ? Elle ne vient pas avec nous ?

— Elle est rentrée chez elle hier soir.

Je m'examinai une dernière fois dans le miroir. Cheveux brillants, robe impeccable, maquillage joli, discret et – l'expérience m'avait appris que c'était indispensable – waterproof.

— Je crois qu'elle ne voulait pas que Paul vienne la chercher ici.

Il sourit face à mon œuvre d'art.

— Ça se tient. De toute façon, il fallait qu'elle retourne chez elle puisque tu nous abandonnes lâchement.

— Eh oui, acquiesçai-je. Si elle doit se retrouver seule, autant que ça soit chez elle. Et puis, pas question qu'elle fasse des choses avec mon frère ici. Il y a des limites.

— Tu pars quand, déjà ? demanda-t-il.

Environ dix minutes après avoir arrêté de marteler la porte de Dan, je reçus un coup de téléphone de Veronica qui m'annonça que j'avais décroché le boulot de Sydney. La maquilleuse prévue avait démissionné quand elle avait appris que Dan ne serait pas là… Alors que Dan était parti parce qu'il croyait qu'il travaillerait avec moi. Toutes les paroles des chansons d'Alanis Morissette ne suffisaient pas à exprimer l'ironie de la situation. Comme Dan les avait laissés tomber, je partais pour Sydney. Comme je l'avais laissé tomber, lui, on m'offrait la plus grande chance de ma vie. Ou était-ce le contraire ? Dans tous les cas, aucun de nous deux n'avait l'air heureux la dernière fois qu'on s'était parlés et, à présent, on se retrouvait chacun à un bout de la planète parce qu'il refusait de m'écouter. Je voulais bien admettre ma part de responsabilité, mais il ne fallait pas exagérer non plus.

Je cueillis l'invitation au mariage sur l'accoudoir du canapé et fis signe à Matthew que j'étais prête.

— Je pars demain soir. Mon vol est à 22 heures.

— Je te conduirai à l'aéroport, proposa Matthew en m'offrant son bras. Il faut que tu me rapportes de la Vegemite.

Quand Stephen passa la tête par la porte, le visage de Matthew s'illumina comme un arbre de Noël.

— Alors, vous êtes prêts tous les deux ? Je suis garé en double file. Rachel, tu es superbe !

J'avais deux cavaliers pour m'accompagner au mariage, quelle veinarde ! Et, vu la façon dont ils se souriaient, quelque chose me disait qu'il y en aurait un autre très bientôt. Matthew n'avait pas arrêté d'essayer de nous convaincre depuis qu'on était rentrés de Toronto. Et il avait eu raison. S'il voulait lui pardonner, c'était son problème. Emelie et moi avions décidé de le mettre à l'essai pendant six mois.

À la première incartade, au moindre regard baladeur, on lui arracherait les couilles.

— On y va ? me demanda Matthew en m'offrant son bras.

Je vérifiai ma liste dans mon carnet rose : invitation, adresse, carte, cadeau. Oui, j'avais tout.

— On y va.

Je lui fis une légère révérence avant de prendre le membre offert. Étant donné que j'avais renoncé aux hommes jusqu'à nouvel ordre, je n'étais pas près de serrer autre chose qu'une main avant un bout de temps.

Emelie et Paul nous attendaient devant l'église et, même si j'avais du mal à l'admettre, ils avaient l'air heureux ensemble. Paul avait visiblement lavé ses cheveux d'Ewok et Emelie était resplendissante dans ma robe bleue en soie, avec des gants blancs en dentelle. Malheureusement, ils n'étaient pas les seuls à m'attendre devant l'église.

Je repérai Simon avant tout le monde. Je suppose que, après avoir vécu cinq ans avec une personne, on développe un sixième sens pour détecter sa présence. Sa voiture, *notre* voiture, était garée un peu plus bas sur la route et il était adossé à une pierre tombale, vêtu de son plus beau costume, ses cheveux trop longs coiffés en arrière. Il avait sûrement raté son rendez-vous mensuel chez le coiffeur.

— Ne t'en fais pas, dit Matthew pendant que Paul relevait les manches de sa veste, je vais m'en débarrasser.

Je levai la main pour protéger mes yeux du soleil. Je savais qu'il n'était pas venu nous causer d'ennuis. Il avait l'air trop triste.

— Non. Je vais aller lui parler. Attendez-moi à l'intérieur.

Voyant que j'étais sérieuse, ils se dirigèrent tous les quatre vers l'église tandis que je me tournais dans la direction opposée. Ce ne serait pas long.

— Simon ?

Il me dévisagea avant de me reconnaître.

— Rachel ? C'est bien toi ?

— Je sais qu'on ne s'est pas vus depuis un moment, mais je ne pensais pas que tu aurais oublié à quoi je ressemble, dis-je en croisant les bras. Qu'est-ce que tu fais ici ?

Il continua de m'observer de haut en bas. Ça en devenait grossier.

— Tes cheveux… Ça te va très bien.

— Merci, répondis-je.

Au moins, je le savais. C'était un souci en moins. On était loin des boxers trop larges et de son tee-shirt sale jeté dans le couloir.

— Qu'est-ce que tu fais ici ?

Sa cravate maladroite claquait dans le vent. Il n'avait jamais su les nouer et la languette la plus fine était bien trop longue.

— Eh bien, tu refuses de me parler au téléphone, dit-il. Et je sais que tu détestes assister seule aux réunions de famille. Alors je voulais t'accompagner.

— Je ne suis pas seule, tu sais.

Je désignai Matthew et Paul qui, malgré mes instructions, essayaient de paraître menaçants sur les marches de l'église. Pour l'imitation des gorilles, il faudrait repasser. Des chimpanzés, peut-être ?

— Et si j'avais eu envie de te parler, je t'aurais appelé.

— Je ne t'avais pas reconnue, poursuivit-il. De là-bas, je ne m'étais pas rendu compte que c'était toi. Tes cheveux ?

Les cheveux. Toujours les cheveux.

— Simon, c'est le mariage de mon père. Tu ne crois pas que c'est déjà assez difficile pour moi ? Tu te sens vraiment obligé d'en rajouter ? demandai-je en secouant la tête. Rentre chez toi.

Il se rapprocha légèrement. Je ne bougeai pas d'un centimètre.

— Rachel, écoute-moi. Je sais que tu es en colère, c'est ton droit le plus strict, mais je suis vraiment désolé. Tu ne peux pas me donner une seconde chance ? Je ferais n'importe quoi !

Waouh ! N'importe quoi ?

Je me demandai s'il monterait dans un tonneau et me laisserait le pousser du haut des chutes du Niagara. Soupirant, j'observai l'état lamentable de mon ex. L'ancien amour de ma vie. L'homme censé devenir le père de mes enfants. Avant que j'arrête de vouloir me caser à tout prix. Je ne doutais pas de sa sincérité : il avait l'air au bout du rouleau. Si je lui pardonnais, il se conduirait parfaitement pendant six mois ; il me demanderait peut-être même en mariage. Et ce serait merveilleux d'avoir de nouveau quelqu'un dans mon lit, quand je rentrerais le soir, pour prendre soin de moi.

Mais pas lui. Et, tant que je n'aurais pas trouvé le bon, je serais capable de prendre soin de moi.

Je m'avançai pour le prendre dans mes bras et resserrer sa cravate.

— Je suis désolée, Simon. Ça ne peut pas marcher. Rentre chez toi.

— Mais l'appartement ? La voiture ? La Croatie ? demanda-t-il, à court d'arguments.

Ne s'agissait-il pas précisément de ceux que j'avais invoqués il y a bien longtemps ?

— Ma mère m'a dit qu'elle achèterait ta part de l'appartement, répondis-je.

Heureusement qu'elle sait mieux placer son argent que moi…

— Tu peux garder la voiture, lui proposai-je. Je ne l'ai jamais conduite, de toute façon. On déduira son prix de celui de l'appartement. Et tu devras partir en Croatie tout seul, car je serai à Sydney.

— Sydney, en Australie ?

Le désespoir se mua en résignation et Simon sembla se replier sur lui-même. Je me sentis très grande, avec mes talons.

— J'ai décroché un boulot là-bas, confirmai-je en hochant la tête. Je t'appellerai à mon retour. On s'occupera de la maison.

Et, après un dernier baiser sur la joue, je repris le chemin de l'église, saisis les mains de Matthew et refermai la porte sur Simon. Ce qui aurait été une fin incroyablement élégante et digne à notre relation si Paul ne lui avait pas couru derrière jusqu'à sa voiture en lui hurlant des obscénités, devant le pasteur, avant que Simon ne parte en pleurant.

Mon frère, ce héros.

Le mariage de mon père était magnifique, comme les deux auxquels j'avais assisté autrement qu'à l'état de fœtus. Mais, au bout du quatrième, on devient un peu blasé. Je devais reconnaître qu'il avait l'air de penser ce qu'il disait. Il ne pouvait pas être foncièrement mauvais. Sinon, ma mère et Theresa, sa deuxième femme, ne seraient pas assises au fond de l'église à papoter après la cérémonie. Peut-être que sa dernière femme viendrait au prochain mariage. Elle avait sûrement besoin de cette cérémonie tampon pour se remettre de sa déception.

— Rachel Summers ! m'interpella une voix en dehors de l'église. Tu es ravissante !

— Tante Beverley, la saluai-je en me demandant si j'avais le droit de la pousser et d'aller me cacher derrière une tombe.

À vingt-huit ans, on risquait de me regarder de travers. Autant payer un de mes cousins pour le faire. Ou Matthew. Il ne se ferait pas prier.

— Cette robe est magnifique ! dit-elle en me maintenant les bras sur le côté pour mieux la regarder. (*Pour trouver le meilleur endroit où me poignarder, oui…*) On dirait presque une robe de mariée. Pourtant, je ne vois toujours pas de bague à ton doigt. Quel dommage ! Tu as quoi ? Trente ans ? Trente et un ?

Ah, elle démarrait fort ! Un seul moyen de se défendre et Rachel la rousse n'avait pas peur de jouer les faux-culs avec la reine des faux-culs.

Je retirai vivement ma main et l'inspectai exagérément.

— Oh, merde ! Elle est tombée ! Matthew va être furieux !

— Tu es fiancée ? À ce jeune homme ?

Elle avait l'air perplexe. En même temps, elle était très vieille : elle avait toujours l'air perplexe.

On se tourna toutes les deux vers le jeune homme en question qui tripotait Stephen. J'étais grillée. Matthew devait me servir de couverture devant tante Beverley, c'était la condition *sine qua non* pour inviter son petit copain au mariage. Il avait échoué. Ah, l'amour !

Je reportai mon attention sur elle et lui adressai mon plus grand sourire.

— Non, je plaisante. C'est juste mon plan cul, si tu vois ce que je veux dire…

— Oh ! s'exclama-t-elle en me lâchant la main. Rachel !

Je la serrai dans mes bras un peu trop fort et un peu trop longtemps.

— Je sais, c'est une grosse tapette, mais tu connais les mecs… Ils en veulent toujours plus. Il baiserait sûrement une chèvre si je le laissais faire. Salut, Bev. Mes amitiés à oncle Alan.

Je traversai la pelouse avec le sourire, ravie de ma repartie. Apparemment, je n'avais pas besoin d'un cavalier pour survivre à ce mariage. Veronica avait raison : si j'avais assez de couilles, je n'avais pas besoin d'un homme à mes côtés.

À la tombée de la nuit, tout le monde s'accordait à dire que le mariage avait été un succès et, plus important, tout le monde avait adoré ma robe. En temps normal, je m'en serais voulu de voler la vedette à la mariée, mais, étant donné que personne n'avait retenu son nom… Et puis, la présence de ma mère et Theresa l'énervait trop pour qu'elle remarque la tenue de sa belle-fille. Je n'étais même pas sûre qu'elle savait qui j'étais : mon père avait tellement d'enfants qu'on ressemblait presque à la famille Von Trapp, le talent musical en moins, le sens du style en plus.

— Tu lui donnes combien de temps à celle-là ? me demanda ma mère en s'asseyant près de moi à la table la plus proche de la piste. Je l'aime bien. Elle dégage de bonnes ondes.

— Un an ? Deux ? proposai-je.

— Tu es généreuse, dit-elle. Premier anniversaire de mariage, grand max.

— Je croyais que tu l'aimais bien ?

— C'est précisément pour cette raison que je ne leur donne qu'un an, dit-elle en souriant. Elle est trop bien pour ton père.

— Et dire que vous prétendez être les meilleurs amis du monde !

Je sirotai mon énième verre de champagne et souris en voyant Em et Paul rejoindre mon père et sa nouvelle femme sur la piste pour leur première danse. Ils avaient été aussi inséparables qu'insupportables toute la journée, mais je devais admettre qu'ils allaient bien ensemble. Je n'avais jamais vu Em aussi accrochée à un mec et Paul ne m'avait jamais semblé aussi attentionné. Mais bon. Beurk.

— Je n'arrive pas à croire qu'elle soit ici avec Paul.

— Il s'intéresse à elle depuis longtemps, tu sais.

Ma mère laissa un serveur remplir son verre, puis trinqua avec moi.

— Tu vas devoir t'y faire, ajouta-t-elle. Pour ma part, je préfère avoir Emelie pour belle-fille plutôt que les jeunes filles dont j'ai entendu parler avant.

— Les « jeunes filles » ?

— Exactement, répondit ma mère. Et Matthew est de nouveau avec Stephen ?

— Oui, confirmai-je. Comme quoi, les ruptures peuvent être bénéfiques. Je ne les ai jamais vus aussi heureux.

— Et toi ?

Je me tournai vers elle pour lui adresser un sourire éblouissant.

— Tu n'es pas au courant ? Je suis dans un plan à trois avec deux homosexuels. Les convives n'ont pas arrêté d'en parler toute la journée.

Tante Beverley s'était évidemment chargée de répandre la rumeur.

— Si, si, j'en ai entendu parler, dit-elle en soupirant. J'ai informé Bev que je vous avais tous reçus à Noël l'année dernière et qu'ils m'appelaient tous les deux « maman ».

Ma mère était formidable.

— Mais, sérieusement, tu vas bien ?

— Ça va, répondis-je. Du moins, ça ne saurait tarder. Le boulot marche bien, mes amis sont heureux, mon frère sort avec quelqu'un qui ne lui refilera pas de MST et tu souris. Que demander de plus ?

Elle ignora mon commentaire sur Paul, comme elle le faisait depuis vingt-sept ans.

— J'ai vu Simon dehors, tout à l'heure. Vous êtes...

— Pas du tout.

— Bien.

— Pourquoi perdre mon temps avec un Scorpion ?

Je lui serrai la main et pris une gorgée de champagne tandis que mes prétendus amants se rendaient sur la piste pour un slow. Les murmures ne se firent pas attendre.

— Je vais arrêter les garçons pendant quelque temps. Pas la peine de perdre mon temps avec un homme qui ne me convient pas.

— Ravie de voir que tu as enfin compris ma façon de penser, dit ma mère. Être célibataire, ça ne veut pas dire être seule. Toutes les deux, on est plus fortes que ça. Un homme ne peut pas te rendre heureuse si tu n'es pas heureuse toute seule, tu sais ?

— Je sais, répondis-je en posant mon verre pour la prendre dans mes bras. Je suis désolée de t'avoir donné du fil à retordre. Je n'avais rien compris.

— Tu oublies que tu seras toujours mon bébé, dit-elle en me serrant contre elle. Tu penses que tu es une adulte, mais tu as encore beaucoup à apprendre avant d'égaler la sagesse de ta vieille mère.

— Bien reçu.

Était-il plus facile d'admettre, avec le temps, que nos parents avaient raison et qu'on avait tort ?

Matthew apparut et me tendit la main pour me guider jusqu'à la piste de danse. Stephen l'imita avec ma mère.

— Mademoiselle Summers ? Trois petits tours et on s'en va ? suggéra-t-il en me faisant tourner sur moi-même. Cette robe est vraiment superbe. Rappelle-moi de t'emmener dans un endroit digne d'elle.

Je fis signe à mon père par-dessus l'épaule de Matthew. Il avait l'air heureux.

— Merci. Je pourrais bien te prendre au mot. Tu as une petite idée ?

— J'ai le sentiment qu'une nouvelle liste va voir le jour, déclara-t-il en me faisant basculer en arrière. Dix tampons de plus dans ton passeport ? Un pays de chaque continent ? Visiter tous les États américains ?

— Laisse-moi en finir avec Sydney d'abord, et on s'y met à mon retour ? suggérai-je.

— Adjugé, dit-il en me rapprochant de lui. Je t'aime, Rach.

— Moi aussi, je t'aime, répondis-je en enfouissant mon visage contre son torse.

De l'autre côté de la piste, je vis un grand homme brun d'une cinquantaine d'années interrompre Stephen et ma mère. Je ne le connaissais pas, mais la lueur dans ses yeux m'était familière. Tout n'était pas perdu pour elle.

— Si une petite dame avec un tailleur marine te le demande, on couche ensemble.

— Compris, dit-il en hochant la tête.

Après un couplet et un refrain complètement inappropriés de « Three Times a Lady », il me fit signe qu'il était temps de partir. J'approuvai entièrement.

À ma demande, on écouta Magic FM pendant tout le trajet du retour vers Londres. Matthew et Stephen massacraient des mélodies comme si leurs vies en dépendaient tandis que j'essayais d'harmoniser. On venait juste de terminer une version spectaculaire de « Total Eclipse of the Heart » quand la voiture de location s'arrêta devant mon appartement.

— Bonne nuit, ma belle !

Matthew m'embrassa sur la joue, puis je rampai sur lui pour donner un baiser baveux à Stephen, même si je ne savais toujours pas s'il le méritait, avant de tourner les talons et de me diriger vers ma porte. Je me réjouissais du bonheur de mes amis et de celui de ma famille. J'étais heureuse d'être bourrée. Jusqu'à ce que j'aperçoive une silhouette sombre sur le pas de ma porte. Pourquoi n'avais-je pas demandé à Matthew de me raccompagner ? J'allais me faire tuer dans ma superbe robe de soirée et tante Beverley raconterait à tout le monde que je sortais avec un homo à mon enterrement.

— Salut.

Les meurtriers n'avaient pas l'habitude de dire bonjour à leurs victimes.

Et ils étaient rarement équipés d'une valise.

Le meurtrier n'était autre que Dan, avec une barbe de deux jours et l'air épuisé. Sur le pas de ma porte, à minuit.

Je restai au bas des marches. Mon cœur battait si fort que j'avais l'impression qu'il remontait le long de ma gorge.

— Salut. Tu es à Los Angeles.

— Et tu es bourrée, rétorqua-t-il en désignant la valise à côté de lui. Je ne suis pas encore parti. J'y vais maintenant.

Mon cœur s'écrasa à mes pieds.

— Oh. Tu ne m'as pas rappelée.

Quand il pencha la tête sur le côté, ses boucles tombèrent sur son visage, couvrant ses yeux.

— Non… J'avais besoin de réfléchir.

— Tu vis dangereusement ! rétorquai-je.

Cette impasse mexicaine commençait à devenir un problème. J'étais bourrée, j'avais froid et terriblement envie de pisser. Trinité païenne des dilemmes du pas-de-porte.

— Ouais, le truc, c'est que…, commença-t-il en retirant son pull pour me le tendre.

Un pull en cachemire noir. Si ça continuait, j'allais finir par en avoir une collection.

— Je suis amoureux de cette fille qui n'est pas amoureuse de moi et je ne sais pas quoi faire.

Je montai les marches le plus doucement possible car la plante de mes pieds me faisait souffrir. Et j'avais vraiment, vraiment envie de pisser.

— OK. Qui te dit qu'elle ne t'aime pas ?

— Si elle ressentait la même chose, je le saurais.

Il prit une grande inspiration avant de se rasseoir. J'allais devoir me retenir. Par peur de l'interrompre, je m'installai à côté de lui.

— Moi, je l'ai compris dès qu'on a commencé à travailler ensemble, mais je n'ai pas su comment réagir. C'était la première fois que je ressentais ça pour quelqu'un, mais je n'avais pas l'air de l'intéresser. Et puis, elle avait un petit ami… Même si, pour être franc, ça ne m'a jamais arrêté.

— Tu portais une casquette de base-ball, dis-je avec une voix sans émotion, priant pour que mon esprit s'éclaircisse, car j'allais avoir besoin de toute ma tête. Ce premier jour. C'était un shoot pour *Cosmo*.

— Et tu m'as dit que tu ne pouvais pas me prendre au sérieux avec ça, poursuivit-il. Je me souviens d'avoir pensé qu'un jour ou l'autre tu finirais par te séparer de ton copain et que tu te rendrais compte qu'on était faits l'un pour l'autre. Alors, j'ai jeté toutes mes casquettes à la poubelle.

Je sentis ma mâchoire tomber. Personne n'avait jamais rien fait d'aussi romantique pour moi. Même si, à cette époque-là, je n'en savais rien.

— C'est vrai ?

— Toutes. Ou presque. En tout cas, je n'en ai plus porté en ta présence. J'ai attendu que tu te sépares de ton copain. Mais, quand je l'ai appris, tu en avais déjà trouvé un autre.

— J'ai été rapide, admis-je.

La situation était vraiment étrange. Pendant six ans, je ne m'étais douté de rien. Il n'avait rien laissé transparaître.

— Heureusement, ça n'a pas duré, reprit Dan. Mais je me suis forcé à attendre parce que je ne voulais pas servir de bouche-trou. Sauf que j'ai attendu un peu trop longtemps… Tu m'avais à peine annoncé ta séparation que tu avais déjà rencontré Simon et emménageais avec lui. Quand vous avez acheté la maison, j'ai cru que tout était perdu, alors j'ai commencé à sortir avec Ana pour penser à autre chose. Mais après… Voilà. Et voilà où nous en sommes maintenant !

Même si j'avais pu trouver mes mots, les papillons qui avaient pris d'assaut mon ventre m'auraient empêchée de parler. À quoi est-ce qu'ils servaient en fait ? À part à réveiller une désagréable sensation de nausée ? Qu'y avait-il de beau là-dedans ?

Dan me prit la main.

— Rachel ? Je me sentirais beaucoup mieux si tu disais quelque chose. N'importe quoi.

Maintenant, il fallait simplement que je m'entende par-dessus les battements de mon cœur.

— Je suis allée au Canada pour voir un garçon, commençai-je en reprenant le contrôle de mes émotions. Mon premier béguin.

— Je sais que j'ai dit « n'importe quoi », mais je ne suis pas sûr de vouloir aborder ce sujet maintenant, intervint Dan. Autre chose ?

— Tais-toi, lui ordonnai-je.

Sa main était si chaude contre la mienne. Chaude, ferme, imposante, comme lui. J'avais de longs doigts, mais mes mains étaient toutes petites en comparaison avec celles de Dan.

— Je suis allée au Canada pour voir ce garçon et c'était très sympa. Mais je n'arrêtais pas de penser à toi.

— Oh, dit-il en tapant son genou contre le mien. C'est mieux.

— Alors j'ai sauté à l'élastique dans les chutes du Niagara et je t'ai appelé pour te le dire, mais tu n'as pas voulu m'écouter, donc je suis rentrée plus tôt pour te voir, mais j'ai cru que tu étais déjà parti à Los Angeles, ce qui n'était pas le cas, ajoutai-je. Alors j'ai plus ou moins abandonné.

Il passa le bras autour de mes épaules et me frotta le dos d'un air absent. Les papillons laissèrent place à des éclairs incontrôlables.

— Ah, oui. Je suis désolé. Attends une minute, tu as sauté à l'élastique ?

— En quelque sorte. C'était sur la liste, décrétai-je en le regardant droit dans les yeux. Comme tu ne répondais pas au téléphone, je suis revenue un jour plus tôt pour te voir, mais tu étais déjà parti.

Il repoussa des mèches de cheveux de mon visage et suivit le décolleté de ma robe du bout des doigts, caressant ma clavicule.

— J'ai paniqué. Mais maintenant je suis là.

— Tu t'en vas ce soir ? lui demandai-je en prenant sa main dans la mienne pour la ramener sur son genou.

Je sentais que ça allait être difficile.

Dan voulut me serrer la main, mais je la retirai.

— Je reviens dans une semaine. Tu pourrais m'accompagner. Prépare ta valise. Viens avec moi.

— Je ne peux pas, dis-je dans un murmure. Je pars en Australie.

Il ferma les yeux et retira sa main. Les éclairs continuèrent pendant quelques instants.

— Tu as accepté le boulot à Sydney. Évidemment.

L'ancienne Rachel voulait lui dire qu'elle y renoncerait, qu'elle prétendrait être malade, coincée au Canada ou une excuse dans le genre pour s'enfuir à Los Angeles avec lui, mais moi, j'en étais incapable. La nouvelle Rachel ne pouvait pas la laisser faire ça.

Il tritura l'ourlet de son tee-shirt avant de relever ses grands yeux marron vers moi.

— Tu pars combien de temps ? Je reviens dimanche prochain.

Cette fois, c'est moi qui lui pris la main.

— Au moins un mois. Veronica m'a trouvé plusieurs missions. Je vais voyager un peu.

J'avais l'impression d'avoir annoncé à Bambi la mort de sa maman.

— Je croyais que tu étais parti, Dan, dis-je. Je pensais que c'était foutu. Changer d'air m'a paru la meilleure chose à faire.

— Je choisis vraiment mal mes moments.

Il repoussa les boucles qui tombaient devant ses yeux.

— Tu pourrais mieux faire, c'est vrai.

Un rire aérien s'échappa de ma gorge. Ce n'était sûrement pas le moment de glousser, mais, si je ne riais pas, je risquais de fondre en larmes.

— Ton avion est à quelle heure ?

Dan donna un coup sur sa valise.

— Demain matin. Pour être franc, c'était soit te convaincre de partir avec moi, soit aller me bourrer la gueule. Méthode testée et approuvée pour se remettre d'un râteau.

— Je ne t'ai pas rejeté, dis-je après une pause un peu trop longue. Je pars pour un mois. Quand on y réfléchit, ce n'est pas très long.

Mais ça en avait l'air. J'avais l'impression que notre histoire était condamnée d'avance. J'avais raison depuis le début : ne pas donner d'importance aux papillons, ils sont juste là pour vous rendre malade. Je n'imaginais même pas ce que Dan pouvait penser.

— Je peux rester ce soir ? demanda-t-il.

Oh. C'était donc à ça qu'il pensait. Même s'il avait passé six ans à m'aimer en secret, il n'en restait pas moins un homme avec un pénis.

— J'aimerais vraiment te répondre oui, murmurai-je en appuyant mon front contre le sien. Mais je ne crois pas que ce soit une bonne idée.

— Moi, je crois que c'est une excellente idée.

Son souffle me chatouillait l'oreille et je sentis ma détermination vaciller face à ce frisson familier qui remontait le long de mon échine.

— J'ai besoin d'un peu plus de temps. Je ne veux pas jouer avec toi, mais je ne suis pas encore prête.

J'eus du mal à les prononcer, mais je savais que c'étaient les mots justes.

Il recula sans crier gare et se releva d'un bond.

— OK. Plan B : je vais aller me bourrer la gueule. Amuse-toi bien à Sydney.

— Dan, attends !

J'essayai de ne pas basculer en avant tandis qu'il s'éloignait.

— J'ai assez attendu, répondit-il en traînant bruyamment sa valise derrière lui. À ton retour d'Australie, pense à écrire « Appeler Dan » dans ta liste.

Évidemment, le comble du romantisme aurait été de retirer mes talons, d'oublier que j'avais une furieuse envie de pisser et de lui courir après dans la rue. Mais la nouvelle Rachel ne courait pas après les hommes. La nouvelle Rachel se releva toute seule, chaussée de ses talons, et déverrouilla la porte de sa maison.

Quatre semaines plus tard…

Dix heures d'escale à l'aéroport de Los Angeles suffirent à me rappeler pourquoi je détestais l'avion. Je gigotai sur mon fauteuil merdique en attendant que le sang circule de nouveau dans ma fesse gauche, tout en hésitant à refaire le tour des boutiques *duty-free*. On n'achetait jamais assez de Toblerone à bas prix.

L'aéroport était un brusque retour à la réalité après le mois que je venais de vivre. Le shoot pour le magazine s'était très bien passé ; j'avais lié des relations solides, et un boulot avait mené à un autre, puis à un autre. Sans m'en rendre compte, je m'étais retrouvée dans un vol pour la Nouvelle-Zélande avec un groupe de mannequins londoniens. J'avais nagé dans des grottes éclairées par des lucioles, rejoué des scènes dignes de *Xena la guerrière* et passé mes soirées à boire sur la plage. Le plus surprenant, c'était que j'avais réussi à bronzer. Alors quitter les grands espaces de l'Australie et la Nouvelle-Zélande pour les quatre murs d'un aéroport n'était pas chose aisée. Je voulais déjà être rentrée et retrouver mon lit. Je voulais savoir à quoi pensait Emelie quand mon frère et elle avaient indiqué qu'ils étaient ensemble sur Facebook, la semaine précédente. Depuis, étrangement, elle avait été injoignable sur Skype. J'avais encore du mal à m'habituer à cette idée, mais je faisais de mon mieux.

À l'inverse, Stephen et Matthew ne me laissaient pas une minute de répit. Je sortis mon iPhone de ma poche pour lire le dernier message de mon géant gay. Ça faisait longtemps que je ne l'avais pas vu aussi heureux et il tenait à partager son bonheur à tout prix. Il m'informait de ses aventures avec Stephen au jour le jour – rien de sordide, Dieu merci, mais ils ne sortaient jamais de chez eux sans me dire où ils allaient. Et je suppose que j'aurais dû me sentir flattée qu'ils aient appelé leur nouveau chaton « Red », mais je croisai tous mes doigts pour qu'ils ne me demandent jamais de le garder.

La seule personne dont je n'avais pas eu de nouvelles était Dan. Matthew avait essayé de me convaincre que ça ne voulait rien dire. Ses arguments allaient de : « Il a besoin de se calmer. Il croit que tu l'as rejeté » à : « Il te laisse du temps pour réfléchir », en fonction de mon humeur. Je lui avais envoyé plusieurs e-mails et SMS, mais ceux-ci restèrent sans réponse. On devrait penser à se servir de ce froid glacial pour lutter contre le réchauffement climatique. Je frissonnai à cette seule pensée.

Je passai en revue mes messages une dernière fois. Je pouvais appeler ma mère. Elle adorait discuter. Il n'était que 4 heures du mat à Londres. Bon, peut-être pas. En plus, elle aussi avait trouvé l'amour en mon absence. La dernière fois que je l'avais appelée, elle était à *Pizza Express* avec le gentleman qu'elle avait rencontré au mariage. Ma première réaction avait été de m'énerver, parce qu'elle l'avait invité dans notre restaurant, puis je m'étais rappelé que je n'avais plus treize ans et qu'elle avait le droit de manger des pizzas hors de prix sans moi. Il était trop tôt pour appeler qui que ce soit en Angleterre. Les Australiens, je ne les avais pas quittés depuis assez longtemps. Et j'étais déjà trop pleine pour retourner manger au *Panda Express*.

J'aurais pu appeler Ethan qui, après s'être remis de mon abandon inhumain – il sortait à présent avec la prof de chimie de son lycée et, apparemment, il n'avait pas pris notre histoire aussi sérieusement que je le pensais ; mon ego en avait pris un coup –, était devenu un correspondant fidèle. Ça faisait du bien d'avoir un mec hétéro à qui poser mes questions, même si ses réponses manquaient parfois de tact. Mais à quoi est-ce que je m'attendais ?

Abandonnant l'idée de contacter un autre être humain, je rangeai mon téléphone et fermai les yeux. Plus que deux heures.

— Tu as un iPhone dans la poche ou tu es simplement contente de me voir ?

Je rouvris les yeux aussi sec.

— Un iPhone, répondis-je. Rien d'autre qu'un iPhone.

Dan Fraser se tenait devant moi. Visiblement, il n'avait pas passé huit heures sur un fauteuil sans rembourrage. Au lieu d'être froissé, courbatu et énervé comme moi, il avait l'air reposé, bronzé et bien plus heureux que permis.

Il enleva mon énorme sac de la chaise voisine pour s'y asseoir et le posa sur ses genoux.

— Aïe ! Qu'est-ce que tu as mis là-dedans ? On dirait le Tardis. En plus gros. Et plus bleu.

— Qu'est-ce que tu fais ici ?

J'essayai de faire passer ma surprise pour de la colère, mais, en réalité, je pensais surtout à l'état de mes cernes. Est-ce que j'avais le droit de courir aux toilettes pour appliquer un peu de Touche Éclat avant qu'il formule sa réponse ?

Il ouvrit mon sac pour jeter un coup d'œil à l'intérieur. Crâneur.

— C'est une drôle d'histoire. Au final, je suis resté ici plusieurs semaines pour mettre de l'ordre dans mes idées, mais, pour une raison qui m'échappe, je n'ai pas arrêté de penser à toi.

— Et pourtant tu n'as pas répondu à mes messages.

Salut, je m'appelle Rachel et je fais des commentaires déplacés au mauvais moment quand je ne sais pas quoi dire.

— Et pourtant je n'ai pas répondu à tes messages, admit-il. Parce que je n'arrivais pas à mettre des mots sur mes pensées. Et aussi parce que je ne comprenais rien à ce que tu voulais dire, étant donné que tu ne parlais jamais de notre dernière conversation.

Je repensais à mes e-mails. À force de ne pas vouloir aborder le sujet, j'avais peut-être été un peu trop vague. J'avais du mal à déballer par écrit ce que j'avais sur le cœur, ne tenant pas à ce qu'on imprime la pièce à conviction pour me la ressortir lors de la rencontre suivante. Comme je l'avais appris.

— Alors j'ai décidé qu'il était temps de rentrer, de reprendre ma vie et, quand j'ai eu Veronica au téléphone, elle m'a appris que tu rentrais aussi et que tu faisais escale à Los Angeles. Et voilà.

Il sortit quatre énormes Toblerone de mon sac d'un air perplexe.

— Tu es sur le même vol que moi ?

— Je suis sur le même vol que toi.

Il fallait qu'il arrête de me prendre par surprise quand j'étais fatiguée, décalée ou bourrée. En règle générale, j'étais indécise, alors là, je ne savais pas du tout quoi faire. Tout ce que je savais, c'est qu'en le voyant près de moi, je m'étais rendu compte qu'il m'avait beaucoup plus manqué que je m'étais autorisée à le penser.

— C'est un peu facile, non ? demandai-je.

Je n'étais pas encore prête à le regarder dans les yeux.

Il reposa le chocolat et sortit mon carnet et mon stylo. Je sentis mon cœur s'arrêter. Ce n'était pas agréable.

— Pas vraiment. Ça m'a pris beaucoup de temps et d'argent de te croiser accidentellement dans une salle d'embarquement à l'autre bout du monde, mais, si je veux avoir l'air cool, il ne faut pas que je te le dise.

— Logique.

Je me mordis les lèvres pour essayer de leur redonner de la couleur. Oh, mon Dieu, mes cheveux ! De quoi avaient-ils l'air ? J'avais des nattes à la Heidi ! Qu'est-ce qui m'avait pris ?

— Des tonnes de nouvelles listes, dit-il en tournant les pages. Tu as vraiment un problème.

— C'est pas nouveau, lui fis-je remarquer en tentant de comprendre ce qui se passait. (*Il veut juste faire ami-ami ?*) Qu'est-ce que tu écris ?

Il tourna le cahier pour me le montrer. C'était une petite liste :

— *Accepter les excuses de Dan.*

— *Donner un Toblerone à Dan.*

— *Embrasser Dan.*

Sans me laisser le temps d'accomplir les deux premiers points, il glissa ses doigts dans mes cheveux et m'attira à lui jusqu'à ce que, enfin, ses lèvres rencontrent les miennes. Tous les feux d'artifice des chutes du Niagara explosèrent à l'intérieur de moi, anéantissant la population de papillons et étouffant les éclairs. Ça paraissait tellement naturel. Alors c'était pour ça que Matthew était prêt à pardonner à Stephen ; qu'Emelie avait attendu dix ans que je lui donne la permission de sortir avec mon frère. J'aurais attendu toute une vie pour un autre baiser comme celui-ci. Heureusement, mon attente à moi ne dura que quelques secondes.

— Je suis désolé d'avoir été un connard l'autre nuit, devant ta porte, murmura-t-il, les mains dans mes nattes emmêlées. Je croyais que c'était foutu.

— J'avais juste besoin de temps, chuchotai-je à mon tour, sans me soucier des regards indiscrets. Et je sais que ce n'est pas facile à accepter.

— Ça aurait dû l'être, répondit-il. Alors, qu'est-ce que tu en penses ? Tu veux bien essayer ?

Je fis semblant de réfléchir un instant.

— Eh bien… Si c'est sur la liste…

— C'est sur la liste !

Il se pencha de nouveau pour m'embrasser et me faire taire.

Il avait toujours le dernier mot.

Mais, après tout, c'était écrit.

The Fell Types are digitally reproduced by Igino Marini.
www.iginomarini.com

BRAGELONNE – MILADY, C'EST AUSSI LE CLUB :

Pour recevoir le magazine *Neverland* annonçant les parutions de Bragelonne & Milady et participer à des concours et des rencontres exclusives avec les auteurs et les illustrateurs, rien de plus facile !

Faites-nous parvenir votre nom et vos coordonnées complètes (adresse postale indispensable), ainsi que votre date de naissance, à l'adresse suivante :

Bragelonne
60-62, rue d'Hauteville
75010 Paris

club@bragelonne.fr

Venez aussi visiter nos sites Internet :
www.bragelonne.fr
www.milady.fr
graphics.milady.fr

Vous y trouverez toutes les nouveautés, les couvertures, les biographies des auteurs et des illustrateurs, et même des textes inédits, des interviews, un forum, des blogs et bien d'autres surprises !

Achevé d'imprimer en décembre 2013
Par CPI Brodard & Taupin - La Flèche (France)
N° d'impression : 3002975
Dépôt légal : janvier 2014
Imprimé en France
81121154-1